KB110124

전대미문의
사악한 박해

전대미문의 사악한 박해

발행일 2016년 1월 9일
편   저 톨스턴 트레이, 주완치
옮긴이 IAEOT번역팀
펴낸이 김황호
펴낸곳 박대출판사

출판등록 2015. 11. 20 제324-2015-000040호
주소 서울 강동구 길동 415-11
전화번호 070-4640-1117
팩스 031-698-3358
이메일 bodapublishing@naver.com

ISBN 979-11-957015-0-6 03330(종이책)
       979-11-957015-1-3 05330(전자책)

이 도서의 국립중앙도서관 출판예정도서목록(CIP)은 서지정보유통지원시스템 홈페이지(http://seoji.nl.go.kr)와 국가자료공동목록시스템(http://www.nl.go.kr/kolisnet)에서 이용하실 수 있습니다.
(CIP제어번호 : CIP2016000254)

전대미문의 사악한 박해

인류의 선량한 본성을 절멸시키다

톨스턴 트레이 | 주완치 편저
IAEOT번역팀 옮김

저자의 말

2010년 노벨평화상 후보로 선정된 바 있는 캐나다 인권변호사 데이비드 메이터스와 '강제 장기 적출에 반대하는 의사들DAFOH' 회장인 톨스턴 트레이 박사가 공동 편저한 『국가가 장기를 약탈하다: 중국의 생체 장기 적출에 관한 보고서』는 2012년 출판 이후 세계 각지의 의학계, 법조계, 정치계에 큰 반향을 불러일으켰다. 그 충격으로 사람들은 중국공산당의 생체 장기 적출 실상에 더욱 관심을 기울이기 시작했고, 유럽, 미국 의회를 포함한 전 세계 각지에서 중국공산당의 생체 장기 적출을 폭로하고 저지하는 세미나, 청문회 등의 활동이 전개됐다. 중국 민중은 심지어 위험을 무릅쓰고 중국에서 생체 장기 적출 만행을 저지하는 서명을 발기하는 의거를 펼치기도 했다. 그럼에도 불구하고 중국공산당의 생체 장기 적출 만행은 현재도 여전히 지속되고 있다.

중국공산당의 생체 장기 적출 만행이 지금까지 지속되고 있는 근본 원인은 바로 파룬궁 수련인에 대한 중국공산당의 말살적인 박해가 멈추지 않고 있는 데서 비롯된다. 중국 내 파룬궁 수련인은 중국 최대 장기 공급원이 되었고, 생체 장기 적출의 가장 주요한 피해 집단이다. 파룬궁에 대한 중국공산당의 박해가 완전히 멈추지 않는 한 생체 장기 적출 만행 역시 종식되지 않을 것이다.

이런 이유로 톨스턴 트레이 박사는 파룬궁 인권활동가인 주완치朱婉琪 변호사와 함께 생체 장기 적출의 근본 문제인 '파룬궁 박해'를 심층적으로 다루는 서적을 공동 편저하기로 했다. 두 편저자는, 파룬궁 박해 상황에 대해 장기적으로 관심을 기울이고 있던 세계 각지의 저명한 학자와 전문가, 국회의원, 변호사, 의사 그리고 인권활동가들이 전 중국공산당 당수 장쩌민江澤民이 개시한 파룬궁 탄압이라는 이 한차례 박해가 21세기 인류의 각 방면에 미친 영향에 대해 정치, 경제, 의학, 법학, 매체, 문화 등 다양한 각도에서 연구·분석한 결과물을 모아 정리했다.

독자들은 유럽과 미주 및 아시아의 19인의 필자들의 객관적 분석 및 논술을 통해, '파룬궁 박해'는 결코 파룬궁 단체 구성원에 대한 박해만이 아니며 단지 파룬궁 수련인 1억 명의 기본 인권만 박탈당한 것이 아니라는 것을 알게 될 것이다. 이 한차례 무서운 박해의 진행과 지속 및 만연은 인류의 양심과 선한 본성에 엄중한 손해를 끼쳤을 뿐만 아니라 인류 도덕의 보편적 가치를 무너뜨리는 등 인류 전반에 미친 영향은 상상을 초월한다. 사실 세계인들은 모두 이 한차례 전대미문의 사악한 박해에 연루되어 있다.

이 책의 제목을 『전대미문의 사악한 박해』로 명명한 것은 지극히 적절한 것으로, 인류의 양지良知를 엄숙히 불러 일깨움으로써 21세기 가장 비통한 인권 재난을 직면하게 함과 동시에 그것을 종식하려는 것이다.

차례

3장 의학

4장 법학

5장 문화

1장
매체

독재자의 논리

우바오장吳葆璋

1999년 10월, 프랑스 '르 피가로Jle Figaro' 편집장 알랭 페이르피트 Alain Peyrefitte는 프랑스 공식 방문을 앞둔 중국 국가주석 장쩌민江澤民을 서면 인터뷰하면서 중국과 프랑스 및 국제 문제에 대한 견해를 물었다. 장쩌민은 이 기회를 이용해 자신이 반년 전부터 파룬궁을 탄압한 이유를 '사교邪敎'라는 두 글자로 변명하고, 국제 언론계에서 이슈를 선점하려 했다.

중국공산당 당국이 프랑스를 방문지로 선택한 목적은 두 가지다. 하나는 특히 세계를 놀라게 한 '인민사원the peoples temple 사건' 이후 프랑스는, 수년간 행정과 사법 두 방면으로 각종 사교가 프랑스에서 범람하는 것을 방지하는 조치를 취했다. 그러므로 중국공산당은 이런 특수한 역사 환경을 지닌 프랑스를 방문해, 흑백을 전도하고 시비를 뒤섞을 수 있는 절호의 기회로 삼으려 했다.

다른 하나는 프랑스 주요 언론 사이에 프랑스를 방문하는 외국 지도자에 대한 특별 인터뷰 경쟁이 치열했기 때문이다. 중국공산당은 '르 피가로지'의 인터뷰에 응하기로 했다. 다만 반드시 인터뷰 내용 전문을 그대로 발표해야 한다는 조건을 붙였다. 정계와 언론계에서 명성을 떨치고 싶었던 페이르피트로서는 당연히 요구를 따를 수밖에 없었다.

장쩌민이 방문하는 날 '르 피가로지'는 약속대로 특별 인터뷰 내용 전문을 발표했다. 이 인터뷰 내용은 프랑스 여론에 커다란 충격을 안겼다. 심지어 일부 기자들마저 한동안은 깊이 사고하지도 않고 앵무새처럼 따라서 글을 썼고, 또는 두려워 입을 다물고 바른말 한마디 꺼내지 못했다. 중국에서 한창 진행 중인 파룬궁 수련인에 대한 체포, 구금, 고문, 세뇌에 대해 감히 물어보지도 못했다.

90년대 초, 중국인들은 공산주의 이념에 대해 보편적인 의문을 가졌다. 40여 년간 공산주의 통치를 받는 동안 수천만 명의 무고한 중국인이 심각한 피해를 보았기 때문이다. 이와 같은 시대 분위기에서 심신을 건강하게 하는 수련 방법인 파룬궁法輪功은 '진眞, 선善, 인忍'의 가치를 제창했고, 중국 전역에서 인기를 끌면서 급성장했다. 각계 각층의 환영을 받은 가운데 1998년 '중국국가체육총국'은 "파룬궁은 개인과 국가를 위하여 백 가지 이로운 점이 있을 뿐 한 가지도 해로운 점이 없다."고 발표하는 등 정부와 관영 언론도 파룬궁에 우호적이었다. 그러나 극히 짧은 기간에 파룬궁을 수련하는 사람의 수가 1억 명에 이르면서, 중국공산당 정치 당국은 다른 눈으로 파룬궁을 대하기 시작했다.

　중국공산당은 정권을 잡은 후 시종 변함없는 한 가지 원칙이 있었는데 바로 공산당과 평행 선상에 있는 그 어떤 조직의 존재도 허용하지 않는 것이다. 공산당이 위로부터 아래까지 수직으로 일체를 이끌어야 하며, 이를 그것이 안심하고 존재할 수 있는 근본 중 하나로 여겼다. '인민정치협상회의'라는 이른바 민주당파를 꾸려 당헌에 모두 공산당 영도를 옹호한다고 명시하게 했다. '인민대표대회'로부터 각 노동자, 청년, 부녀 조직과 같은 군중 단체, 공장, 학교, 상점, 도시, 농촌에 이르기까지 모두 당조직 또는 당지부를 설립했는데, 이는 중국 특유의 정치 현실이다. 당시 파룬궁이 출현했고, 제창하는 가치는 공산주의와 상반됐지만, 공산당원을 포함한 1억 명이 넘는 군중의 사랑을 받았다. 동유럽과 구소련의 거대한 변동을 지켜보던 중국공산당은 파룬궁이 폴란드의 자유노조연대와 같다고 여기면서 두려워하기 시작했다.

　이런 결론이 나자 광적이고 야만적인 탄압이 시작됐다. 1989년 톈안먼 대학살 이후 또 수많은 무고한 중국인이 공산주의의 피해자가 되었다. 역대 정치 운동과 마찬가지로 전국적으로 대대적인 체포를 감행했고, 그들은 항상 그래 왔듯이 구류, 감금, 세뇌에 앞서 거짓말과 황당한 논리로 짜 맞춘 대대적인 비판을 앞세웠다. 그 목적은 날조한 죄명을 이용해 실상을 알지 못하는 민중과 당국을 강요해 함께 각 방면에서 파룬궁을 '소멸'하려는데 있었다.

1956년은 내가 대학 생활을 시작하던 해였다. 나를 비롯한 많은 친구들이 모두 농구를 좋아했다. 어느 날 친구들은 반별 농구 시합을 열었다. 첫 시합이 곧 시작될 무렵 우리보다 나이가 좀 많은 동창생이 갑자기 운동장에 나타나더니 정색하며 나에게 말했다. "너희 뭘 하려고 그러는 거야?" 나는 "시합 해야죠."라고 답했다.

그가 말했다. "시합이라니? 당지부에 보고했어?" 내가 "이것도요? 아니요."라고 답하자 그는 즉시 훈계조로 명령했다. "당지부가 모르는 일이니 해산한다!" 그제야 친구들은 이 학생이 입학하기 전에 공산당 간부였고 지금은 또 1학년 당지부 서기임을 알게 됐다. 나도 이 일로 처음 공산당 조직 원칙의 가르침을 단단히 받은 셈이다.

그 후 1년이 지나 1957년 '반 우파' 운동의 서막을 알리는 신호로써 공산당 기관지인 인민일보에 '이것은 무엇 때문인가?'라는 사설이 발표됐다. 이어서 쓸데없이 장황한 비판문이 연속적으로 게재됐는데

죄다 억지로 꾸며낸 이른바 '반당 반사회주의 우파분자'의 이야기들이었다. 20년이 지난 후에야 당시 '우파'로 몰렸던 한 동창생을 만나 이야기를 나눌 수 있었는데 우린 처음에 서로 쳐다보고만 있다가 내가 먼저 입을 열었다. "자네 우파 아니었어?" 그는 쓴웃음을 지으며 대답했다. "그들이 내 머리에 바보 같은 모자(당시 공산당은 우파라고 지목한 사람에게 고깔모자를 씌우고 집단으로 그를 비판하게 했다)를 씌웠지만, 벗겨 버렸어."

1966년에 시작된 이른바 문화대혁명 역시 역사극을 비판하는 데서 비롯됐다. 어느 날 나는 우연히 신화사의 무칭穆青 사장을 만났다. 홍위병이 신화사 총편집실을 점령한 후, 그는 이미 '반공 분자'로 적발돼 극렬한 비판을 받으며 원내에서 '노동 개조'를 당하고 있었다. 나는 이해할 수 없어서 물었다. "당신은 어찌하여 자본주의의 길을 걸었나요?" 그는 힘없이 말했다. "나? 30년 혁명에서 마르크스 레닌주의가 통하지 않았으니까……."

1989년 6월 3일 밤, 나는 파리에서 전화로 베이징에 무슨 일이 발생했는지, '광장 폭도'는 누구인지를 물었다. 상대방은 단지 "묻지 마세요. 본사는 이미 군이 관할하고 있어요!"라는 한마디만 내뱉고 전화를 끊어버렸다. 매번 중대한 행동에서 우선 먼저 매스컴을 장악하는 것은 바로 독재 정권의 일관된 수법이었다.

파룬궁을 비판하는 문화선전 공세는 1996년 6월 17일, '광명일보'에서 시작되어 10여 개 신문사와 잡지사에서 이 명령을 받들어 뒤따랐다. 1999년 7월 23일 중국공산당 기관지 '인민일보'는 '인식을 제고하고 위해성을 똑똑히 보아내며 정책을 틀어쥐고 안정을 수호하자'라는 사설을 발표해, 파룬궁은 '불법 조직'이라고 맹비난했다. 이로써 파룬궁을 금지·탄압하는 신호를 내보낸 셈이다. 이와 동시에 당국은 또 자신이 통제하고 있는 종교계 인사와 민간단체, 학술단체를 동원해 성명을 발표하고 토론회를 개최했다. 날조한 죄명에 대해 말과 글로 죄상을 폭로하는 전례 없는 참혹한 정치 운동은 이렇게 시작되었다.

중국공산당이 파룬궁 단체에 붙인 꼬리표는 끊임없이 바뀌었다. '불법 조직', '사교 조직', '반동 적대 조직', '서양 내 반 중국 세력의 정치 도구', '반정부 조직', '반동 정치 조직과 정치 세력', '테러 조직'이라 했다. 이런 새빨간 거짓말 선전에 대해 나의 일부 프랑스 동료들은 상당히 곤혹스러워했다.

나는 1989년의 참혹한 베이징 6·4 사건 이후 신화사와 작별하고 프랑스 국제방송 이사회 요청으로 프랑스에서 중국으로 방송되는 중국어 방송 부서를 개설했다. 앞서 언급한 장쩌민의 프랑스 방문 후 곧 중국 대사관은 사람을 파견해 프랑스 방송국 이사장을 만나 프랑스 발 중국 방송 문제를 이야기하자고 했다. 이사장 장-폴 크뤼젤Jean-Paul Cluzel은 중문부 주임과 함께 만날 것을 제안했으나 중국 외교관은 고집을 부리며 한사코 동의하지 않았다. 회견 후 크뤼젤은 웃으며 나에게 이렇게 말했다. "난 홍위병을 접견하고 왔네요."

얼마 후 다른 한 베이징 외교관이 내게 커피를 마시자고 했다. 만나자마자 그는 말했다. "내가 지금 당신과 이야기하고자 하는 것은 다름 아닌 파룬궁 문제예요. 당신이 책임진 중국어 프로그램에서 더 이상 파룬궁에 대해 보도하지 말아 주세요." 왜 그런지 이유를 물으니 그는 주저 없이 말했다. "그건 사교예요. 오늘 당신에게 줄 많은 자료를 가져왔거든요." 하면서 그는 책상 밑에서 큰 가방을 꺼냈다. 그 속에는 파룬궁을 모함하는 각종 선전 자료와 소책자, 선전 그림, 비디오테이프와 CD가 가득 들어 있었다.

나는 그에게 명확히 알려 주었다. "사교는 당신들의 논조고 프랑스 방송국은 독립 매체예요. 독립적인 언론의 조사 없이, 우리는 보도하지 않을뿐더러 또 당신들의 뜻대로 파룬궁을 보도하지 않을 거예요." 나는 그에게 파룬궁 문제가 이미 정치화, 국제화된 이상 중국 당국은 마땅히 빗장을 풀고 국제 매체에서 파룬궁 문제에 대해 독립적인 조사를 진행하도록 해야 한다고 제안했다.

장쩌민이 프랑스를 방문한 뒤 얼마 지나지 않아 우리는 프랑스 주재 중국 대사관 사이트에 파룬궁에 대한 거짓 선전을 위한 전문 코너가 생겼음을 발견했다. 이처럼 심지어 외교 영역에 연관되는 일까지 전력을 기울일 정도로 광적인 행태는 비록 일시적으로 사람을 속일 수 있었지만, 또 사람들의 경각심과 의심을 자아냈다.

장쩌민은 르 피가로지를 이용해 프랑스 여론과 시민을 속였으나 프랑스 정부 및 의식 있는 사람들의 파룬궁 진실을 탐구하고자 하는 노력을 저지하지는 못했다. 프랑스 정부는 2002년 11월 법령을 발포해 범람하는 사교를 금지하기 위한 합동전담반을 총리부 직속으로 설립했다. 이 조직의 임무는 '인권과 기본 자유를 해치는 행위 및 기타 마땅히 지적받아야 할 행위를 통해 사교 현상을 관찰·분석하는 것'이다. 이 전담반은 또 '공권력에 협조하여 각종 사교가 범람하는 행동을 방지하고 진압'하는 책임이 있다.

그러나 오늘날까지 프랑스 당국은 파룬궁을 방지하고 진압해야 할 사교단체 명단에 넣지 않았다. 줄곧 현재까지 매주 주말이면 파룬궁 수련인들은 파리 에펠탑 앞과 다른 두 공원에서 공개적으로 연공煉功을 하고 있다. 파룬궁 수련인들로 구성된 마칭밴드인 천국악단은 프랑스 정부에서 조직한 대형 문화 행사에 수차례 참가했으며, 프랑스 국민의회 의사당에서 여러 차례 탄압 실상을 알리는 보고회와 세미나를 개최했다.

재미있는 것은 수년간 파룬궁 수련인이 프랑스 주재 중국 대사관 앞에서 평화적 시위를 하겠다고 신청했으나, 프랑스 경찰은 번번이

갖가지 이유를 들어 허가하지 않았다. 이에 대해 2009년 7월 파룬궁 수련인들은 프랑스 사법당국에 프랑스 경찰 당국la prefecture de police을 고소했다. 파리행정법원le tribunal administratif de Paris은 최종적으로 긴급 소송법관의 심의 결정l'ordonnance du juge des referes에 따라 파룬궁 승소를 판결했고, 동시에 프랑스 경찰에 대해 프랑스 파룬궁 협회에 1천 유로를 배상하라고 명령했다.

중국 문화와 전통에 대한 충분한 지식과 공산당 치하 중국에 대한 인식이 없다면 확실히 파룬궁의 진실을 이해하기 매우 어렵다. 역대로 중국공산당의 탄압을 받은 단체 중 드물게 파룬궁 수련인은 탄압에 무너지지 않았고 때려도 흩어지지 않았다. 파룬궁은 폭정에 항거하는 격문檄文인 '9평 공산당-공산당에 대한 9가지 평론'을 발표해 중국공산당의 본질을 전면적으로 밝혔다. 파룬궁은 또 중국 신문 역사상 최초로 해외에 '따지웬시보大紀元時報', '희망지성방송국', 'NTDTV' 등 독립적인 미디어 그룹을 세웠다. 파룬궁이 국제 조직과 외국 법원에 중국공산당 지도자를 고소한 행위는, 역사상 선례가 없는 일이다. 최근에는 중화 전통문화를 널리 알리는 것을 취지로 선원예술단을 창립하고 각종 문화경연대회를 개최해 세계적으로 명성을 떨치고 있다. 파룬궁 수련인은 공산당의 탄압을 받은 다른 피해자들과 함께 중국이 공산주의의 고난에서 탈출하게 하고, 민주 자유 역사의 큰 흐름에 동참할 수 있도록 노력을 멈추지 않고 있다.

큰 파도에 의해 역사의 선두에 던져져, 폭정에 평화적으로 항의하는 파룬궁 수련인들의 마음이 거울처럼 밝고 속세의 먼지를 털어버릴 수 있다면 '창생은 바른길에 들어서고蒼生歸正道, 강산은 다시 맑고 밝아지리라江山復明'는 인간 세상의 선량한 꿈을 반드시 이룰 것이라 나는 확신한다.

파룬궁이 박해당한 후 얼마 지나지 않아 상방上訪하는 사람들의 풍경이 베이징의 일상이 되었다. 경제 번영이라는 허울 속에서 일당 독재와 탐관오리의 억압을 받아 집과 가족을 잃었으나 억울함을 어디에 하소연할 길 없는 민중들이 위험을 무릅쓰고 해마다 끊임없이 베이징에 몰려들어 청원을 통해 조금이라도 공정함을 되찾으려 했지만 결국 문밖에서 거절당하고 심지어 투옥되었다. 그들이 중국에서 공산주의의 최후 피해자가 되지 않을까 사람들은 우려하고 있다. 당국은 이들에게 정치적 행동을 한다는 꼬리표를 붙이고 있는데 해결책이 없어 보인다.

공산주의의 죄악을 본체만체하고, 타인이 위험에 처해도 도움을 주지 않으며, 독재주의를 위해 변명하고, 심지어 그것이 국물이라도 나눠주기를 갈망하는 풍류 군자들, 그들은 생각해 본 적이 있는지 모르겠다. 한때의 영광을 위해 자신과 자손만대에 천고의 오명을 남기게 될 것을!

서두에 언급한 프랑스 언론인 알랭 페이르피트는 전 중국 총리 저우언라이周恩來의 매력에 빠져 스스로 헤어 나오지 못하는 사람으로 판명됐다. 중국공산당 당국은 페이르피트가 사망한 후 우한대학교 캠퍼스에 파격적으로 그의 동상을 세워 학생들이 우러러보게 했다. 중국의 젊은이들은 그에 대해 무엇을 기억할 수 있을까? 전 중국공산당 당수 장쩌민의 공범자로서 한창 잔혹한 박해를 당하고 있는 중국인 단체를 모독한 것 외에도, '중국통'이라 불리는 그는 또 1973년에 『중국이 깨어날 때 세계는 떨고 있을 것이다』라는 책을 출판함으로써 한창 문화대혁명으로 광란의 시대를 겪고 있는 중국에 오히려 최선을 다해 그 기세를 부추기는 역할을 했다. 그의 주변인들의 말에 따르면 이 책에서 그린 중국은 '사실상 저우언라이가 말하던 그런 중국'이라는 것이다. 그는 많은 인구와 탄탄한 경제력을 갖춘다면 중국은 세계에 우뚝 설 수 있다고 여겼던 것이다. 하지만 중국인은 늘 삼족정립三足鼎立이란 말을 한다. 페이르피트의 그 책 독자들은 이렇게 지적했다. "민주가 없고, 공산독재체제를 버리지 않는 한 중국의 발전은 정신병자가 꿈을 이야기하는 것에 불과하다."

클라이브 앤슬리Clive Ansley

중국에서 14년간 일했던 나는 중국공산당 총서기 장쩌민의 지휘 하에 중국공산당이 파룬궁을 비방하고 사교로 몰아세우는 잔인한 조직적 캠페인을 벌이는 과정을 1999년 시작부터 2003년까지 지켜 보았다. 국가가 악의적으로 파룬궁 단체를 비방하고 사교화邪教化하는 선동 과정을 직접 관찰할 수 있었다. 초기에는 누구도 장쩌민과 그의 추종자들이 평화로운 파룬궁 수련인들을 적으로 간주하고 이른바 '최종해결방안a final solution'이라는 악몽 같고 끔찍한 집단학살을 사회적으로 감행할 것이라고 예상하지 못했다.

오늘날 중국공산당이 파룬궁 수련인을 대상으로 대규모 살인과 생체 장기 적출을 감행해 왔다는 사실은 의심할 여지가 없다. 출처가 뚜렷한 수많은 증거가 우리에게 이 한차례 학살이 기정사실이라는 것을 인정할 수밖에 없게 한다. 히틀러 나치 정권이 저지른 만행을 능가하는 이 참혹한 박해가 1999년부터 시작되어 지금까지 중국에서 여전히 진행되고 있다. 그 이유는 중국의 정치체계에서 찾아볼 수 있다.

박해는 대체 어떻게 발생했고 가능할 수 있었는가. 장쩌민이 주도한 조직적 선전 활동은 파룬궁을 증오하도록 국민을 부추겼다. 증오를 분출시키고 사교에 대항한다는 명분을 부여해 동포에 대한 가장 잔혹한 고문과 폭행을 가한 사람들의 양심을 마비시켰다. 이러한 의도의 이면에 감춰진 이해관계를 알면 이유 또한 명확해진다.

나치와 오늘날 중국은 공통의 뚜렷한 특징이 있다. "냉혹한 정당이 대중의 눈을 속이고 그것의 범죄행위를 용의주도하게 은폐하기 위해 일으킨 행위로 문명화되고 이성적인 하나의 사회가 침략받았다."라고 판결한 이스라엘 종교재판소는 세계가 감당한 이 두 차례 박해가 아이러니하게도 닮은 점이 있다고 지적했다.

나치 독일의 선전부 장관 괴벨스의 '대중은 작은 거짓말보다는 큰 거짓말에 더 잘 속는다.'는 이른바 빅라이Big Lie 이론은 너무나 잘 알려져 여기서 상세히 서술할 필요는 없을 것이다. 사람들은 아주 큰 사안에 관한 반복적인 거짓말에 곧잘 속는다. 나치 독일은 이 이론을 활용하여 유대인을 사악한 인종으로 몰았다. 그들은 유대인을 질이 낮은 인종, 사실상 인간이 아닌, 독일사회에 대해 위협적인 존재로 묘사하는 데 성공했었다.

이는 내가 중국공산당이 파룬궁에 대해 저지른 행위에서 목격했던 것과 같다. 중국공산당의 허다한 정책과 조직적 활동을 나치 독일의 행위에서 발견할 수 있는데, 이는 결코 놀랄 일이 아니다. 이른바 중국의 '공산당'은 명칭에 불과하며 실제로는 파시즘에 대한 일반적 개념에 더욱 부합한다.

나는 박해 초기 몇 년간, 파룬궁을 겨냥한 중국공산당의 허위 선동을 목격하면서 나치가 유대인을 사악한 인종으로 몰던 행위가 매일같이 떠올랐다. 하지만 뒤이어 발생하게 될 소름 끼치는 실상에 대해서는 나 역시 예견할 수 없었다.

초기에 주요매체는 늘 파룬궁 수련인이 갖가지 잔인무도하고 음란한 범죄를 저질렀다고 허위 보도했다. 아이러니하게도 이는 오늘날 파룬궁 수련인, 인권변호사, 반체제 인사, 기독교 신자, 위구르인, 티베트인에게 지속적인 박해를 가하는 중국공산당의 범죄 행위들을 연상시킨다.

박해가 시작되자마자 파룬궁을 사교로 규정한 것은 다름 아닌 장쩌민이다. 사상 최대 규모의 희생자 집단이 된 이 단체를 향한 증오의 불길을 부추기기 위해, 중국공산당은 파룬궁 수련인은 자신의 아이를 살해하며 심지어는 자신의 아이를 잡아먹기까지 한다는 이야기를 공개적으로 발표했다.

공산당은 박해 초기에 이런 선동적인 괴담과 거짓말을 매일 출판물과 TV 매체에 등장시켜 '사교'의 개념을 사람들 마음속 깊이 각인시켰다.

예컨대 난징의 한 유명 식당에서 쥐약이 든 국수를 먹고 42명이 사망한 사건이 발생했고, 중국 전역에 이 사건이 보도됐다. 이런 살인 사건은 결국 파룬궁의 가르침으로 인한 것이라고 날조되었다. 당시 나는 파룬궁에 대해 아는 것이 전혀 없었지만, 이 이야기를 듣는 순간 믿지 않았다. 그 이유는 첫째, 이러한 대량 살인 사건의 책임을 파룬궁에 전가하려는 의도를 강렬하게 느꼈는바 중국공산당 당국이 분명 다른 목적을 갖고 이렇게 한다는 인상을 받았다. 그 살인 혐의자에 대한 '재판'은 나중에 광범위하게 보도되었는데 그 당시에만 하더라도 보도 내용에 파룬궁에 대한 언급은 선혀 없었다. 하지만 흉악범을 사형 집행한 후 언론은 "그런데 그 흉악범은 파룬궁 수련인이었다."라고 덧붙여 말했다. 그 사건의 대부분은 파룬궁과 관련될 어떤 혐의도 없었지만, 노련한 솜씨로 연루시켰다는 것을 나는 분명하게 기억하고 있다.

박해 초기 모든 매체가 파룬궁에 대해 무자비하고 증오를 불러일으키는 역사상 유례없는 보도를 계속했는데, 보도 내용은 대부분 극악무도하고 반인륜적인 사건에 관한 것들이었으며 그런 범죄가 모두 파룬궁의 가르침으로 인해 조성된 것이라고 전했다.

다시 설명하지만 설사 박해 초기 나는 파룬궁에 대해 아무것도 아는 것이 없었음에도, 공산당의 이 비난들에 대해 강한 의구심을 갖게 됐다. 중국공산당에게 비방을 당한 파룬궁 피해자들은 자신의 명예가 훼손된 것에 대해 항의할 수 있는 공개 토론회조차도 거부됐다. 그러나 나는 개인적인 장기간의 경험을 통해, 공산당 통치하의 중국이 조직적인 거짓말에 기반을 두고 있다는 것을 알고 있다. 중국공산당 지도자들과 정당과 정부기관 및 대변인에 이르기까지 모두 거짓말을 일삼는다는 점은 익히 알려진 사실이다. 그들의 진실성은 설사 진실을 말해서 자신에게 해가 없다 할지라도 진실을 말할 수 없는 정도이다. 중국공산당은 기본적으로 거짓말에 능하다. 비록 실상을 숨길 이유가 없다 해도 거짓말을 한다. 중국공산당은 진실을 숨길 이유가 없어도 거짓말을 하는 것이 일반화되어 있다. "인민일보에서 유일하게 진실한 것은 날짜이다." 이는 중국에서 잘 알려진 우스갯소리다. 그러므로 나도 중국공산당이 하는 말에 대해 의구심을 가졌다.

중국공산당은 어떻게 이렇게 수많은 중국 민중에게 새빨간 거짓말을 할 수 있었을까?

이는 답이 간단한 질문이 아니다. 설명하기에 곤혹스러운 부분은 중국공산당은 분명히 대다수 자국민의 신뢰를 얻지 못해 괴로운 상황이기 때문이다. 중국공산당은 허다한 이유로 중국 내에서 광범위하게 사람들의 미움을 사고 있는 대상이다. 증오를 받는 것 외에도 누구나 다 알고 있듯이 중국공산당은 표면적인 신용마저 얻지 못하고 있다. 그럼 공산당은 어떻게 사회적으로 한 단체를 고립시키고 지속적으로 박해할 수 있었으며, 아울러 수많은 중국인을 공산당의 편에 세울 수 있었을까?

'중국이 복잡하고 다양한 측면을 가진 사회'라는 고찰은 진부한 것이다. 그러나 이 진부한 고찰은 한편으로는 중국공산당을 경멸하고 두려워하면서도 다른 한편으로는 중국공산당의 반복적인 허위 선동을 곧이곧대로 믿는, 설명하기 어려워 보이는 모순을 이해하는데 있어서 관건인 부분이다.

우리는 여기서 이런 난해한 모순을 만든 몇 가지 요소를 다음과 같이 정리할 수 있다. 첫째, 다른 모든 독재 국가들처럼 중국은 맹목적인 애국주의와 민족주의를 기교적으로 불어넣어 거대한 이익을 얻었다. 국가를 위협하는 존재에 대해 나쁜 이미지를 심는 것은 국내외를 막론하고 언제나 효과적인 수단이었다. 서양의 강대한 제국주의 침략과 포식의 역사는 중국인에게 서양 세력에 대해 정신분열증에 가까운 반감을 품도록 했다. 19세기부터 20세기 사이에 제국주의 침략의 피해자로서 크나큰 좌절감을 느꼈던 중국인의 자존심을 이용하는데 중국공산당은 크게 성공한 것이다.

중국공산당에게 적대감을 가진 중국인이지만 오히려 그 지도자의 뒤를 따라 집결하여 반미시위 혹은 티베트, 대만 및 중국 동해, 남해의 섬 영토에 대한 주장을 지지한다.

마찬가지로 중국 문제를 보는 관점에서 공산당의 습관적인 거짓말에 대해 항상 비웃던 수많은 사람이 특정 문제에서는 오히려 눈 하나 깜빡하지 않고 중국공산당의 편에 서 있음을 나는 알고 있다.

예를 들어, 거의 100%에 가까운 중국 국민은 사형을 지지한다. 내가 무고한 사람이 억울하게 사형당하는 것을 피할 수 없다는 기초적인 논리로 사형을 반대하면, 나를 의아하게 생각한다. 전형적인 예로, 중국에서 사형 판결받은 사람 중 무고한 사람이 없었다고 하는데 그 이유는 중국 경찰은 절대로 죄 없는 사람을 기소하지 않기 때문이라고 했다. 그런데 이런 논리를 펼치는 사람은 통상적으로 중국공산당과 중국의 체제에 대해 가장 공격적으로 비평하는 사람들이다. 그들은 늘 중국공산당을 신뢰할 수 없다고 비난하면서도 중국공산당이 경찰과 법원을 뒤에서 세세하게 통제한다는 사실은 믿지 않는다.

나와 함께 일한 변호사들은 거의 모두가 '인민일보에서 유일하게 진실한 것은 날짜'라는 이 우스갯소리를 인용해 말했다. 그러나 나는 자신의 두 아이를 살해했다는 혐의가 있는 파룬궁 수련인의 이야기를 화제로 토론하던 일이 생생하게 기억난다. 당시 나는 파룬궁에 대해 아무것도 알지 못했고 이 이야기가 필연코 허위임을 논쟁할 생각이 없었다. 단지 단순하게 건네주는 소식만 가지고 왜 우리가 이 일을 믿어야 하는지에 대해 물었다.

논쟁의 시작은 이 변호사가 파룬궁 수련인들은 '끔찍한 사람들'이라고 말한 데서 시작됐다. 나는 그에게 왜 그렇게 지나치게 확신하느냐고 물었다. 그는 파룬궁 수련을 한다는 어머니가 두 아이를 살해한 사건을 예로 들며 반박했다. 나는 그에게 "그러나 그것이 진실인지 어떻게 아는가, 정말로 발생한 일인가?"라고 물었다. 그는 전날 밤 뉴스를 본 것이 전부라고 했다. 나는 그에게 누가 중국중앙방송 CCTV를 통제하고 있는지 일깨워주었다. 그는 늘 여러 사람에게 중국공산당 매체를 믿지 말라고 했던 사람이다. 그러던 그가 당시 나에게 중국공산당 중앙선전부에서 심의하고 있는 텔레비전 프로그램에 근거해 파룬궁이 사악한 것이라는 주장을 확고히 펼치고 있었다. 당시 중국공산당은 '인민의 공적'이라 치부되는 대상, 즉 파룬궁에 대해 대규모 허위 선전을 전개하고 있을 때였다.

나는 난징 식당 독약 사건에 대해 중국공산당을 비평하고 의심하는 사람과 비슷한 토론을 한 적이 있다. 다시 말하면 이 여성도 신문과 텔레비전을 보고 나서 이 사형수는 전에 파룬궁 수련인이었고 그 범죄는 수련한 결과라고 분노하며 말했다.

파룬궁 수련인이라고 자칭한 다섯 사람이 천안문광장에서 집단 분신자살을 시도한 사건은 천지를 뒤엎을 듯이 신문과 텔레비전을 통해 보도됐으며 그 효과는 그야말로 확실했다. 나는 당시 이 뉴스를 본 중국인 대부분이 이 사건으로 인해 파룬궁에 반감이 생긴 것을 보았다.

심지어 나도 분신자살이 발생했고 뉴스가 타당하다는 것을 '사실'로 받아들였다. 내가 보아왔던 기타 대부분 파룬궁에 적대적인 이야기와는 달리 이 경우는 사건 현장을 생방송으로 실어 날랐으므로 나도 무서운 장면을 '나의 눈'으로 보았다. 몇 가지 이유로 그 뉴스가 나를 파룬궁을 반대하는 사람으로 바꾸지는 못했지만, 당시 나도 이 사건의 진실과 매체 보도의 진위에 대해 추호도 의심하지 않았다. 수년이 지난 후 나는 설득력 있는 증거를 접할 기회가 있었고, 아울러 이 사건 자체가 베이징 경찰의 자작극이라는 사실을 알게 됐다.

파룬궁 박해 사실을 잘 아는 모든 사람은 당시 무슨 일이 있었는지를 잘 안다. 영상 기록은 진실했으나 보도한 내용은 도리어 그렇지 못했다. 몸에 휘발유를 뿌려 분신자살을 시도한 이들은 파룬궁 수련인이 아님이 분명했다. 5명의 '시위자' 뒤에는 모두 몇 초 내에 사용할 소화기를 준비한 경찰들이 대기하고 서 있었다. 이 5명은 몸에 방화 재질의 옷을 눈에 띄게 두껍게 입고 있었다. 평소 톈안먼 광장에는 현장에서 가장 가까운 소화기조차 아주 멀리 떨어져 있다는 사실을 나중에서야 알게 되었다. 10명의 경찰이 소화기를 들고 제때에 시위 현장으로 달려와 불을 끄기란 이 사건이 어떤 사람에 의해 미리 의도적으로 기획된 경우를 제외하고는 불가능했다.

하지만 우리는 당시 이러한 것을 예측할 수 없었다. 나는 이 사건이 누군가에 의해 기획된 것임을 돌이켜 논쟁하자는 것이 아니다. 중국 변호사 및 기타 인사들과의 나의 논쟁은 아래 몇 가지로 요약된다. 첫째, 모든 조직과 운동은 일부 극단주의자들이 일으킨다. 우리는 미국에서 한 극단적인 어머니가 5명의 자녀를 목욕통에 넣어 익사시켰을 때, "예수님이 나에게 말씀하신대로 했다."고 말했다 해서 기독교를 질책하지 않는다. 둘째, 이런 행동은 박해를 당해 궁지에 몰린 극단적 좌절의 반사일 수 있다. 셋째, 이와 유사하게 1960년대 초 베트남 및 최근 티베트에서 있었던 불교 승려의 분신자살은 위대한 영웅 행위와 자기희생으로 받아들여졌다.

우리가 중국의 이번 박해 및 이 박해를 가속화시킨 매체들의 선전으로부터 배운 첫 번째 교훈은, 이미 국가가 언론을 전부 독점해서 사람들이 어떠한 언론도 더 이상 믿지 않는다고 자신하더라도, 특정한 상황에서 여전히 반복적으로 같은 언론에 의해 우롱과 조종을 당하게 된다는 것이다. 만약 빅라이Big Lie 이론이 중단되지 않는다면, 또 만약 당국이 매체를 절대적으로 독점할 수 있다면 피의자가 매체에서 자신의 견해를 피력하는 것은 불가능하다. 만약 맹목적 애국주의로 끊임없이 민족의 자존심을 부추기고 혹은 외부 또는 내부의 적에 대한 공포를 충분히 이용하는 환경이라면, 설사 스스로 세상사에 정통해 국가 선전기구에 속지 않고 있다고 여길지라도 사실상 여전히 그것에게 반복적으로 기만당하게 된다.

서양인들은 출판물과 언론으로부터의 정보가 전부 독점되었을 때 국민에게 미칠 영향에 대해 상상해 보아야 한다. 비록 시민들이 보편적으로 비판 능력이 발달했다 하더라도, 특정한 사안이나 사건의 정보가 단일한 관점으로만 발표될 때 그들은 여전히 쉽게 반복적으로 기만당하게 된다. 15년 동안이나 지속되고 있는 파룬궁에 대한 이 한 차례 박해는 이 점에서 아주 전형적인 사례다.

우리 서양 매체도 많은 면에서 매우 부패해 있다. 캐나다와 미국의 일부 개인 매체는 특정한 이해관계에 치우쳐 있어 보도 역시 특정 이익을 두둔하는 것이 확실하다. 그러나 절대적인 매체 독점은 없으며 특히 국가의 독점이란 없다. 명예에 대한 그 어떠한 비방에도 대응하고 반론할 수 있다.

우리는 부정적인 평가를 받는 선전기구의 위력에 대해 절대로 과소 평가해서는 안 되며 더욱이 그것이 모든 정보와 견해의 유일한 루트가 되었을 때는 더더욱 그러하다. 자식을 살해한 어머니가 파룬궁 수련인이 아니었다는 사실을 아는 이웃이 반드시 있을 것이며 심지어 그녀가 자신의 아이를 살해하지 않았을 수도 있다. 모든 파룬궁 수련인은 파룬궁의 가르침은 그 어떠한 종류의 살생도 금지한다는 것을 기자에게 알려줄 수 있다. 또 분명히 난징에서도 독을 투입한 사람이 파룬궁을 한 번도 수련해본 적이 없는 사람이라는 증거를 제공할 수 있는 사람이 있었을 것이다. 파룬궁 수련인들은 천안문 광장에서 분신자살자들이 취한 그런 가부좌 방식은 파룬궁 수련인이라면 그 누구도 하지 않는 방식임을 손쉽게 지적할 수 있었다.

그러나 누가 어떻게 이런 사실을 지적할 수 있었을까? 누가 어떤 방식으로 대중들에게 다른 이론을 제시할 수 있었을까? 그들에게는 아무런 경로가 없었다. 편지를 써서 출판사에 보낼 수도 없고, 신문의 독자 평론에 의견을 쓸 수 없고, 텔레비전 뉴스 인터뷰 기회도 없으며, 심지어 공개적인 장소에서 플래카드를 들고 집회를 열 수도 없다. 단지 하나의 소리 외에는 들을 수 없는데, 어떤 의제에 대한 단일한 관점이 지겹도록 날마다 반복된다. 아울러 그 어떤 반대 목소리도 들을 수 없게 됐을 때, 그리고 어떠한 대답도 다시는 할 수 없게 되었을 때 우리에게 절대로 중국공산당의 매체를 믿지 말라고 권고하던 많은 사람들조차 자기가 그렇게 말했음에도 불구하고 믿기 시작한다.

파룬궁 수련인은 모함을 당해도 그에 답변할 수 있는 공개 토론회도 없었다. 죄행을 뒤집어씌우던 악의적인 명예훼손의 희생자가 되든지 중국 민중들은 파룬궁 수련인들의 반응을 볼 수가 없었다.

더욱 심한 것은 박해 초기 대중들이 파룬궁에 대한 증오를 부추기는 중국공산당의 허위 선동을 결코 수동적으로 받아들인 것만은 아니었다. 당시 많은 매체는 대중들이 단체로 파룬궁을 비난하고 공개적으로 파룬궁 수련인을 비난하는 것을 보도했는데 정말로 전에 발생했던 반지주운동, 반우파운동, 문화대혁명, 비림비공운동批林批孔運動(중국에서 1973년 말부터 전 국방부장관이자 당 부주석이었던 린뱌오林彪와 그가 즐겨 인용한 공자孔子를 아울러 비판한 운동)을 연상케 했다. 이런 운동은 모두 중국공산당이 소극적인 독자와 청중들을 원한에 찬 선동의 적극적인 참여자로 변모시키는 데 이용됐다.

실제 박해 참여는 심리학적으로 매우 유효적절해 보인다. 왜냐하면 참여자는 그들의 공모 때문에 더 높은 수준의 헌신을 하게 되기 때문이다. 문화대혁명 기간에 아내가 남편을 공개 비판하고 폭행하는 것에 참여하는 것은 결코 보기 드문 일이 아니었고, 그들이 이 같은 행동을 감행한 것은 문화대혁명에 대한 자신의 정치적 순수성과 충성심을 나타내기 위함이었다. 파룬궁이 박해를 당하는 과정에서 실제로 박해에 참여한 자들의 목적은 더 넓게 보면 자신이 그 선동의 공격 목표가 되지 않도록 보호하기 위함이었다.

위와 같은 민중들의 질책과 더불어 파룬궁 수련인에 대한 경찰의 불법적인 구타, 재산과 은행계좌의 몰수, 자의적인 행정 구류와 감금이 빈번하게 자행됐다. 또한 파룬궁 수련인으로 밝혀지면 그들을 해고하도록 고용주를 압박했다. 이러한 것은 모두 파룬궁 수련인을 '사실상 사람으로 취급하지 않음'으로써 인류가 정상적인 상황에서 마땅히 누려야 할 기본권을 박탈한 것이다. 이상의 원인으로 말미암아 중국 공안, 무장경찰, 의료인, 감옥 교도관들이 살인죄나 혹형죄, 홀로코스트 이후 가장 엄중한 반인류범죄를 스스럼없이 자행하도록 했다. 방금 내가 말한 반인류범죄란 바로 건강한 사람들을 장기 공급원으로 삼아 '수요에 따라' 대규모로 장기를 끄집어내 학살한 후 국가가 그들의 장기를 팔아 방대한 이익을 챙긴 강제 생체 장기 적출을 의미한다.

마치 나치가 종래로 학살 수용소를 공개 승인하지 않았던 것처럼 중국공산당이 파룬궁 수련인에 대해 범한 잔혹한 범죄를 인정한 적이 없음을 우리는 반드시 알아야 한다. 파룬궁 수련인과 유대인에 대한 반인류범죄는 그러한 범죄에 실제로 가담한 사람의 정상적인 도덕성과 판단 능력을 심각하게 마비시켰다. 가해자가 죽음에 직면한 피해자를 '유대인에 불과하다'거나 또는 '사교 신자에 불과하다'며 자신의 죄행을 합리화시킬 때 자연히 피해자의 처참한 비명에 대해 귀를 틀어막고 듣지 않을 것이다.

의료전문가를 박해에 가담시킨 것은 파룬궁 수련인에 대해 비인간적인 박해를 감행하는데 성공적인 예라 할 수 있다. 오늘의 중국과 나치 독일을 제외하고, 정상적인 의료전문가가 이런 무고한 사람들, 진정한 법정은 고사하고 이른바 중국의 '법정' 심리마저 다 거치지 않은 건강한 사람을 살해하는데 참여하기를 원한다고 그 누가 상상할 수 있겠는가? 1930년대의 독일과 오늘의 중국을 제외하고, '학살위원회'가 장기 이식 병원의 의사 및 중국 형사 '법정'의 '판사'와 결탁해 '장기기증자'가 될 수 있는 대상을 살해한 후 신선한 장기를 취득해 돈 있는 고객에게 제공할 줄이야 그 누가 상상이나 할 수 있겠는가? 하지만 이것은 확실히 오늘날 중국 의료전문가 집단의 현실이다. 만일 중국공산당이 파룬궁 수련인을 비인간화하는 허위 선동을 펼치지 않았다면 이 일체가 성립될 수 있었겠는가? 이러한 허위 선동은 계획된 것이었다.

중국에 대해 잘 알고 있는 사람이라면 누구나 다 그곳은 '법치 국가'가 아님을 증언할 수 있다. 매일매일 집권자가 하는 말이 곧 법이다. 파룬궁이 '사교'로 정해지고 아울러 법률적으로 '기소'할 수 있게 되었음은 장쩌민 개인의 간단한 지령에 의한 것이었다. 하지만 중국 형사 법전 어느 조항에도 파룬궁에 적용할 만한 조항은 없다. 설령 정말로 처벌할 규정이 있다 해도 '법원' 또한 종래로 법률을 적용한 적도 없고 증거를 들으려 한 적도 없다. 권력을 장악한 독재 통치자가 단지 모든 파룬궁 수련인은 죄가 있다고 간단히 선포하고 아울러 박해를 진행했을 뿐이다.

물론 현재 진행 중인 대규모 강제 생체 장기 약탈에 의한 대학살 만행은 법치 국가로 위장한 중국을 어이없고 가소롭게 만들었다. 중국 공산당이 비록 1979년 이후에 표면적으로는 법률 체제를 구축하려는 노력을 했으나, 중국공산당의 이런 행동은 마치 나치가 했던 것과 같은 것이다. 즉, 독재 국가의 압력을 행사하는 자들에게는 명확한 법률 시스템으로 자신들의 행위가 법률적 근거가 있음을 밝히는 것이 매우 중요했던 것이다.

흔히 폭로되고 있는 중국 '법률 시스템'의 간악함은 법원이 파룬궁 수련인의 소송을 접수조차 하지 않는다는 점에서 극명하게 드러난다. 중국공산당은 법원이 파룬궁 수련인의 소송을 접수하는 것을 금지하고 있다. 아울러 중국공산당은 중국의 변호사들이 그 어떠한 파룬궁 수련인의 소송도 대리할 수 없게 금지하고 있다.

'중국은 하나의 법치 국가이고 중국 '법원'은 독립적인 것이다.'라는 명백한 거짓말은 해외에서 중국에 대한 존중을 얻는데 아주 중요한 도구가 됐다. 이 도구는 중국공산당 자신에 의해 그리고 강력하게 친 공산주의를 유지하려는 서양 정부 내의 일부 인사들에 의해 광범위하게 이용되고 있다.

두 명의 전 캐나다 총리는 중국의 인권 침해에 대해 가장 엄중한 책임을 져야 할 중국공산당 지도자의 친한 친구였다. 그래서 관례에 따라 캐나다 국민에게 중국은 이미 '법률 개혁'을 전개하고 있다고 허풍을 떨었다. 박해가 시작된 지 3년째 되는 해에 장 크레티앵Jean Chretien(캐나다 제20대 총리)은 장쩌민과 어깨를 나란히 하고 '장쩌민의 영도 하에 근 십 년 사이에 인권 방면에서 큰 진보를 거두었다'고 치켜세웠다. 그의 후임자 폴 마틴Paul Martin(캐나다 제21대 총리)은 비록 이렇게 황당한 발언은 하지 않았으나 여전히 지속적으로 중국은 인권 문제에서 발전하고 있고 법치주의를 위해 헌신하고 있다고 칭송했다. 그러나 중국공산당은 경찰, 검찰, 법원보다도 상위에 존재하며, 심지어 법률보다도 상위에 존재하고 있으며, 동시에 법률 시스템의 모든 기구를 사실상 통제하고 있다. 즉, 이론과 실제를 막론하고 법치주의와는 거리가 먼 것이다.

중국 내에서의 법률 시스템이 중국공산당이 통제하는 것이라면 진정한 법치와는 병존할 수 없다.

단지 중국공산당이 법률 시스템의 외적인 형식과 구조를 유지하기만 한다면 크레티앵과 마틴 같은 서방 인사들까지도 중국의 실상을 제대로 볼 수 없게 만들고, 아울러 자국민에게 중국은 이미 법치가 온전하게 발전하고 있다는 거짓말을 늘어놓게 할 수 있다.

중국공산당이 여전히 권력을 장악하고 있는 한, 박해와 강제 장기 적출이 빠른 시일 내에 끝날 가능성은 거의 없다. 만약 이 목표를 실현하고자 한다면, 반드시 중국인과 세계인에게 이러한 죄행의 존재를 분명히 알게 해야 한다.

진실을 억압하는 것은
사악의 본성

장진화張錦華

"사람들이 사실을 알게 하라, 그러면 국가는 안전할 것이다." 링컨 미국 전 대통령의 말이다. 이 말은 미국 뉴지엄Newseum에 새겨져 있다. 그러나 언론의 자유를 억압하고 진실 보도를 통제하는 중국공산당 독재 체제는 중국의 관방官方 언론을 엄격하게 통제했을 뿐만 아니라 언론을 억압하는 검은 손길을 이미 자유세계로 뻗쳤다. 자유가 없으면 진실이 없고 진실이 없다면 자유는 더더욱 없다. 지성과 양심이 가려지고 인성이 왜곡되자, 사악은 이로 인해 그 세력을 확장했으니, 실로 이것이 인류 사회의 가장 큰 불행이라고 할 수 있다. 대만에서 실제 일어난 사례부터 살펴보자.

1. 자유 언론이 선전 도구로 변하다?

2010년 8월, 대만 파룬궁 변호인단은 대만 고등법원 검찰에 사상 최초로 대만을 방문한 성장省長급 중국공산당 관료를 고소했다. 고소 대상은 방문단을 이끌고 대만을 방문한 광둥성장 황화화黃華華였다. 고소 사유는 그가 '집단상해죄' 및 '인권 규약'을 위반했기 때문이다. 아울러 그에게 파룬궁에 대한 박해를 중지할 것을 요구했다. 광둥성은 파룬궁 탄압이 가장 극심한 성省 중 하나로서 박해 수단이 잔혹하며, 박해로 사망한 수련인은 당시 밝혀진 숫자만 이미 75명에 달했고, 상해를 입거나 불구가 된 사람은 헤아릴 수 없었다. 황화화는 광저우시 당서기로 재직할 때부터 여러 차례 박해를 직접 지휘·명령·조종·배치했다. 심지어 한 대만 수련인이 대륙에 친척을 방문하러 갔을 때에도 무리하게 구금을 당한 바 있다.[1]

대만은 이제껏 '인권 입국'을 공언해 왔다. 또 2009년 유엔 '시민과 정치적 권리에 관한 국제 협약 및 경제 사회문화적 권리에 대한 국제 협약 시행령' 등 두 개의 협약을 통과시켜 천인공노할 인권 박해 사건에 대한 고소가 가능해졌다. 더욱이 대만을 방문한 중국 고위관료에 대한 첫 고소 사례가 실제 생겼다는 것은 언론의 주목을 받아 마땅했다. 하지만 대만의 4대 신문 중 3개 신문사는 이에 관한 뉴스를 거의 보도하지 않았다. 모든 주요 상업 방송국에서도 거의 보도하지 않았다. 중국공산당의 인권 박해 사실을 외면해 온 언론들은 도리어

'갑부 성장 대만에서 수십억 쇼핑', '4곳에서 고향 사람을 만나', '만 명 관광객 동원' 등과 같은 식의 거대한 타이틀을 내걸고 보도할 뿐이었다. 구구절절 각종 금전, 권력의 이익에 대한 온갖 추앙과 환락뿐이었다.[2] 중국의 독재, 극심한 빈부 차이, 부정부패 만연, 인륜 도덕의 타락에 대해서는 보고도 못 본 척했다.

사실 이는 특수한 사건이 아니다. 장기간 대만 언론, 더 나아가서는 자유사회 언론이 중국에서 파룬궁을 잔혹하게 박해하는 사건을 보도한 경우는 극히 드물다. 얼마 안 되는 보도마저 항상 사실을 왜곡하여 진실하지 않거나 심지어 어떤 것은 이미 중국공산당이 퍼뜨리는 거짓말과 중상모략을 전달하는 앵무새로 전락했다.

언론은 무엇 때문에 파룬궁의 실상을 보도하지 않는가? 왜 자유사회 언론은 더 이상 자유롭지 않은가? 홍색 중국은 어떤 방식으로 자유사회의 언론을 굴복시켰고, 무엇이 이런 언론을 스스로 통제하게 했는가? 이는 인류 사회에 어떤 영향을 미쳤는가? 이런 변화의 계기는 어디에 있는가? 아래에 우선 중국공산당이 자유사회 언론을 통제하는 방식부터 이야기하려고 한다.

2. 자유 언론의 소리를 봉쇄하다:
중국공산당이 해외 언론을 통제하는 4대 경로

1) 언론사 소유권을 사들여 언론의 기능을 대변인으로 전락시키다

대만의 왕왕旺旺 미디어 그룹이 하나의 대표적인 예이다. 2008년 중국시보China Times 그룹은 날로 치열해지는 미디어 경쟁, 인터넷 언론의 급속한 발전, 그룹 내 경영 부진 등의 요인으로 급하게 사업에서 손을 떼려 했다. 중국 출신인 대만 자본가 차이옌밍이 결국 왕왕 미디어 그룹을 고가로 사들였다. 그는 본래 왕왕식품 경영자로 유명하며 기업 경영 범위를 부동산, 보험, 금융서비스, 요식업, 병원 등의 산업까지 확장시켰다. 그러나 수익의 90%는 중국 시장에서 나왔다.[3] 그는 최근 몇 년간 '포브스지Forbes'가 선정한 대만 갑부로 꼽혔고, 또 중국에서 해외로 나온 갑부 중 한 명으로 알려졌다. 그러나 영국 '이코노미스트The Economist'가 2013년 4월 보도에서 밝혔듯이, 중국 정부는 국영기업과 특정 민영기업에만 보조금을 지급해 육성하고 있는데, 중국의 왕왕유한지주회사도 뚜렷하게 그 대열에 속했다. 보도에 따르면, 중국 정부가 이 회사에 지급한 보조금은 2011년 회사 순이익의 11.3%에 달했다고 전했다. 이로부터 왕왕 그룹의 수익은 중국 관방의 지지와 밀접한 관계가 있음을 명백히 알 수 있다.

"주임님께 보고드립니다. 우리는 '중국시보'를 사들였습니다." 이는 대만 '천하잡지'가 2009년 2월에 낸 특집보도에서 왕왕 그룹 내부 간행물 내용을 인용한 것으로, 차이옌밍이 204억이라는 엄청난 가격으로 중국시보 그룹을 사들인 한 달 뒤에, 대만주재 중국 국무원 사무 관공실國台辦 주임인 왕이王毅의 사무실에서 거래 결과를 보고했던 말이다. 차이 회장이 언론사를 사들인 목적은 "언론의 힘을 빌려 양안兩岸 관계가 진일보로 발전하는 것을 추진할 수 있기를 바라기 때문"이라고 밝혔다. 아울러 "우리는 모두 '상부'의 지시에 따라 조국의 번영을 잘 보도해야 한다."고 강조했다. 이에 왕이는 "만약 장래에 그룹에 필요한 사항이 있게 될 경우 대만주재 국무원 사무 관공실은 반드시 전력으로 지지할 것."[4]이라고 현장에서 바로 입장을 표명했다.

이상의 서술이 증명하는 것처럼 중국공산당의 지원을 받고 있는 대기업은 막대한 비용을 들여 언론의 주인이 되는데, 그 배후에는 상상업적인 목적과 동시에 언론을 정치·경제적 이익 추구의 수단으로 삼으려는 목적이 있다. 학계에서는 그것을 '시종侍從 언론'이라 부른다. 사실 이런 일이 대만에서만 발생하는 것은 아니다. 홍콩 및 해외 중국인 언론의 소유권 혹은 주주권 역시 최근 몇 년간 모두 유사한 '시종' 자본가에 의해 차츰 매수되었다. 자유민주사회 언론은 그 역할과 기능에 있어, 객관성·중립성·사실보도 등 '제4 권력'으로서 공공 이익 수호를 강조한다. 그러나 시종 언론이 비록 중국공산당과 정부의 직속으로 관리·통제를 받지는 않는다 하더라도, 중국공산당의 정치적 이익을 위해 복무하며, '조국 번영'을 보도하는 대변인을 자처하고 있다.[5]

2) 뉴스 제작 장악: 인사권·편집권·보도 내용 장악

소유권을 통제한 후 다음 차례는 언론의 편집권과 인사권을 장악하는 것이다. 2012년 2월 미국의 유명한 퓰리처 상 수상자 앤드류 히긴스Andrew Higgins 기자는 왕왕 그룹 차이옌밍을 방문한 후 왕왕매체가 중국 정부의 입장에 따라, 인사 이동, 편집 내용 통제 등을 진행한 사실이 있다고 폭로했다. 보도 내용은 주로 6·4 민주화 운동과 중국 민주주의에 대한 차이옌밍의 발언이 중국 정부 측 입장과 동일하다는 것이다. 예를 들면 차이옌밍은 "나는 정말로 매우 많은 사람들이 (6·4사건 중에서) 죽었다고 여기지 않는다.", "중국은 많은 면에서 이미 아주 민주적이다.", "당신이 좋아하든 싫어하든 통일은 단지 시간문제다.", "나는 정말로 (통일을) 보고 싶다." 등의 발언을 했다. 그는 또 당시 '중국시보'의 사설주필을 교체한 이유를 이렇게 밝혔다. "그는 무례를 범했다. 대류인뿐만 아니라 나에게도 상처를 줬다." 아울러 차이옌밍은 "기자는 비평의 자유가 있다. 그러나 펜을 들기 전에 세 번 생각해 봐야 한다."라고 덧붙였다.[6]

히긴스는 차이옌밍의 발언이 6·4의 진실에 대한 자유사회의 인식에 위배됨을 비평했고, 또 왕왕 그룹이 자기와 다른 의견을 배척하며 인사권을 통제하고 언론 자유를 침해한 것에 대해 의문을 제기했다. 당시 막 왕왕 그룹에서 해고당한 중국시보 편집장은 신문업계의 좌담회에 출석해, 해당 신문의 사설은 '6·4 사건, 파룬궁, 92 공동 인식, 달라이 라마 등 사건에 대해 건드려서는 안 된다.'고 말했다. 그래서 기자는 스스로를 통제하기 시작했고, '마음에 경보가 일단 형성되면 주필들은 스스로 알아서 선택하고 회피한다.'[7]고 밝혔다.

사실 '시종이 됨'을 달가워하는 언론은 분명히 언론의 전문성을 무시하며 심지어는 공공연히 위법도 불사한다. 이 글의 서두에서 대만 파룬궁 단체에 형사 고소를 당한 중국 광둥성장 황화화를 언급했는데, 그가 2010년 방문단을 이끌고 대만에 와 쇼핑하는 동안 왕왕매체를 포함한 대만의 대다수 주류 언론은 파룬궁이 그를 고소한 사실을 외면했을 뿐만 아니라, 오히려 그가 어떻게 대만을 '열렬히 사랑'하고 '조국Motherland China'과의 '수족手足의 정'과 우의를 표현했는지, 어떤 풍성한 구매 성과를 거두었는지, 광둥성이 어떻게 고속 발전을 이루었으며, 부유와 번영을 이루어 적합한 투자환경을 갖추었는지를 대대적으로 보도했다. 반면 심각한 환경오염, 피해를 본 대만 상인들의 항의, 부정부패와 인권 박해 등에 관한 광둥의 어떠한 부정적인 문제도 언급되지 않았다. 보도는 이미 완전히 일방적 선전과 고객유치를 위한 도구로 전락했다. 이러한 '장점만 알리는 보도'는 실제로 뉴스 사이에 삽입해 보도하는 '돈을 지불하는 광고'였다. 2011년 11월, 대만 감찰원 조사에서 밝혀진 데 의하면 이를 위반한 매체는 한두 곳이 아니었다. 감찰원은 조사 보고에서 뉴스 사이에 삽입해 보도하는 이런 수법은 뉴스를 배반하고, 신문의 전문성을 파괴하며, 독자를 기만하고 국가 안전을 위해하는 행위라고 질책했다.[8]

이상에서 알 수 있듯이 중국공산당이 언론 자유를 통제하는 일은 단지 중국 내에만 제한된 것이 아니라 이미 국제 미디어에까지 손을 뻗쳤다. 여기에는 물론 대만이 포함되며, 소유권 인수·합병부터 인사권 통제까지, 편집 독립권을 제한하고, 보도 내용을 장악하며, 심지어 뉴스를 돈으로 사고팔면서, 자유사회 언론계의 전문성을 타락시키고 손상시켰다. 진실과 약자를 위해 목소리를 내는 기자의 양심과 지성이 억압당하고 왜곡되었을 경우, 기사 내용은 곧 광고와 거짓말로 전락하게 되는데, 대만의 왕왕 중국시보와 같은 현상은 단지 구체적이면서 아주 미미한 증거의 한 예에 지나지 않는다.

3) 광고와 시장이익을 통제하고 언론이 소리 내지 못하게 위협

사실 소유 구조에 변화가 없더라도 중국공산당이 광고와 시장 이익으로 언론사를 유혹하고 위협하는 현상은 끊임없이 나타났다. 심지어 시장의 관례가 되었다. 예를 들면 대만의 유명한 산리三立TV 토크 프로그램 사회자가 과감한 비평으로 명성을 얻어 시청률이 상당히 높아졌으나 중국의 압력으로 교체됐다는 소문이 퍼졌다. 이 방송국의 인기 청춘 드라마도 중국에서 판매하려다가 압박 때문에 자체 검열을 받게 되었다. 반공과 홍콩 민주화 지지로 유명한 핑궈蘋果일보는 친중국 기업 광고주가 광고를 취소하는 현상이 갈수록 심해졌다. 부동산과 홍콩 현지 및 국제 주요 은행을 포함해, 심지어 이와 연관된 기타 광고들이 해지되면서 큰 손실이 조성됐다. 이 신문은 현재 20%의 지면이 줄어든 상태다. 게다가 그것에 따른 급격한 수입 감소와 언론계에서의 도전은 더욱 간고해질 것으로 보인다. 그밖에 홍콩에서 상대적으로 온건한 무가지인 'am730[9]'도 홍콩 정부를 비평한다는 이유로, 적어도 3개 중국 자본 은행에서 광고를 내리거나 감소시켜 이 신문의 경영에 심각한 타격을 주었다. 사실상 광고를 이용해 언론사의 손발을 묶고 반체제 인사의 목소리를 막는 수법은 그 전에도 존재했으나 오늘날 더욱 심각해졌다. 그 영향을 받은 것은 물론이거니와, 이는 직접 연관된 해당 언론을 넘어섰으며, 한선효응寒蟬效應(찬 바람이 불면 매미가 울지 못하는 것처럼 권력의 위협으로 언론이 위축되는 현상_역주)처럼 더욱 넓게 거의 모든 언론으로 확산되었다. 언론이 이해관계에 따라 자체 검열을 하고, 지성과 양심이 침묵하면서 정의의 소리를 내지 못하는 현상이 나타났다. 이는 비단 매체의 비애일 뿐만 아니라, 자유 사회의 비애이기도 하다.

4) 문공무혁文攻武嚇 글로 공격하고 무력으로 위협하다

중국공산당 독재 권력은 자신들이 매수하지 못한 자유사회 언론 또는 비평가에 대해 더욱 사람을 놀라게 하는 수단을 취했다. 중국 내 반체제 인사를 탄압하는 폭력 수단을 해외로 수출해, 용기 있게 말하는 해외 언론과 언론인들에게도 그들의 손길을 뻗쳤다. 2014년 홍콩 자유연보는 1면에 '폭력으로 기자를 습격해 언론 자유를 위협하다'라는 내용을 실어, 최근 2년간 홍콩 언론인이 급습당하는 사건이 급격히 증가하고 있다고 지적했다. 아울러 폭력 강도도 수위가 높아지고 있는데, 비판적인 언론과 그 조직의 책임자들을 겨냥했다는 점이 아주 뚜렷하다. 그중 가장 심각한 것이 '밍바오明報'의 류진투劉進圖 전 총편집장의 사례다. 그것도 백주대낮에 흉악범이 휘두른 칼에 중상을 입었다. 이 사건은 국제 사회를 크게 놀라게 했고 수십 개 인권단체에서 성명을 발표하며 깊은 우려와 관심을 표명했다. 왜냐하면 '폭도의 폭행은 이미 언론계 내부 사건을 벗어나 홍콩 전체의 치안과 법치를 겨냥한 도전'이 되었으며, 더욱이 '홍콩 뉴스와 언론 자유에 대한 도전'이었기 때문이다.[10]

이 밖에도 홍콩에서는 최근 몇 년간 반체제 언론을 겨냥한 폭력 사건이 비일비재했다. 대만 미디어 그룹NEXTmedia 리즈잉黎智英 회장의 집으로 차가 돌진해 대문이 훼손됐고, 2013년 6월 '핑궈일보'의 수만 부에 달하는 신문이 앙심을 품은 사람에 의해 소각됐으며, '밍바오'에는 폭탄 우편물이 배달된 적이 있고, '싱다오 일보'와 '둥팡 일보' 보급소는 형사 사건으로 파괴당했다. 홍콩 조간 미디어 그룹 고위층 임원이 번화가에서 습격을 당하기도 했다. 양광시무陽光時務 사장은 잡지사 인근에서 복면을 한 폭도에게 몽둥이로 습격을 당했다. 파룬궁 수련인이 운영하는 '따지웬시보' 신문사와 직원들은 더욱더 수시로 폭력적인 침입과 방해를 받았다. 그러나 언론인을 상대로 한 절대다수의 폭력 사건은 거의 해결되지 못했다.[11]

신체에 대한 폭력 외에도 인터넷 사용이 보편화되면서 중국공산당은 이미 십만 명 이상의 사이버 부대를 구축하여 대기업과 정부기구

사이트를 공격해 마비시키고 내부 자료와 개인정보를 훔쳐갔다. 최근 수년간 이런 사이버 범죄 사례가 점점 더 많이 발생하고 있다. 대만 미디어 그룹 사이트는 홍콩에서 직접선거 쟁취를 위한 시민 투표와 대형 퍼레이드 개시를 앞두고 매초 4천만 회에 달하는[12] '국가급' 사이트 공격을 당했다. 동시에 해킹으로 내부 자료와 개인정보를 빼돌려 개인과 기업의 정보 안전에 심각한 위협을 조성했다. 사실 파룬궁 수련인이 운영하는 언론 사이트는 일찍부터 끊임없이 이와 비슷한 공격을 당했다. 한편 이러한 반체제 인사를 위협하고 박해하는 사이버 폭력에 대해 이미 미국을 포함한 여러 나라는 그것에 대한 경계 태세를 격상시켰다.

3. 결론: 언론 탄압에서 인성 박해까지

중국공산당은 정치와 경제적 이익을 미끼로 하거나 친중국공산당 자본가가 언론을 장악하는 방식으로 언론을 옭아맸다. 심지어 폭력도 불사해 공포를 조성함으로써 이미 대부분의 자유민주 사회 언론에 영향을 주었다. 예를 들면, 먼저 타격을 입은 것은 홍콩 언론인데, 보도 자유를 통제받은 정도는 이미 'SOS를 보내는 함락 직전의 도시'와 같은 지경에 이르렀다. 그 심각한 정도는 홍콩 언론 자유에 대한 국제기구의 평가에서도 드러나고 있다. 프리덤 하우스Freedom House가 2014년 발표한 순위에서 홍콩은 해마다 후퇴하고 있으며, 197개

국가 중 74위를 기록해 '부분적 언론 자유' 국가로 전락했다고 지적했다. 2002년 홍콩은 18위를 차지해 아시아에서 가장 자유로운 지역과 국가의 하나로 평가받았다. 그러나 중국에 반환된 후 중국의 통제와 개입이 날로 깊어지면서 해마다 추락해 뒤로 50위 이상 미끄러져 내려갔다.

아울러 끊임없이 '양안 교류'를 진행하고 있는 대만의 언론 자유도 해마다 추락하고 있다. 2014년 프리덤 하우스가 발표한 전 세계 언론 자유 순위에서 대만은 47위를 차지해 홍콩보다는 조금은 나아 현재까지 여전히 '언론 자유국가'에 속하지만, 2007년에 대만이 32위를 기록했던 그때보다 이미 15단계 아래로 후퇴한 것이다. 아울러 이 평가는 앞에서 서술한 바 있는, 대만 자본가들이 대폭적으로 언론사를 사들이는 행위가 이미 대만의 언론 자유에 뚜렷한 영향을 주었음을 시사한다.

당대 중국 사학 권위자이며 중앙연구원 소속의 위잉스余英時 교수는 친필서신에서 가슴 아픈 지적을 했다. "대만의 일부 세력 있고 돈 있는 정객과 자본가들은 자신의 이익을 절대적으로 수호하기 위해 중국공산당의 비위를 맞추기로 했다. 대만 곳곳에 침투를 진행하는 데 있어 공공언론을 사들이는 것은 그 일환에 지나지 않는다."[13] 아울러 2012년부터 2013년까지 이런 매체 인수합병 배후의 중국공산당 통일전선과 언론통제의 부정적인 영향에 대해 공개적으로 지적했다.

본 글에서 예로 든 여러 사례에서 알 수 있듯이, 중국 홍색독재의 통제는 대내적으로는 자유와 양지良知를 억압하고, 동시에 끊임없이 해외까지 손을 뻗쳐 이미 자유사회에서의 전문 언론의 가치를 심각하게 훼손했다. 언론 매체의 사명은 진실을 발굴·보도하며, 권력을 견제하고, 공공이익을 수호하는 것이다. 그것은 매 한 사람의 생존에 있어 필요한 정보의 근원이며, 일상의 건강과 안전에서부터 국민의 정치 권리 수호 및 행사에 이르기까지, 모두 진실하고 완전한 자유 정보와 원활한 경로를 통한 다양한 목소리를 기초로 해야 한다. 동시에 자유로운 정보 역시 민주사회의 기초로, 오직 자유롭게 견해를 표현해야만 비로소 권력의 행사를 견제할 수 있고, 부정부패와 권력 남용의 폐단을 폭로할 수 있으며, 국민의 권익을 수호하고, 제도의 건강한 발전을 촉진할 수 있다. 자유롭고 진실한 정보는 국제 사회의 질서와 평화에 더욱 밀접히 관계된다. 현재 국제 사회는 중국공산당의 환율 조작, 군사력 확장, 제국주의가 식민지를 착취하는 식의 외교, 광산 자원 약탈, 지적재산권 침해, 노예 노동 제품의 수출, 중국산 유해 식품과 장난감 문제를 고발하고 있다. 많은 사람들과 여러 국가는 이미 건강 또는 생명에 있어 큰 대가를 지불했다. 하지만 중국공산당의 정보 봉쇄와 달콤한 선전으로 인해 해결할 방법이 없고 심지어 대다수 사람은 이런 사실조차 알 수가 없다.

쓰촨, 원촨 지진에서 부실한 건축 공사로 집이 무너져 헤아릴 수 없이 많은 어린아이들이 죽었고, 멜라민 독분유는 아기의 건강과 생명을 앗아 갔으며, 오염된 토지 공기 수질 그리고 가짜 식품은 사람들의 건강을 해쳤다. 권력을 남용해 잔인하게 파룬궁과 각종 신앙 단체, 반체제 인사를 박해하고 심지어 양지와 의학 윤리를 짓밟으며 살아있는 사람의 몸에서 장기를 적출해 판매하여 이익을 챙기고 그 후 시신을 화장해 흔적을 없애기까지 했다. 이러한 각종 재난과 폭행의 배후에는 모두 독재 제도와 권력을 남용한 부패한 관료계층이 숨어 있으며 이들은 사법계통과 결탁해 언론을 통제하고 문제를 일으킨다. 진실한 보도가 봉쇄당한 후 부모는 아이를 보호할 길이 없고, 교사는 학생을 보호할 길이 없으며, 국민은 환경과 사회 안전을 수호할 수 없고, 다음 세대의 생존과 복리에 대해서는 더더욱 고려할 수 없다. 어용매체는 당국의 '위대함偉·광명함光·정확함正'을 칭송해 국민을 세뇌시키고, 심지어 외부의 소식을 접할 수 없는 수많은 사람들을 당국의 선전에 추종하게 함으로써, 그들이 선량을 모독하고 인권을 박해하는 공범자로 전락하게 했다.

독재 체제의 더욱 심각한 문제는 폭력 정권이 장악하고 있는 경제적 이익을 미끼로 사람들을 압박하여 양심과 지성을 등지게 하고 사악한 폭력 정권에 굴복하게 만든다는 짐이다. 사람들은 자신을 보호하기 위해 심지어 스스로 폭력의 공범이 된다. 미국 워싱턴 대학살 박물관Holocaust Museum의 '어떤 이는 바로 이웃이었다Some were neighbors'라는 주제는 사람들의 반성을 불러일으킨다. 거짓말과 폭력의 위협으로, 본래 좋은 친구, 좋은 이웃, 좋은 동창생이었던 사람이 오히려 박해의 공범자로 전락했고 천사에서 악마로 변했다. 그러므로 이는 언론계에 대한 박해뿐만이 아닌 인성에 대한 가장 사악한 왜곡이다.

파룬궁 인권 문제는 아주 뚜렷한 사례이다. 중국에서 이익의 유혹과 위험 하에 언론은 중국공산당 정부의 대변 언론에 따라 춤추거나, 아니면 벙어리 행세를 한다. 앞에서 서술한 것처럼 광둥성장이 고소를 당한 특종 사건 앞에서도 언론은 침묵을 선택했다. 더욱 황당한 것은 일부 언론은 법을 어기면서까지 뉴스를 팔아 언론 가치를 짓밟으며 반인류죄를 범한 혐의자를 '민중을 사랑하는 좋은 관료'로 둔갑시켰다. 일반 민중은 분별하기 어렵기에 박해자의 옹호자로 전락할수도 있다. 한편 거짓 보도를 선택한 언론 매체와 언론인들은 그들 업계의 양지를 배반했을 뿐 아니라, 더욱이 이미 박해자의 공범으로 전락했다. 진실이 없고 자유가 없다면 또 양지의 판단이 없게 된다. 그러므로 중국 독재 정권이 행한 언론에 대한 통제와 억압 때문에 생긴 피해자는 단지 당사자뿐만이 아니라, 광범위한 모든 사람에게로 그 범위가 확대된다.

비록 '중국 요소'가 각종 이익과의 교환을 통해 언론계와 민주사회의 근본을 침식했으나 자유사회에는 여전히 진실을 알고 있는 많은 사람이 있으며, 그들은 자유와 양지를 소중히 여기기에 떨쳐 일어나 그것을 폭로하고 저항한다. 대만의 왕왕 그룹이 중국시보 매체를 인수·합병한 사례를 말하자면, 이에 항의하는 학생과 교사, 시민단체가 대거 결집했고, 인터넷 매체를 통해 대대적으로 알려져 광범위한 언론 개혁 운동이 펼쳐졌다. 많은 시민이 자발적으로 길거리로 나섰고, 이것은 마침내 언론의 다원적인 환경 형성과 인수·합병안 심사에 대해 중화민국 정부가 관심을 기울이게 했다. 왕왕 그룹이 중국시보를 인수·합병한 사건에 대해 엄격한 조건으로 심사한 후 국회는 반 언론 독점법을 수정하는데 착수했다. 동시에 대만 미디어 그룹 NextMedia 인수·합병 건에서 민간의 반대 물결이 드높아지자 결국 왕왕그룹은 스스로 합병을 철회했다.[14] 이는 실로 자유 시민의 선량한 힘이 이루어낸 근본적인 승리라 할 수 있다.

파룬궁 수련인들이 십여 년간 끊임없이 세상 사람들에게 진실한 상황을 똑똑히 알리는 과정을 접하며, 우리는 양지와 정의를 견지하는 힘의 위대함과 고귀함을 보게 되었다. 길거리에서, 국회에서, 법정에서, 언론에서 어떤 곳도 가리지 않고, 한 번, 또 한 번 진실을 알리는 자료를 전하는 과정 중에 사람들이 진실을 알게 되니 시비를 분별할 수 있게 되었다. 한 차례, 또 한 차례, 박해를 당하고 있는 수련인을 구원하는 활동을 펼치는 중에서 세상 사람들은 진실을 알게 되고, 용감히 나시시 행동을 취하거나 타인을 도와 세계를 변화시킬 수 있나.

저명한 미국 칼럼니스트 월터 리프만Walter Lippmann은 "사실이 없으면 자유가 없다."고 말한 적이 있다. 무릇 독재 정권이 어떻게 자유와 사실을 억압하든지, 무릇 언론이 어떻게 통제와 위협을 당하든지 간에, 사악을 억제하는 방식은 사실 아주 간단하다. 사람마다 저마다 조금씩 노력하여 선량하고 용감한 사람들이 제공하는 자료에서 진실을 알게 된다면, 진실은 완전하게 봉쇄될 수 없으며 진실과 정의의 힘은 곧 확대되고 사악은 필연코 뿌리가 뽑혀 무너지게 될 것이다.

1. 중위안鍾元, 「파룬궁, 황화화를 긴급체포할 것을 고검에 요구」, 『따지웬시보』, 2010.08.17.
   http://www.epochtimes.com.tw/10/8/17/145680.htm
2. 장진화張錦華, 「황화화에 대한 보도로부터 하나의 대만, 두 개의 세계를 논하다」, 『따지웬시보』, 2010.08.31.
   http://www.epochtimes.com.tw/10/8/31/146676.htm
3. 입법원, 「제7기 제8회 교통위원회 제9차 전체위원회 회의 기록」, 『입법원 공보』, 제100권 제74기, 2011.10.31.
4. 린싱페이林倖妃, 「주임님께 보고드립니다. 저희는 '중국시보'를 사들였어요」, 『천하잡지』, 제416기, 2009.02.25.
5. 따이위후이戴瑜慧, 「중국공산당의 '걸어 나가자 문화' 정책의 새로운 수단-중국 사영 자본가와 해외 매체의 매입」, 『중화전파학간』, (24), 3-41, 2013.
6. 장진화張錦華, 「2003년 미국의 반 속박 매체 개혁 운동과 2012년 대만의 반 매체독점 운동의 차이점과 공통점 비교」, 『전파연구와 실천』, 3(2), 1-37, 2013.
7. 쉬페이쥔徐珮君, 「학자들, 왕중旺中 그룹에 '언론 자유, 즉 사장에 보고하는 자유'에 관해 포격하다」, 『핑궈일보』, 2012.05.07.
8. 장진화張錦華, 「대만의 4개 신문을 예로 들어, van Dijk의 조종논술관점으로부터 중국 성시 쇼핑방문단의 뉴스 광고 삽입 및 보도 분석」, 『중화전파학간』, (20), 65-93, 2012.
9. 리쩐李真, 「유명 언론인 전임당하고 홍콩 언론 공간 제한, 축소당해」, 『따지웬시보』, 2013.11.22.
   http://www.epochtimes.com.tw/n76215.html

10. 쿠스코庫斯克, 「그들이 자른 것은 류진투만이 아닌, 모든 홍콩인이다」, 2014.02.26.
http://goo.gl/RKIVFk

11. 차오위허草魚禾, 「공포를 면하는 자유-홍콩 언론 자유의 엄동」, 2014.08.04.

12. 예이젠葉一堅, 「대만인들이여, 당신들도 아주 대단하다」, 『핑궈일보』, 2014.06.23.

13. 류리런劉力仁, 「위잉스余英時 대만인에 호소, 중국공산당에 대한 공포증 없어야」, 『자유시보』, 2012.05.05.

14. 장진화張錦華 「2003년 미국의 언론 탄압 반대 개혁 운동과 2012년 대만의 반 언론 독점 운동의 차이점과 공통점 비교」, 『전파연구와 실천』, 3(2), 1-37, 2013.

2장
정치, 사회, 경제

파룬궁은 사고가 아니다

데이비드 킬고어 David kilgour

8년 전, 나와 데이비드 메이터스는 중국에서 파룬궁 수련인의 장기를 약탈하고 밀매하는 것에 대한 인식을 제고하는 국제 캠페인에 자발적으로 동참했다. 중국공산당의 파룬궁에 대한 박해는 1999년 중반부터 시작됐지만 우리 독립 조사자들은 2001년 이전에 파룬궁 수련인의 장기를 상업적으로 거래하는 증거를 찾지 못했다. '메이터스와 킬고어의 조사 보고' 수정판은 총 20개 언어로 출판되어 아래 사이트에서 다운받을 수 있다.

www.david-kilgour.com

www.organharvestinvestigation.net

한번은 우리 조사단이 중부 유럽 어느 나라의 국회에서 초당파 국회의원들과 단체회견을 하기로 예정되어 있었는데, 도착해서야 다른 의원들을 초청하는 일을 맡았던 의원이 마지막 순간에 회견을 취소하기로 했다는 것을 알게 되었다. 그가 우리에게 알려준 취소 이유는 그가 소속된 국회 소모임은 신앙을 기초로 한 것인데 파룬궁은 그들의 종교와 다르다는 것이다.

2006년 우리 보고서가 발표된 이후 메이터스와 나는 이 문제로 각각 혹은 함께 약 50여 나라를 방문했는데, 어느 나라의 파룬궁 수련인도 다른 정신精神 수련 단체에 대해 부정적인 말을 하는 경우가 없었다. 게다가 어느 종교 신앙이든지 파룬궁의 핵심 원칙인 '진眞, 선善, 인忍'을 중시하지 않거나 인정하지 않은 곳이 있는가? 1999년 이래 중국 각지에 광범위하게 진행되고 있는 구타, 감금, 고문 및 학살 앞에서 파룬궁 수련인들은 거의 예외 없이 평화와 비폭력을 보여 주어 이 사실을 조금이라도 알고 있는 사람들에게 깊은 인상을 주었다.

20세기는 유사 이래 정부에서 신앙 단체를 제일 잔혹하게 박해한 세기다. 1900년에서 2000년 사이 세계 각국에서 신앙과 신념 때문에 사망한 사람이 놀랍게도 최대 1억 6천 9백만 명에 달한다. 그중 이슬람교 신자 7,000만, 기독교 신자 3,500만, 힌두교 신자 1,100만, 유대교 신자 900만, 불교 신자 400만, 시크교 신자 200만, 바하이교 신자 100만 명이다.

많은 사람은 종교 내부 혹은 종교 간 폭력에 목숨을 잃었지만 대다수는 모든 종교를 증오하는 독재 정권의 손에 죽었다. 주요한 첫 번째 원인은 신앙에 대한 깊은 충성심이 지역 혹은 국가 독재자에 대한 충성보다 훨씬 컸기 때문이다. 마오쩌둥, 스탈린, 히틀러, 폴 포트 등은 오늘날 우리가 말하는 반인류범죄를 범한 것으로 정신적 신념 및 신앙을 가진 수천만 명의 무수한 동포를 학살했다. 베이징 독재 당국의 모든 종교 신앙에 대한 적대감은 파룬궁 수련인을 박해한 가장 주요한 원인이며 또한, 중국 각지 파룬궁 수련인이 현재까지 여전히 지속적으로 직면하고 있는 문제이다.

브리티시 콜롬비아주의 클라이브 앤슬리 변호사는 상하이에서 13년 동안 개업 변호사로 있으면서 파룬궁 박해 진상 조사단의 북미 지역 대표를 맡았다. 그는 최근 다음과 같은 지적을 했다.

10만에서 20만에 달하는 파룬궁 수련인이 이미 중국의 수술대에서 학살당하고 그들의 장기는 이익을 위해 약탈당하고 팔려 나가고 있다. 그러고도 모든 지역에서는 이에 대해 모두 어렵게 작은 목소리만 내고 있다. 우리는 많은 신문이나 언론에서 쏟아지듯 나오는 다르푸르Darfur, 미얀마 및 티베트에 관한 보도를 보았다. 중국공산당이 다르푸르에 간접적인 종교 집단학살을 하자, 미국 영화배우 미아 패로Mia Farrow는 그녀가 소위 '민족 학살 올림픽'이라 불렸던 베이징 올림픽에 이의를 제기했지만, 중국공산당이 1999년 7월 20일부터 계통적으로 직접 실시한 집단학살에 대해서는 언급한 적이 없었다. 중국공산당이 다르푸르나 티베트에 가한 폭행에 대해 토론할 때에도, 종래로 파룬궁 단체에 대한 집단학살에 대해서 말하는 것을 본 적이 없다.

언론은 유대인 대학살the Holocaust 이래 세상에서 가장 야만적인 폭행을 체계적으로 무시했다. 과거 15년 동안, 근대사에서 가장 야만적인 반인류범죄가 매일 중국에서 발생하고 있었지만, 우리 언론 및 북미 정치가 대부분은 고막이 터질 것 같은 소리에도 절대 침묵을 지켰다. 이는 완전한 유대인 대학살의 재현이며, 오히려 더 끔찍한 충격을 준다.

중국공산당이 파룬궁을 박해한 두 번째 이유는 파룬궁 창시자인 리훙쯔 대사가 1992년 대중들에게 파룬궁을 소개한 후 중국 전역에서 거대한 환영을 받았기 때문이다. 이 괄목할만한 성장의 배경은 파룬궁이 도가, 유가, 불가의 사상에 깊은 뿌리를 두고 있으면서도 중화 전통문화의 탁월한 특장을 가지고 신체 단련과 정신 수양을 하기 때문이다. 이러한 특장은 마오쩌둥이 1949년 중국공산당의 정권을 잡았을 때부터 1976년 마오쩌둥이 죽을 때까지 지속적인 탄압을 받았다. 1999년 이전 공산당의 자체 통계에 따르면 중국 전역에 7천만이 넘는 파룬궁 수련인이 있었는데 그 인원수는 중국공산당 당원 수를 이미 넘어선 것이다.

파룬궁 수련인이 이렇게 많았음에도 체계적인 명령 체계나 조직이 없었기에 장쩌민과 공산당 간부들이 파룬궁 수련인 및 그들의 활동에 대해 통제를 가하는 것이 불가능했던 점도 하나의 부정적 이유로 작용하였다.

위에 언급한 이런 이유를 보면, 장쩌민과 당의 간부들이 왜 1999년에 심지어 그보다 더 이전에 이미 파룬궁을 비이성적으로 증오했는지를 해석하는 데 도움이 된다.

사교邪敎

장쩌민의 '가장 큰 거짓말'은 바로 '파룬궁은 사교'라고 한 것이다. 이는 르완다 정부가 전국적인 집단학살을 감행하기 전인 1994년 4월부터 6월까지 당 매체를 통해 소수민족 투치족에 대한 부정적인 정보를 전파시켰던 것을 연상시킨다. 러시아의 볼셰비키파도 1917년 공산주의 10월 혁명 후 그들이 만든 '당의 적' 명단에 열거된 사람들에 대해 유사한 수법을 취했다. 히틀러 나치스는 1933년 이후 마찬가지로 다른 소수 민족 특히 독일의 유대인에 대해 이런 수법을 사용했다.

이리하여 당이 통제하는 관영 매체는 1999년부터 전국 각지에서 지속적으로 파룬궁을 비방하는 보도를 쏟아부음으로써, 많은 중국 국민과 외국인들이 파룬궁에 대한 당국의 거짓말을 순진하게 받아들이도록 했다.

월스트리트저널 전 베이징 지사장 이안 존슨Ian Johson은 파룬궁에 대한 보도로 2001년 퓰리처상을 받았다. 그가 2005년에 출판한 책 『와일드 그래스Wild Grass: Three portraits of Change in Modern China』는 당국이 파룬궁을 박해한 많은 내막을 다음과 같이 폭로했다.

- 파룬궁을 사교라고 선포한 것은 중국공산당 정권의 가장 탁월한 조치였다. 파룬궁이 결백함을 입증하기 위한 방어 태세를 취하게 했다. 아울러 서방사회에는 합법적인 반사교反邪教 운동으로 보이게끔 당국의 탄압을 은폐했기 때문이다. 정부는 신속하게 반사교 운동에 적합한 용어를 찾아 사이트를 개설했다. 전문가를 내세워 하루아침에 파룬궁 창시자 리훙쯔 대사가, 1978년 912명의 신도를 살해했다고 알려진 인민사원People's Temple의 교주 짐 존스Jim Jones나 세뇌를 통해 거액의 돈을 기부하게 하는 사이언톨로지교와 다를 바 없다고 말했다.

- 이 점을 증명하기 위해 중국공산당은 사람을 놀라게 하는 일련의 이야기를 날조해냈다. 예를 들면, 사람들이 자기 배를 갈라 배 속에서 돌고 있다고 여기는 파룬을 찾는다는 이야기나 병에 걸려도 파룬궁을 수련한다고 약을 먹지 않아 죽었다는 가족들의 이야기 등이다.

- 문제는 이런 설이 지지를 얻을 만큼 믿을 만한 근거가 없다는 것이다. 중국공산당은 파룬궁 피해자가 단독으로 인터뷰에 응하는 것을 처음부터 허락하지 않았기에 이러한 당국의 주장을 반박하기란 거의 불가능하다. 설사 표면적으로 당국이 열거한 모든 죄증을 믿는 사람이 있다 해도, 중국공산당이 꾸며낸 사례 건수는 단지 전체 파룬궁 수련인 수에 비해 극히 작은 비율이다.

- 근본적으로 이 단체는 사교에 대한 무수한 공통 정의에 전혀 부합되지 않는다. 즉 수련인은 수련인이 아닌 사람과도 결혼하고 수련인이 아닌 친구가 있으며 정상적인 직업이 있고 고립되어 살지 않으며 세계 종말이 다가옴을 믿지 않으며 그들의 수련 단체에 대량의 돈을 주지 않는다. 가장 중요한 것은 자살, 물리적인 폭력 등이 이 수련에서는 인정되지 않는다는 것이다.

나는 전임 정부 측 검사로서 2004년 6월 11일 캐나다 앨버타대에서 열린 국제 세미나에서 사교의 해악 및 신흥 종교 운동을 언급했었다. 전문은 나의 홈페이지에서 다운받을 수 있다.(david-kilgour.com/mp/cultsandnewreligions.htm)

이 세미나는 에드먼턴시 앨버타대 학생 기숙사 리스터 홀Lister Hall에서 진행됐다. 회의장에서 캐나다 캘거리 주재 중국공산당 영사관 소속 공작원 두 명은 파룬궁을 공격하는 선전 소책자를 배포했다. 이는 캐나다 '형법' 중의 특정 종교 또는 문화 단체에 대한 '증오를 선동inciting hatred'하는 행위에 관한 규정을 위반한 것이다. 에드먼턴시 경찰관 두 명은 선전 소책자 내용에 근거해 이를 배포한 외교관들을 기소해야 한다고 결정했다. 하지만 당시 앨버타주 검찰총장은 기소 영장 신청을 거절했다. 여기에 외교 면책 특권 문제가 관련되지만, 당시 나의 판단에 따르면 검찰총장은 응당 허가해 주었어야 했다. 이 사건의 더 많은 세부 내용은 우리 보고서 제21절 '증오를 선동함'에 수록돼 있다. 경찰 측이 제공한 사건 보고는 '보고서 첨부 자료 30'에 있다.

몬트리올대, 데이비드 온비David Ownby 교수는 파룬궁에 대한 자세한 연구를 거쳤고 아울러 우리 조사 보고서에서도 그의 연구내용을 인용한 적이 있다. 그의 결론은 다음과 같다.

- 북미에 거주하는 파룬궁 수련인은 학식이 있고 주로 핵가족 생활을 하는 경향이 있다. 많은 이들이 컴퓨터 관련 업종이나 금융업에 종사하고 일부는 엔지니어들이다.

- 파룬궁 수련인은 그들 수련 단체에 금전을 납부하는 아무런 의무가 없으며 고립되어 살지 않을 뿐만 아니라 법을 잘 준수한다.

- 파룬궁은 사교가 아니다.

온비의 결론은 데이비드 메이터스나 나를 포함한 많은 독립 조사자와 일치했다. 현재 파룬궁 수련인은 약 115개 나라에 널리 분포되어 있는데 오직 중국 한 곳에서만(아마 푸틴이 집권하는 러시아에서도) 파룬궁 수련인은 좋은 시민, 시민 사회의 모범적인 구성원으로 인정받지 못하고 있는 것 같다.

자유는 갈라놓을 수 없다

중국의 종교 박해 문제를 연구하는 한 학자가 수년 전 언급한 바로는 중국에서 주일마다 예배를 하는 기독교 신자 대다수가 비밀리에 참여하고 있으며, 그 수는 전 유럽에서 공개적으로 예배에 참여하는 신자의 수와 비슷하다고 한다. 그는 파룬궁과 같은 오래되지 않은 신념, 신앙 단체를 위해 '유엔 세계 인권 선언'의 원칙이 기초가 되어야 하며, 앞서 언급한 안목이 좁은 그 국회의원도 결국 보편적으로 중국에서의 신념, 신앙의 자유가 지켜지도록 보호했어야 했다고 말했다. 비록 이른바 '애국 교회' 이외의 사람들은 흔히 자신의 신앙을 실현할 권리가 없지만, 중국 헌법은 '공민에게는 종교 신앙 자유가 있다.'고 명확히 규정하고 있다.(제36조)

중국 당국은 마르크스의 변증법적 유물주의에 근거하여 모든 신앙 단체를 모두 경전經典과 도리를 어긴 자로 보고 있다. 오늘날 구글

Google.ca 검색 엔진에 '중국 정부 기독교 박해'라고 검색하면 총 197만 개의 결과가 나오지만 대부분은 사람을 놀라게 하는 내용이다. 검색어 '중국 정부 기독교 박해' 중 '기독교'라는 단어를 아래 다른 집단으로 바꾸면 다음과 같은 결과를 얻을 수 있다.

- 외국인 1,480만 항목
- 이슬람 318만 항목
- 민주주의자 4,340만 항목
- 여성 644만 항목
- 파룬궁 29만 항목
- 티베트인 44만 항목
- 동성애자 166만 항목
- 위구르족 421만 항목
- 기자 3,700만 항목
- 변호사 282만 항목
- 투자자 3,260만 항목
- 외국 투자자 3,920만 항목
- 기업가 6,100만 항목

불법 감금된 대다수 파룬궁 수련인은 모두 노동교양소의 열악한 환경에서 성탄절 장식품을 포함한 다양한 종류의 수출용 상품을 제작하는 강제 노역에 참가한다. 이는 세계무역기구WTO의 규정을 위반한 것이다.

구글에서 '중국 정부 부정부패'라는 관건 검색어를 치면 당신은 3,690만 개의 결과를 얻을 수 있다. '중국 정부 비밀 처형'을 검색하면 846만개의 결과를 얻을 수 있다. 나의 관심을 불러일으킨 또 다른 관건 검색어는 '중국 정부 부인否認'이었는데 이를 검색하니 414만개 검색 결과를 얻을 수 있었다. 2003년 중국에서 사스SARS가 발생한 적이 있는지, 1989년 6월 톈안먼 광장에서 죽은 사람이 과연 있는지 없는지, 살아 있는 파룬궁 수련인의 장기를 강제 적출해 판매한 사실이 있는지 없는지를 포함해 베이징 정권은 날조하고 부인하는데 능하다.

결론

인류의 존엄은 오늘날 우리의 삶과 분리해 생각할 수 없는 문제이다. 모든 신앙 단체와 각지 시민 사회의 기타 구성원은 마땅히 중국 각지의 파룬궁 수련인이 장기간 매일같이 박해당하고 있는 주요 사안에 대해서 한목소리를 내야 한다. 만약 전 세계 개방 사회 사람들이 이 문제에 대해 협력하지 않는다면, 세계에 몇 개 남지 않은 독재 정권은 오직 전, 한 세기의 무서운 인권 유린과 약탈을 재현하게 될 뿐이다.

위에서 지적하였듯이 의심할 여지가 없이 분명한 점은 바로 파룬궁 수련인들은 종교가 아닌, 더욱이 사교도 아닌, 명상을 포함한 연공 단체라고 불리길 더욱 선호한다는 점이다.

파룬궁이 중국 정권에 끼친 영향

위안훙빙袁紅氷

1. 파룬궁은 정치에 참여하지 않는다

스스로 고귀하다고 여기는 일부 국내외 지식인들은, 중국공산당이 폭압적인 정치로 파룬궁을 탄압하는 것을 보고도 못 본 척하며 현재까지 여전히 침묵을 유지하고 있다. 그들이 자신의 침묵을 변명할 때 가장 쓰기 좋아하는 말은, "우리는 정치에 참여하지 않는다.", "공산당과 파룬궁에 대해 우리는 어느 쪽에도 치우치지 않는다. 왜냐하면 그들은 모두 정치를 하기 때문이다."이다.

호주 주재 중국 대사관은 일찍이 발표한 성명 중에서 '9평 공산당-공산당에 대한 9가지 평론'은 '반중국反中國 평론'이라고 언급했으며,

파룬궁은 '반중국 성향의 정치적 반대 조직'이라고 지목했다. 하지만 사실 이런 지목은 진실에 대한 모욕이다.

　마오쩌둥 시대의 '정치제일주의'에서 장쩌민 시대의 '정치를 말하다' 에 이르기까지 모두 국가가 주관하는 공포 정치를 통해, 중국인에게 정치는 오직 공산당만이 가질 수 있는 특권이라는 사실을 알려 주었 다. 공산당 역사는 줄곧 사람들에게 이런 점을 증명해 왔다. '즉, 정치 란 바로 한차례, 또 한차례 숙청과 정치적 탄압을 통해 인성을 파괴 하고, 전통 문화를 말살하며, 사람을 학살하고 양지를 독해하며, 인 권을 박탈하는 것을 의미한다. 공산당은 이미 정치를 피비린내가 진 동하는 모략적이고 잔혹한 영역으로 변화시켰는바 정치는 곧 죄악이 다.' 이런 의미에서 말하면 중국의 일반 국민은 물론, 파룬궁 수련인 을 포함한 그들은 모두 '정치를 할 권리'를 박탈당했다. 왜냐하면 정치 는 바로 공산당의 특권이기 때문이고, 이는 죄악이 공산당의 특권이 라는 의미와 같다.

　1999년 7월부터 장쩌민과 공산당 관료 집단은 독재 권력을 이용해 수탈한 정치 자원과 사회 자원을 운용하여, 파룬궁을 완전히 소멸시 키기 위한 피비린내 나는 대대적인 정치적 박해를 개시했다. 이번 대 대적인 정치적 박해에서 장쩌민은 천인공노할 신앙말살죄信仰滅絶罪 와 집단학살죄를 범했는데, 그 죄악의 심각성은 마오쩌둥, 히틀러, 스 탈린, 폴 포트, 덩샤오핑 등 소수 독재자와 비견될 정도이다.

산이 무너지고 땅이 갈라질 듯한 폭력적인 정치적 박해, 야만적인 모욕, 체포, 고문, 학살과 부끄러움을 모르는 날조와 중상모략 앞에서 파룬궁 수련인들은 강철 같은 의지로 완강하게 자신의 믿음을 꿋꿋이 지켰다. 그들은 평화적인 방식으로 폭정에 항거해 신념이 강권을 이기는 본보기가 되었다. 그들은 중국공산당 폭압 정치의 죄악을 끊임없이 세계에 알리면서 신앙 자유의 씨앗을 널리 뿌렸다.

최근 파룬궁의 주장과 행동에서 알 수 있듯이, 그들은 자신들 신앙 자유의 권리 수호만을 위해서가 아니라, 중국공산당 폭압 정치의 박해를 받는 다른 단체의 기본적 인권 쟁취를 위해서도 항거한다. 중국의 역사는 이미 기억하고 있다. 장쩌민 시대 후기, 파룬궁 수련 단체가 중국의 인권을 수호하고 폭정에 항거해 중국 역사의 든든한 기둥이 되었음을 말이다. 그리고 역사는 아마도 더 많은 것을 기억할 것이다.

중국공산당 관료 집단은 평화적인 방식으로 중국공산당의 폭정에 항의하고 인권을 수호하는 파룬궁 수련인의 행위를 '정치를 한다.'고 지적했다. 묻건대 그럼 장쩌민이 범한 집단학살죄와 신앙말살죄를 보고도 못 본 척, 듣고도 못 들은 척하는 것은 '정치를 하지 않는' 것이라 할 수 있는가? 중국공산당의 폭압 정치가 제 마음대로 인권을 짓밟고 민중을 잔혹하게 살해하는데도, 감히 아주 작은 목소리조차 내지 못하는 것은 '정치를 하지 않는다.'는 것인가? 중국공산당의 선전

기구가 죄악을 덮어 감추기 위해 거짓말을 날조해도 감히 진실을 말하지 않는 것은 '정치를 하지 않는다.'는 것인가? 중국인은 모두 태생이 천민, 노예인 듯이 묵묵하게 중국공산당 폭정의 억압과 능욕을 받아들여야만 '정치를 한다.'는 지적에서 벗어날 수 있단 말인가?

자연의 이치는 분명하다. 누가 옳고, 누가 그른지를 더 대답할 필요가 있겠는가?

파룬궁은 정치 조직이 아니라 수련 단체다. 파룬궁은 정치를 하지 않는다. 이것은 지금까지 파룬궁 수련인의 이념과 실천이 보여 준다. 그들은 국가 권력에 관심이 없으며 단지 중국공산당 폭정의 사악함을 인류에게 알렸을 뿐이다. 그들은 국가 권력에 관심이 없으며 단지 그들의 신앙 자유를 용납할 수 있는 사회 공간을 열기 위해 노력했을 뿐이다.

일부 스스로 고귀하다고 여기는 지식인들이 "우리는 정치를 하지 않는다. 공산당과 파룬궁 사이에서 우리는 어느 쪽도 반대하지 않고 또 어느 쪽도 지지하지 않는다."라고 하는 말을 들을 때마다, 나는 창피해서 정말로 몸 둘 바를 모르겠고 지식인들의 타락에 부끄럽기만 하다. 이런 해석은 단지 위선에 불과하며 위선의 배후에 은폐된 것이야말로 마음속의 나약함, 노예근성, 이기심이며 아울러 정의를 위해 항변할 용기와 의협심이 부족한 것이다. 스스로 고귀하다고 여기는 이런 사람들에게 문건대, 만약 한 무리 폭도가 야만적인 방식으로 무고한 약자를 학대하고 있는 것을 봤을 때 당신은 여전히 "우리는 아무도 반대하지 않고 아무도 지지하지 않는다. 왜냐하면 우린 고귀하기 때문이다."라고 말할 수 있겠는가?

여기에서 나는 파룬궁 이념을 인정하지 않거나 반대하는 지식인들에게 한마디 하고 싶다. 우리 함께 천고에 널리 전해진 볼테르의 명언을 돌이켜 보자. "나는 당신의 관점에 동의하지 않는다. 하지만 그 관점을 주장할 수 있는 당신의 권리를 나는 목숨 걸고 수호하겠다." 우리가 만약 이 말에 포함된 이념을 실천할 수 있다면 우리는 역사의 존중을 받게 될 것이다. 잊지 마라. 우리가 만년에 들어섰을 때 우리 자손이 아마 우리의 눈을 직시하며 질문할지도 모른다. "그 한차례 잔혹하고 대대적인 정치적 박해 상황에서 당신은 뭘 했는지요? 설마 당신은 후안무치하게 침묵만 지키고 있지는 않았겠지요?"

중국 대사관 성명에서 '9평 공산당'을 '반중국 평론'으로, 파룬궁을 '반중국 조직'이라고 칭했다. 성명에서 공산당은 자신을 중화 민족과 동등한 존재로 간주했는데, 이는 너무욱 부끄러움을 모르는 행위이다. 게다가 그 어떠한 정치 조직도 모두 5천 년 문명을 계승한 중화 민족과 동등하게 나열할 자격이 없음을 굳이 논하지 않더라도, 공산당이 벌인 중화 민족에 대한 배반과 잔혹한 박해만으로도, 그것들은 중화 민족 조상의 신위 앞에서 머리 조아려 사죄해야 할 천고의 죄인

일 뿐이다.

중국공산당은 역사가 유구한 중화문명의 정수를 증오와 폭력을 원칙으로 하는 마르크스주의로 대치하고, 이로 인해 수천만 농민이 굶어 죽게 했다. 중국공산당은 또한 수백만 지식인을 잔혹하게 박해해 죽이고, 자신의 신념을 꿋꿋이 지킨 수백만 티베트인을 잔인하게 죽였으며, 폴 포트를 사주하여 수백만 캄보디아 사람(그중에는 많은 중국인도 포함)을 살해하였고, 수억의 농민을 반세기가 넘는 동안 핍박으로 3류 시민이 되게 하였다. 1억에 가까운 농민과 실직한 노동자가 빈곤 속에서 도움받을 길이 없게 하였고, 끊임없는 사회 비극과 인성 재난을 연출하였다. 타락과 후안무치함에 있어 더 이상 전례를 찾을 수 없는 탐관오리들을 육성하고, 부패한 권력과 더러운 금전 및 타락한 지식으로 결집한 검은 무리에게 사회 재부를 팔아먹었으며, 즉 이 모든 일체를 조장해서 이처럼 심각하게 중화 민족에게 상처를 주었음에도 공산당은 감히 자신을 중화 민족과 동등하게 여기는데, 이것이야말로 후안무치하기가 그지없는 일 아닌가?

역사와 현실은 공산당, 특히 공산당 관료 집단이야말로 중국의 치욕이자 중화 민족 앞의 만고 대죄인이며, 이들이 모든 죄악의 근원임을 이미 아주 설득력 있게 증명했다. 용감하게 중국공산당 폭정의 죄악을 폭로하는 것이야말로 진정 중화 민족을 사랑하는 길이다. 중국공산당이 폭압 정치를 이용해 범죄에 사용하는 정치권력을 종결시켜

야만 중화 민족을 구할 수 있고, 이들의 폭정을 끝내야만 백 년간 공산당 정치 논리 하에서 쌓인 중국의 치욕을 씻을 수 있다.

천년이 흐른다 해도 공산당 정치권력이 지은 죄악은 씻기 어려울 것이다.

2. 파룬궁 운동이 객관적으로 중국 정치에 준 영향

파룬궁은 정치에 관여할 생각이 없지만, 파룬궁 수련인의 반박해 운동은 객관적으로 중국 정치에 대해 중요한 영향을 주었다. 그 영향의 주요 표현은 아래 각 항의 서술과 같다.

1) 중국 역사가 국가가 주관하는 공포 정치의 검은 그림자에서 벗어나도록 이끌어 준 요소 중 하나이다.

2) 중국공산당이 독재 통치를 유지하는 가장 중요한 방법은 바로 국가 폭력을 이용해 국민에게 일상적으로 공포감을 조성하여 사람들의 반항 의지를 무너뜨리는 것이다. 1989년 중국공산당의 폭압 정치는 수십만 군대를 출동시켜 베이징을 피로 물들이며 전 세계를 경악시킨 '톈안먼 유혈 사태'를 촉발시켰다. 중국공산당 덩샤오핑 독재 집단은 또 "20만 명을 살해해 20년의 안정을 보장한다."라는 식의 위협

을 조장해 중국을 국가 공포 정치의 피비린내 나는 분위기에 휩싸이게 했다.

'톈안먼 유혈 사태' 후 베이징에서 이른바 자유 지식인의 획책 하에 '역사의 조류', '올림픽호텔에서 백여 명 자유 지식인의 반좌파 회의 개최', '노동자 권익 보장 동맹 결성', '자유화가 옌정쉐嚴正學에 대한 경찰의 박해 성원' 등의 대대적인 서명 운동을 포함한 운동이 잇달아 나타나 피비린내 나는 국가 공포 정치의 분위기를 타파하려 시도했다. 그럼에도 불구하고 대다수 민중은 여전히 베이징을 피로 물들인 중국공산당에 대한 공포 속에서 생활하고 있다.

1999년 4월 25일 중국공산당의 선전 기기와 어용 문인이 파룬궁에 대해 행한 비방 모독에 항의하기 위해 만 명의 파룬궁 수련인들이 베이징에 상방하러 갔다. 중국공산당 핵심 기관 소재지인 중난하이를 에워싸고 조용히 연공을 하면서 '진眞, 선善, 인忍' 수련에 대한 확고함을 보여 주었다. 파룬궁 수련인의 대규모 항의 활동은 용감하고 두려움을 모르는 신념의 힘을 보여 주어, 인성을 상실한 중국공산당의 독재에 짓눌려 있던 중국인의 마음에서 1989년 '톈안먼 유혈 사태'의 검은 공포의 그림자를 거둬내 버렸다. 그 후 민중의 집단적인 '인권 수호 및 폭정에 저항하는' 운동이 점차 대륙에서 열화와 같이 번져 갔다. 지금까지 중국에서 해마다 발생하는 민중들의 '인권 수호'와 '폭정에 저항하는' 운동은 수십만 건에 달한다.

상술한 사실이 증명하다시피, 파룬궁 수련인의 반박해 운동은 객관적으로 볼 때, 중국 역사를 '톈안먼 유혈 사태'가 빚어낸 보편적인 공포감에서 벗어나 전 국민이 폭정에 항거하는 시대에 들어서도록 이끌었으며, 이는 큰 공을 세운 것뿐만이 아니라 위대하기까지 하다.

3) 파룬궁 반박해 실상 알리기 활동은 중국공산당 독재 정권의 사악한 본질을 폭로함으로써 중국 국민의 정치적 각성을 촉진시켰다.

'톈안먼 유혈 사태' 후 그들이 저지른 용서받을 수 없는 반인류범죄를 덮어서 감추고, 국제 사회와 세계인을 속여 저들의 독재 정치를 공고히 하기 위해, 중국공산당은 저들이 육성한 정부 측 학자, 어용 문인 및 기타 그들에 의해 매수당한 국제적인 '한문학자'와 '중국 문제 전문가'를 이용하여, 다각도에서 장차 일련의 정치 개혁을 진행할 것이라는 거짓말을 만들고, 중국공산당의 '경제 개혁'으로 말미암아 중국의 민주화가 촉진될 것이라는 환상을 퍼뜨렸다. 이런 거짓말과 환상은 중국공산당 폭정에 대항해 정치 결전을 해야겠다는 중국인들의 의지를 상당한 정도로 꺾어 버렸다. 거기에 류샤오보Liu Xiaobo 같은 자유 지식인들은 미국과 유럽의 타협주의 정치인의 뜻에 따라, 중국공산당과 타협해야 한다는 주장을 퍼뜨렸다. 중국공산당 독재가 점차 나아지고 있고 인권 상황도 점차 개선될 것이라는 거짓말을 퍼뜨림으로써 중국공산당의 사악한 본질을 감추는 데 상당한 도움을 준 것이다.

이러한 복잡한 배경 하에서 파룬궁 수련인들은 반박해反迫害를 위해 진실 알리기 운동을 전개했다. 10여 년을 하루같이 쉬지 않고 노력하면서, 충분하고 효과적으로 중국공산당의 반역사·반인류·반사회·반중국 문화의 사악한 본질을 폭로해, 장엄한 언어로 무감각한 사람들을 일깨워 주었다.

파룬궁 수련인의 진상 알리기 운동은 '공산당이 없어져야 비로소 새로운 중국이 있다.'는 진리를 광범위하게 전파하는데 촉진적 작용을 일으켜 많은 중국인이 이 진리를 인정하도록 했다. 이는 중국 민중에게 한차례 위대한 정치적 각성이며, 당대 중국 민주주의 대혁명을 이루는데 필요한 사상적 기초이기도 하다.

4) 파룬궁 수련인들은 당대 중국인들을 정신적인 영역에서의 한차례 '노예 해방 운동'으로 이끌었다. 즉, 중국공산당 및 부속 조직인 공산주의청년단, 소년선봉대에서 탈퇴하는 전 중국인의 정신 각성 운동을 유발한 것이다.

중국공산당 폭력 정권 집단은 동아시아 대륙 각 민족 구성원에게 심각한 반인류 죄행을 저지른 범죄 집단이며, 인류 역사에서 가장 부끄러움을 모르는 집단이자 가장 방대한 탐관오리 집단이다. 자국민에게 스파이 통치를 실행하는 정치 흑수黑手당이며, 중국 만년 역사에서 가장 흉악한 매국노 집단으로서 서방에서 들여온 공산당 문화로 중국인의 문화적 조국과 정신적 고향을 파괴했다.

중국공산당이 동아시아 대륙을 통치한 역사에서 이런 결론을 얻을 수 있다. 중국공산당 폭정은 모든 죄악의 근원이며, 당대 중국인은 중국공산당 폭정의 정치 노예와 마르크스주의 통치하의 문화 망국노이다. 중국공산당 폭정을 타파하고 자유 민주주의 연방 중국을 세우는 것이야말로 진정 국민이 원하는 '중국의 꿈中國夢'이다.

파룬궁 수련인은 공산당과 그 부속 조직에서 탈퇴하는 운동을 발기했다. 문제를 근본적으로 해결하는 방식으로 중국공산당 폭정을 해체하는 운동은 열화와 같이, 동아시아 대륙에서 갈수록 사람들의 마음속에 깊이 뿌리내리고 있다. 중국공산당을 탈퇴하는 것은 사실상 중국인을 사상적 속박에서 벗어나도록 하는 것으로, 정신 영역에서 일어난한 차례 무형의 정치 노예해방운동이다. 이번 운동은 필연코 현실 정치영역에서 역사의 수레바퀴를 돌리는 효과가 있을 것이다.

3. 결론

파룬궁은 정치를 하지 않지만, 객관적으로 중국 민주화 정치를 이루는 데에 유리한 작용을 했다. 이는 가히 "무심히 꺾어 심은 버들이자라, 그늘을 이루네."라고 말할 수 있다.

파룬궁에 대하여 잔혹한 박해를 하는 과정에서 중국공산당 독재 정권은 급격하게 독재 정치의 가장 악랄한 형식으로 변했다. 즉, 자국민을 대상으로 한 스파이 통치 방식과 정치 흑수당이 그 모습이다. 중국공산당 18대 후 마오쩌둥의 '노홍위병老紅衛兵', 즉 나치스 독일 친위대와 같은 성질을 띤 반인류죄를 저지른 범죄집단은 이미 전면적으로 중국공산당의 권력 의지를 장악했다. 중국은 이 때문에 역사에서 가장 어두운 시기에 들어섰다. 하지만 중국공산당의 폭정이 가장 어두운 통치시기로 진입했다는 것, 이러한 반인류적 반사회적 통치는 필연코 전 국민의 저항 속에서 붕괴를 맞게 될 것을 예견할 수 있다. '공산당 없는 새로운 중국'은 중국인이 바라는 '중국의 꿈'을 반드시 위대한 현실로 이루어질 것이다.

장톈량章天亮

2014년 7월 29일, 중국공산당 기관지 신화사는 간결하지만 전 세계가 주목할 만한 소식을 발표했다. 즉 전 정치국 상무위원이며 정치법률위원회 서기인 저우융캉周永康이 엄중한 기율 위반 혐의로 조사받는다는 소식이었다. 그는 중국공산당 정권이 세워진 60여 년 이래 부정부패로 조사받은 최고위직 관료다.

'부정부패'는 단지 구실에 불과하며, 사실은 저우융캉과 보시라이 등이 장쩌민과 쩡칭훙의 지지 하에 쿠데타를 통해 시진핑을 끌어내리고[1] 보시라이를 그 자리에 올려놓으려고 한 것이다. 그리하여 시진핑은 부득이 저우융캉과 보시라이와 그 막후 인물을 숙청하는 선택을 할 수밖에 없었다.

이번 쿠데타의 배후인 장쩌민 집단은 10여 년간 국력을 총동원해 파룬궁을 탄압하면서, 하늘을 놀라게 할 정도로 무고한 인명을 살해한 죄를 지었다. 그래서 그들이 숙청을 피하는 유일한 방법은 오로지 권력을 단단히 잡고 탄압 정책을 계속 연장하는 것이었다. 보시라이는 이 목표를 달성할 수 있는 유일한 인물이었다.

중국공산당은 정권을 찬탈한 후 과거 국민당 인사, 각종 종교와 민간 조직, 농촌과 도시 자본가에 대한 탄압과 문화대혁명 10년을 통해 사람들에게 그들의 탄압 능력을 과시했다. 중국공산당은 '6·4 학살'을 통해 전 세계에 탄압 의지를 드러내기도 했다. 이로부터 파룬궁의 광범위하고 지속적인 비폭력 저항에 대한 중국공산당의 탄압 강도와 잔혹함이 어떤 정도일지를 가히 엿볼 수 있다.

전 중국공산당 총서기 장쩌민은 덩샤오핑의 '경제 건설을 중심으로'를 '파룬궁 탄압을 중심으로'로 고쳤고, 아울러 국가 권력 기구를 개편하면서까지 이 박해 정책을 추진했다. 이 글의 본문은 이런 각도로부터 좁은 소견이나마 파룬궁이 당하고 있는 박해의 심각성을 밝혀보고자 한다.

1. 중국공산당 역사에서 처음 나타난 지속적이고 규모 있는 비폭력적 저항

공산당 역사에서 어떤 단체나 개인을 탄압하는데 종래로 3일을 넘긴 적이 없다. 그리하여 장쩌민은 그가 파룬궁을 뿌리 뽑는데 걸리는 시간을 가장 길게 잡아도 3개월이 넘지 않을 것이라 굳게 믿었다. 하지만 그는 도리어 파룬궁의 완강한 저항에 부딪쳤을 뿐만 아니라, 게다가 이 저항은 지속적·규모의 확대·비폭력적이라는 세 가지 특징을 가지고 있다.

중국공산당이 탄압을 개시해서부터 지금까지 이미 15년이 지났다. 중국 내 파룬궁 수련인은 박해 진상을 알리는 전단지를 붙이고, CD를 배포하고, 현수막을 걸며, '9평 공산당'을 전파하다가 불법 감금되어 수감생활과 고문의 시련을 겪으면서도 여전히 대규모의 반박해 운동을 이어 가고 있다. 해외 파룬궁 수련인들 역시 반박해 운동 중에서 언론사를 설립하고 파룬궁을 박해한 중국공산당 지도자를 고소하며 인터넷 봉쇄를 돌파하고 중화 문화를 부흥시키는 선원 공연을 개최하는 등 15년 동안 갈수록 강대해졌다.

2. '경제 건설을 중심으로'에서 '파룬궁 탄압을 중심으로' 하기까지

1) 거대한 재정 투입

다른 방면으로 중국공산당은 파룬궁을 탄압하기 위해 중대한 대가를 치렀다. 파룬궁이 1달러, 1분이면 할 수 있는 일을 중국공산당은 몇천, 몇만 달러와 며칠, 몇 개월이라는 시간을 들여 해야 했다. 가장 간단한 예를 들어 보자. 해외 파룬궁 수련인들이 개발한 인터넷 봉쇄 돌파 프로그램이 한 번 업데이트될 때마다 중국공산당 측은 대량의 개발 역량을 투입하여 수천수만 개의 방화벽을 업데이트해야 했고, 2Tbps(초당 1mb) 데이터가 넘는 대역폭을 걸러내야 했다.[2, 3] 파룬궁이 장쩌민을 고소하는 고소장 한 장을 제출하면 중국공산당은 방대한 로비팀을 파견해 각국의 행정부, 사법부, 법원 혹은 모든 관련 인원에게 로비해야 했고, 무역에서 거대한 양보를 해야 했으며 이로써 장쩌민에 대한 조사가 진척되는 것을 교묘하게 피해갈 수 있었다.

한 조사 보고에서 밝혀졌듯이 중국공산당은 국민 총생산의 4분의 1을 파룬궁 탄압에 투입했다. 이 한차례 운동에 투입한 자원은 한 차례 전쟁에 투입한 자원과 맞먹는다.[4]

2) 탄압의 무거운 대가

장쩌민은 덩샤오핑의 '경제 건설을 중심으로'를 '파룬궁 탄압을 중심으로'로 고쳤다. 여기에서 내정과 외교의 두 측면에서 단서를 엿볼 수 있다.

중국 내정 상 파룬궁을 탄압하기 위해 중국공산당은 부득이 그 조직 구조를 조정하여 초법조직인 '610 사무실'을 설립해야 했다. '610'은 공안, 검찰, 법원 등 사법기구를 독점했을 뿐만 아니라 특무, 외교, 재정, 군대, 무장경찰, 의료, 통신 등 각 역역을 독점했다.[5] 중국공산당은 일찍이 사회주의 우월성은 "역량을 집중하여 큰일을 할 수 있다."고 말한 적이 있다. '610 사무실'은 바로 전국의 모든 자원을 대부분 소집할 수 있는 기구로써 정치국 상무위원회 밖에 존재하는 또 다른 하나의 중앙 권력이었다. 이 중앙 권력은 당시 국무원 제1부총리이며, 장쩌민의 친한 친구인 리란칭이 책임을 지고, 뤄간이 구체적인 지휘와 감독을 진행했다. 아울러 이 중앙 권력은 직접 장쩌민의 통제를 받았다.

파룬궁이 굴하지 않고 항쟁했기 때문에 장쩌민은 부끄럽고 분한 나머지 박해 수단을 끊임없이 격상해, 보기에도 끔찍한 대학살의 빚을 졌다. 2002년 중국공산당 16대가 열리기 전, 장쩌민의 마지막 외국 방문이 있었다. 결국 시카고에서 파룬궁 수련인에게 고소장을 받았다.

한편으로 장쩌민은 파룬궁이 제기한 형사 고소와 민사 소송에 하늘도 경악하는 피의 빚을 갚아야 할 가능성이 있는 데다, 다른 한편으로 정치국 상무위원회 대부분 위원이 탄압에 아무런 관심이 없었기 때문에 장쩌민은 총서기 임기가 끝나기 전에 정치국 상무위원회 구조를 바꾸기로 하고 그 인원수를 7명에서 9명으로 고쳐, 억지로 리장춘과 뤄간을 밀어 넣은 후, 각각 반파룬궁 선전과 폭력적 탄압의 책임을 지도록 했다.

동시에 장쩌민은 '핵심'이라는 명칭을 취소하고 '집단 지도'라는 그럴듯한 이름을 붙였다. 실제로는 리장춘과 뤄간 업무에 관여할 수 있는 후진타오의 권리를 박탈한 것이다.

중국공산당은 당시 독재 체제로부터 '과두寡頭 정치' 체제로 바뀌어 9명의 상무위원이 제각기 한 영역을 관리하면서 서로의 맡은 영역을 누구도 간섭할 수 없게 했다. 오직 뤄간이 정치국 상무위원이 되어야만 비로소 전국의 자원을 동원하여 탄압 정책을 계속 실행할 수 있었다. 그리고 오직 9명의 상무위원이 제각기 한 영역을 관리하게 해야만 뤄간은 비로소 제약받지 않는 권력을 가질 수 있었다. 이것은 모두 장쩌민이 파룬궁을 탄압하기 위해 진행한 중요한 조직 구조 조정이었다.

동시에 장쩌민은 세계가 깜짝 놀랄만한 결정을 했다. 군사 쿠데타에 준하는 방식으로 장완녠張萬年으로 하여금 특별 안건을 제기하게 하여, 장쩌민이 2002년 16대 후에도 계속해서 군사위원회 주석을 연임할 수 있도록 했다. 그는 다시 2년이라는 시간을 더 들여 파룬궁 문제를 철저히 해결하려 준비했다. 하지만 2004년에 이르러 탄압을 이어 가는 것이 갈수록 어려워지자 장쩌민은 부득이 형식적으로는 최고 권력기구에서 물러날 수밖에 없었다.

중국공산당은 외교적으로 얼핏 대만, 티베트, 민주화운동 같은 문제를 중요 위치에 놓은 것 같았지만, 실제로는 파룬궁 문제야말로 중국공산당 외교의 가장 핵심적인 관심사였다. 예를 들어 미국 '월스트리트저널' 보도에서 2001년 3월 9일 주미 전 중국대사 주치전, 리다우위와 캐나다 주재 전 대사 장원푸가 당시의 미국 국가 안전 보좌관인 라이스를 만났는데, 뜻밖에도 그중 한 외교관원이 사전에 준비한 연설문을 꺼내 파룬궁이 어떻게 중국공산당에 위협이 되는지를 장황하게 연설했다. 라이스는 그가 20분 정도 연설 원고를 읽었을 때 "저 외교관의 장황함에 화가 난다."며 회의를 중단시키고 돌아가라고 했다.[6]

3) 실패한 암살과 정변 시도

전 '610 사무실' 부주임 류징은 한차례 연회석에서 중국공산당 고위층이 파룬궁 문제에서 두 파로 나누어졌음을 시사하면서, 후진타오가 파룬궁 탄압에 동의하지 않음으로 하여 장쩌민은 면전에서 고래고래 소리 지르며 훈계했고, 심지어 장쩌민이 후진타오의 암살까지 준비하고 있다고 말했다.[7]

2006년 11월 15일 홍콩 시사지 '동향'은 처음으로 그해 5월 1일 후진타오가 황해에서 하마터면 장쩌민에 암살당할 뻔한 사실을 단독 보도했다. 그 후 조사에서는 장쩌민이 막후에서 지휘하고 해군 상장 장딩파가 집행한 사실이 드러났다. 2006년 말 장딩파가 병으로 죽었을 때 조문도 없었고, 추도사도 없었으며, 정부 측의 신화사, 해방군 신문에서도 보도하지 않았다. 오직 '인민해군보'에서만 간단한 소식이 나왔는데 심지어 흑백 영정 사진조차 싣지 않았다.[8]

2007년 17대 국가상임위원 임기기간 동안 후진타오의 저지로 말미암아 장쩌민은 자신이 가장 마음에 들어 했던, 파룬궁 박해에서 무고한 사람을 수없이 죽여 대학살의 빚을 진 보시라이를 후진타오의 후임자로 올려놓을 수 없었다. 하지만 마찬가지로 수많은 무고한 사람을 죽여 그 빚을 진 저우융캉을 뤄간이 맡았던 정치국 상무위원 자리에 올려놓는 데에는 성공했다. 이어서 장쩌민, 저우융캉, 보시라이는 쿠데타를 획책하기 시작했으며 2014년에 시진핑을 끌어내리려 준비했다.

4) 들끓는 민원民怨

오늘날 중국의 들끓는 민원은 파룬궁을 탄압한 직접적인 대가이며 또한 정치법률위원회가 고의로 빚어낸 국면이기도 하다.

중국 관방 측 통계에 따르면, 중국에서 탄압이 시작되기 전에 1억 명이 파룬궁을 수련했다. 탄압 초기 중국의 모든 선전 도구는 파룬궁을 악마로 매도하는 프로그램을 24시간 끊임없이 방송했다. 하지만 이처럼 많은 프로그램에서 파룬궁 수련인이 부정부패, 매춘, 절도, 살인 방화했다는 사례가 단 한 건도 없었다. 이는 역으로 파룬궁 수련인들은 모두 '진眞, 선善, 인忍'에 따라 좋은 사람이 되려한 점을 증명했다.

이렇게 말할 수 있다. 이렇게 많은 좋은 사람으로 구성된 단체를 탄압하고자 하는데 사회적으로 정의를 유지하는 힘이 조금이라도 있다면, 장쩌민의 목적은 달성하기 어려운 것이었다. 정상적인 사회에서 언론의 자유, 종교의 자유, 출판의 자유, 집회 결사의 자유, 사법권의 독립 등등은 모두 사회 정의를 유지하는 수단이다. '610 사무실'의 가장 주요한 임무는, 바로 이러한 사회 정의를 유지하는 수단들이 철저히 그 효력을 잃게 하는 것이다.

이렇게 되면 중국 사회가 약육강식의 환경으로 변하게 된다. 누군가 권력이 있고 돈이 있으면 제멋대로 할 수 있다. 피해자는 원한이

쌓일 대로 쌓여 압력솥이 언제든 폭발할 수 있는 지경까지 이르러도 억울함을 호소할 곳이 없다.

정치법률위원회도 이런 국면이 필요했다. 중국 사회가 혼란하면 혼란할수록 정치법률위원회는 더 중요해질 것이고, 탄압하는 데에 필요한 자원을 더 많이 축적할 수 있기 때문이다. 전체 중국공산당 체제가 모두 탄압을 위해 존재하게 되었을 때에 정치법률위원회는 자연스레 최고 권력기구로 변하게 되었다. 현재 중국공산당의 안정을 수호하는데 들어가는 비용이 해마다 7천억 위안에 달해 군사비 지출을 초과했다.[9] 정치법률위원회는 수시로 무장경찰을 동원하여 민란을 진압하는 것이 필요했다. 상대적으로 군대를 움직이는 절차는 복잡했기에 이러한 것은 정치법률위원회의 세력이 팽창됨에 따라 군사위원회에 맞설 수 있는 가능성을 제공했다.

장쩌민은 정치법률위원회를 보시라이의 승진통로로 선택했는데, 실제로 정법위가 보시라이에게 홀로 활개칠 수 있는 유일한 가능성을 제공했기 때문이다.

결론

'610 사무실' 설립에서부터 2002년 장쩌민이 군사위원회 주석을 연임하기까지, 또 2002년 16대에서 상무위원회에 정치법률과 선전을 주로 관리하는 상무위원을 늘린 것에서부터 후진타오의 핵심 지위를 취소하고 상무위원회를 '과두정치' 운행 패턴으로 만들기까지, 그리고 정치법률위원회 권력 강화와 안정 수호에 들어가는 비용을 끊임없이 늘려, 이를 제2의 중앙 권력으로 만들어서 구체적으로 암살과 정변을 획책하기까지 중국공산당은 근 15년 동안 권력을 개편했는데, 모두 파룬궁 탄압을 위해 움직일 수 있는 자원을 보호하기 위해서였다.

중국공산당은 모든 사회자원을 독점하고 아울러 감독과 제한을 받지 않는 권력을 가졌다. 국제 사회는 또 끊임없이 투자와 무역, 그리고 투기로 중국에 대량의 자금을 투하했다. 그럼에도 불구하고 이번 한차례 탄압에 소모한 자금과 이에 연관되어 발생하는 문제는 심지어 GDP가 세계 제2위를 차지하는 중국 경제로서도 과중한 부담을 견디지 못하게 했다.

파룬궁 탄압의 전제조건은 사회를 유지하는 기본 시스템의 기능을 상실하게 하는 것이다. 이로써 악을 조장하고 선량함을 타격했다. 그러므로 피해자는 단지 파룬궁 수련인에만 국한되는 것이 아니라 일반 국민도 사회 안전감을 상실했다. 현재 관리와 국민이 심각하게 대립하고 있으며, 전 국민의 도덕적 타락으로 초래된 환경과 사회 문제는 모두 이 한차례 박해와 직접적인 관계가 있다.

인류 역사상 일찍이 '삼무일종三武一宗'의 불교 탄압이 일어났지만 지속한 시간은 모두 6년을 초과하지 못했고 게다가 지역도 제한적이었다. 서방에서 로마제국이 기독교를 박해했지만 역시 일시적으로 진행되었다. 중국 고대든 로마제국이든 사회 통제 능력에서 중국공산당처럼 이렇게 온갖 수단을 다 사용하는 지경까지 도달하지 못했다. 또한 중국공산당처럼 이렇게 위에서부터 아래에 이르기까지 전 방위로 된 조직적, 재정적 보장을 받지 못했을 것이다. 더욱이 온 국력을 총동원해 전념하여 탄압에 몰두할 수 없었을 것이며, 이렇게 많은 고문과 세뇌, 심지어 군대와 무장경찰을 투입해 대규모적이고 계통적으로, 살아 있는 파룬궁 수련인의 몸에서 장기를 강제로 적출하는 것과 같은, 사람을 살해하여 이익을 도모하는 행위는 더더욱 없었다.

15년 동안의 박해와 반박해 중에서 형세는 이미 명확해졌다. 파룬궁의 반박해는 줄곧 지속될 것이고, 중국공산당 정권은 곧 해체될 것이다.

인류 역사에 천년을 넘길 수 있는 제국은 없지만, 천년이 넘는 신념은 존재한다. 박해가 얼마나 악랄하고 흉포하든지 간에 선악에 대한 보응은 반드시 존재할 것이다.

1. BBC 베이징발 보도에서 "저우융캉은 부정부패를 추궁받을 뿐만 아니라 쿠데타 문제도 추궁받을 것이다."고 전했다.
   http://www. bbc.co.uk/zhongwen/simp/china/2014/07/140730_zhou_
   yongkang_japan.shtml

2. CNNIC는 2013년 6월 말에 중국 인터넷 국제 출구 분포를 발표했다. 중국 인터넷 중건 네트워크 국제출구 대역 폭수(Mbps): 합계 2,098,150
   http://data.lmtw.com/yjjg/201307/91967.html

3. 하버드대 테스트에서 중국공산당이 파룬궁과 관련된 사이트를 가장 심하게 봉쇄했음이 드러났다.
   http://cyber.law.harvard.edu/publications/2005/Internet_Filtering_in_China_
   in_2004_2005

4. 파룬궁 박해 추적 국제 조직 조사 보고서
   http://www.zhuichaguoji.org/node/23256

5. '610 사무실'이 계통적으로 파룬궁 박해에 참여한 조사 보고
   http://www.zhuichaguoji.org/node/23202

6. Inside the Ring
   http://www.washingtontimes.com/news/2001/mar/09/20010309_021538_
   9115r/

7. 2002년 류징이 중국공산당 고위층 내부에 파룬궁 탄압에 있어 견해차가 존재한다고 시사
   http://www.epochtimes.com/gb/12/4/9n3560912.htm

8. 후진타오가 3차에 걸쳐 공포에 떨리는 암살을 당할 뻔한 비화
   http://www.epochtimes.com/gb/12/5/27/n3598251.htm

9. 양회 관찰: 중국 군사비용과 '사회 안정 수호' 지출
   http://www.bbc.com.uk/zhongwen/simp/china/2014/03/14305_ana_china_
   npc_army.shtml

선량한 단체를 박해한 중국공산당에 대한 국제 사회의 행동

에드워드 맥밀란 스콧Edward McMillan Scott

　2006년, 중국이 2008년 베이징 올림픽 개최를 준비하고 있을 때 나는 유럽의회에서 인권과 민주주의 분야를 담당하는 부의장 자격으로 이 도시를 방문했다. 당시 중국은 전 세계를 향해 중국이 경제와 정치에서 발전을 거두었으며 책임감 있는 세계적 강국이라는 것을 보여 주려고 준비하고 있었다. 베이징 올림픽 유치 위원회 부위원장인 류징민은 베이징이 올림픽을 개최하게 해준다면 '인권발전에 도움이 될 것'이라고 말한 적이 있다. 하지만 커튼이 드리워진 어둑한 호텔 방에서 나는 발전했다는 중국의 겉모습 뒤에 가려진 진실을 알게 됐다.

　사실상 중국은 올림픽 전에 정치와 종교 반체제 인사에 대한 탄압을 강화했다. '진眞, 선善, 인忍'을 지도 원칙으로 하고 명상을 하는 평화로운 정신 수련 단체인 파룬궁 수련인들은 1999년부터 지속적으로 잔혹한 탄압을 받아 왔다. 탄압 이유는 단지 파룬궁이 공산당을 위협하는 조직이 될까 봐 두려워서였다. 당시 나는 중국공산당 정권이 이미 집단학살죄를 범했다는 사실을 알게 됐다.

2006년 베이징을 방문했을 때 나는 양심수로 감금되었다가 석방된 사람들과 개혁파 및 반체제 인사들을 만났다. 그들은 나에게 중국공산당이 그들과 가족을 탄압했다고 알려줬다. 나는 파룬궁을 수련한다는 이유로 감옥에서 2년간 수감생활을 했던 뉴진핑牛進平과 얘기를 나눈 적이 있었다. 그의 아내 장롄잉張蓮英은 당시에도 여전히 감옥에 있었기에 그는 어쩔 수 없이 혼자서 두 살배기 딸을 돌볼 수밖에 없었다. 뉴진핑과 딸이 마지막으로 그녀를 만나러 갔을 때, 그녀는 온몸이 피멍투성이였다. 감옥의 고문 집행자들이 파룬궁 수련을 포기하게 하려고 그녀를 반복적으로 구타했기 때문이다. 장롄잉은 출소 후 나에게 편지를 보내, 감옥 교도관이 강제로 파룬궁을 포기하라고 그녀한테 사용했던 '50가지 혹형'을 열거했다. 감옥에서 그녀가 감당해야 했던 구타는 극심해서 의식을 잃기도 했다고 한다.

더욱 무서운 것은 이런 인터뷰 대상자들이 내가 예전에 얼핏 들었던 일들이 사실이었음을 확인시켜 주었다는 점이다. 중국공산당 정권이 감금된 파룬궁 수련인의 몸에서 강제로 장기를 적출해 활발히

성장 중인 장기 이식 산업에 팔아넘긴다는 것이다. 파룬궁 수련 때문에 감금된 적이 있는 차오둥曹東은 장기 적출 수술로 몸에 구멍이 생긴 파룬궁 수련인의 시신을 감옥 병원에서 보았다고 울면서 말했다.

중국 방문 다음 달, 전 캐나다 국회의원 데이비드 킬고어David Kilgour와 인권변호사 데이비드 메이터스David Matas는 한 편의 보고서를 발표했다. 감금된 파룬궁 수련인의 장기를 강제로 적출했다는 혐의를 조사해 검증한 것으로 이는 이 사안에 대한 첫 번째 보고서였다. 이 보고서는 '파룬궁 수련인의 장기를 강제 적출하는 행위는 대규모로 이미 발생했을 뿐만 아니라 지금도 여전히 지속되고 있다.'는 암울한 결론을 내렸다. 1년 뒤, 유엔 고문 문제 특별조사관 맨프레드 노왁Manfred Nowak은 보고서를 발표해 킬고어와 메이터스의 조사 결과를 확인해 주었다. 보고서는 '중국 곳곳에서 장기 이식 수술에 쓸 장기 공급을 목적으로, 대규모의 파룬궁 수련인들이 강제로 장기를 생체 적출당하고 있다.'고 지적했다.

베이징에서 나와 만난 적 있던 모든 인사가 회견 후 즉시 중국공산당에 의해 체포됐다. 어떤 이는 실종됐고 어떤 이는 고문에 시달렸다. 당시 한창 급부상하고 있는 경제 강국의 비위를 거스를까 봐 유럽 국가의 지도자들은 이에 대해 침묵을 지켰다.

그 이후, 중국에 대한 국제 사회의 태도에 변화가 발생했다. 올림픽

이 정식으로 개막하기 전, 중국의 지속적인 인권 탄압에 대해 나는 베이징 올림픽을 보이콧하는 국제행동을 이끌었다. 몇몇 유명 인사들도 보이콧 행렬에 동참했다. 미국 영화감독 스티븐 스필버그Steven Spielberg, 영국 찰스 왕세자는 올림픽 개막식 참석을 거부했다. 유럽의회의장과 유럽위원회 위원장 및 EU 외교 고등판무관도 참석을 거부했다. 마찬가지로 베이징 올림픽 스타디움을 설계했던 국제적인 예술가 아이웨이웨이艾未未도 보이콧을 지지한다고 표명하면서 자국의 정권이 '혐오스럽다'고 말했다.

나는 줄곧 중국 개혁을 위한 캠페인을 벌여 왔다. 유럽의회에서 의원들은 여러 가지 결의안을 통과시킴으로써 중국에서 인권을 존중하고 파룬궁에 대한 잔혹한 박해를 중지할 것을 요구했다. 나는 지명도 있는 몇 가지 행사를 주최해 이 의제에 대한 높은 관심을 유지하도록 해왔다. 2013년 1월, 중국 전 외과의사 엔버 토티Enver Tohti를 유럽의회에 초청했다. 그는 사형 집행 후 여전히 살아 있는 죄수의 몸에서 상부 지시에 따라 직접 장기를 적출하는 과정을 생생히 묘사해 강력한 증언을 제공해 주었다.

유럽의회는 유럽 연맹 외교정책 책임자 캐서린 애슈턴Catherine Ashton에게 지속적으로 압력을 가해 그가 중국과의 인권과 무역에 관한 대화에서 인권 문제를 제기할 것을 촉구했다. 사실 무역 촉진과 인권 개선은 상호 저촉되지 않는다. 독일은 중국과의 무역에서 과거 십

년 동안 폭발적인 성장을 가져왔지만, 인권 문제에서는 엄중한 입장을 취하고 있다.

미국은 중국의 인권 경시를 더욱 강력하게 비판하고 있다. 수천수만의 시민이 중국공산당으로부터 잔혹한 탄압을 받은 톈안문 사건의 2013년 기념일을 맞이해, 미 국무부는 성명을 발표해서 당시의 참가자들을 괴롭히지 말고 피해자들의 무죄를 인정할 것을 중국 정부에 호소했다. 미 의회도 더욱 강력한 입장을 취했다. 6월 오바마 대통령이 중국을 방문하기 전, 외교위원회 위원장 로버트 메넨데즈Robert Menendez는 오바마 대통령에게 공개 서한을 보내 중국 정부의 파룬궁 탄압을 포함해 중국에서 지속적으로 발생하는 인권 탄압 의제에 관해 이의를 제기할 것을 촉구했다.

강경한 말은 흔히 강경한 행동과 맞물린다. 2011년 초 중국 반체제 인사 시각장애인 천광청陳光誠은 당국의 연금에서 도망친 후 베이징 주재 미국 대사관에 몸을 의탁했다. 공산당 당국을 불쾌하게 한 것은 미국 대사관이 천광청에게 도피처를 제공했을 뿐만 아니라 그가 중국 정부에 저항한 분투를 지지했다는 점이다. 중국 외교부 대변인은 미국이 천광청 사건에 개입했다고 비난하면서 사과할 것을 요구했다. 또한 더 이상 이런 방식으로 중국 내정에 간섭해서는 안 된다고 미국에 경고했다. 현재 천광청은 미국에서 자유의 몸이 되어 그의 아내와 딸과 함께 생활하고 있는데 중국의 위협은 분명히 아무것도 아니다.

중국 인권 형세의 변화를 유지하기 위해 나와 천광청은 워싱턴과 브뤼셀에서 인권과 민주주의 대서양 연안국 연맹을 설립했다. 국제 앰네스티 중국지원협회와 함께 시작한 '자유수호계획The Defending Freedoms Project'에 의해 유럽의회와 미 의회 의원들이 리스트에 오른 중국의 양심수들을 위해 나서주기를 호소했는데, 몇몇 세계적으로 유명한 중국 양심수도 그중에 있었다. 나는 기독교 신자이자 인권변호사로서 2005년부터 파룬궁 수련인을 위해 변호하였다는 이유로 투옥되어 수년간 감옥살이를 한 가오즈성을 선택했다.

미국 워싱턴에서 위와 같은 계획을 발표했을 때 나는 운 좋게도 2006년 베이징 호텔에서 만난 후 한 번도 만나지 못했던 옛 친구 뉴진핑을 다시 만나게 되었다. 천광청과 마찬가지로 그 역시 현재 자유의 몸이 되어 가족들과 함께 미국에서 생활하고 있고 자유롭고 정의로운 중국을 쟁취하기 위해 계속해 분투하고 있었다. 그의 아내 장롄잉은 과거 중국공산당 치하에서 수많은 무서운 일을 겪었지만 이미 완전히 회복되어 있었다.

역사를 훑어보면 결국 붕괴하지 않은 독재 정권은 없었다. 파룬궁 문제 해결에 대한 국제 사회의 정치적인 지지는 이미 잔인한 중국공산당의 탄압 시스템에 금이 갔다는 것을 여실히 보여 주고 있다. 중국공산당 정권으로부터 괴롭힘을 당하고 감금당하며 고문과 혹형에 시달리고 있는 사람들에게 지속적이고 더욱 강대한 지지를 보내 주는

것은 그들로 하여금 마땅히 사람이 누려야 할 기본적 권리와 자유를
쟁취하는 데 도움이 될 것이다. 이에 대해 우리는 절대 흔들려서는
안 된다.

정신과 육체를 절멸시키는 수단 '전향과 세뇌'		

샤이양夏一陽

　중국공산당의 파룬궁 박해는 애초부터 법률에 따라 시행한 것이 아니었고, 신념을 박해하는 정치 운동이었다. 정치 운동을 관통하는 핵심은 바로 전향과 세뇌였다.

전향과 세뇌는 고위층의 명령

　1999년 박해가 시작된 지 20일도 안 돼, 중국공산당 중앙은 문건 두 개를 발표해 파룬궁을 수련하는 중국공산당 당원들을 전향시킬 것을 제기했다.[1] 8월 24일, 중국공산당 중앙 판공청辦公廳, 국무원 판공청은 전향의 대상을 모든 파룬궁 수련인으로 확대하라는 통지를 내렸고, 전향공작을 '이번 투쟁의 성과를 가늠하고 투쟁의 승리를 쟁취하는 중요 기준으로 삼을 것'이라고 언급했다. 이 세 문건 중에서 가령 '단지 신체 건강을 위해 파룬궁을 수련하는 사람'이라 할지라도 '정확한 인식'이 없으면, 즉 신념을 포기하지 않으면 '전향'의 대상이라고 했다. 이로부터 이번 박해는 첫 시작부터 전체 파룬궁 수련인의 신념을 겨냥한 것임을 가히 짐작할 수 있다.

중앙의 파룬궁 문제 처리 지도자 소조 사무실의 책임자가 직접 전향과 세뇌 공작을 배치했다. 2000년 8월, 당시 지도자 소조 조장을 맡은 리란칭李嵐淸은 사법부 교육전향공작 경험 교류 및 표창대회에 서한을 보내, 노동교양 부문이 '전향'에 있어 '특별한 우세'를 점하고 있음을 강조했다. 당시 지도자 소조 부조장이었다가 후에 조장에 오른 뤄간羅幹은 전향과 세뇌에 관한 전문 연설을 발표했고, 아울러 이른바 '마싼자馬三家의 경험'을 전력을 다해 홍보했다.[2] 2000년 9월, 중앙 610 사무실은 교육전향공작(지도 협조) 소조를 설립해 전국적 범위의 전향 세뇌 공작을 전문적으로 책임지게 했으며, 당시 610 사무실 부주임 리둥성李東生에게 그 책임을 맡겼다.

전향표준

전향은 간단하게 파룬궁을 수련하지 않겠다고 말하는 것만으로 쉽게 고비를 넘길 수 있는 것이 결코 아니다. 초기 전향의 표준은 가장 먼저 1999년 8월 24일에 발표한 중국공산당 중앙 판공청과 국무원 판공청, 즉 양판兩辦 통지에서 제기됐다.[3] 이후 마싼자馬三家 노동교양소에서 일련의 전향표준을 완성했다. 중앙 610 사무실 주임 왕마오린王茂林이 2000년 8월 29일 소집한 사법부 교육전향공작 경험교류 및 표창대회에서 해당 전향표준을 소개했는데, 모두 다섯 가지가 있었다. 즉 다시 연공하지 않겠다고 보증해야 하고, 회개서를 써야 하며, 모든 파룬궁 서적과 자료를 제출해야 하고, 파룬궁과 그 창시자를 적발, 비판하는 자료를 써야 하며, 다른 수련생에 대한 전향공작을 하는 것이다. 이 다섯 가지 중 한 가지라도 해내지 못하면 전향표준으로 인정하지 않는다. '전향'은 '관대'하게 대하고, 형을 감소시키며, 감옥이나 노동교양소에서 출소시켜 주고 정해진 형을 단축시킬 수 있는 유일한 방법이다.[4] 다시 말해 노동교양은 이른바 '위법 행위'와는 아무런 관계가 없는 것으로 그것은 완전히 신념을 겨냥한 박해였다. 2000년 9월, 중국공산당 중앙 610 사무실은 정식으로 전국적으로 마싼자馬三家의 전향표준을 널리 보급했다.[5]

이론의 실패는 필연코 폭력을 초래한다

중국의 처벌 중에는 다른 정상적인 국가와는 같지 않은 '사상 개조'라는 것이 있다. 역대 중국공산당의 '사상 개조'와 관련된 정치 박해에 비해 파룬궁 수련인들에 대한 전향과 세뇌는 가해자와 피해자를 막론하고 모두 아주 큰 차이점이 있다. 중국공산당의 이론체계는 마르크스와 레닌에서 왔지만, 마오쩌둥毛澤東 사상이 더해졌다.

중국공산당이 정권을 장악한 초기, 혁명에서 거짓으로나마 승리했다 하더라도 후광 효과가 있었다. 이 때문에 공산당 이론 역시 상당히 사람을 위협하고 미혹시키는 점이 있었다. 개조당하는 사람은 대부분 그것에 대항할 수 있는 성숙한 사상체계가 없었고, 어떤 이는 중국공산당에 여전히 환상을 품고 있었기에, 내심 원하지 않아도 대다수 사람의 설득으로 개조를 받으려 노력했다.

그러나 이번은 완전히 달랐다. 파룬궁은 중국 전통문화에 뿌리를 두고 있는 완정한 사상 체계와 세계관을 갖고 있으며, 몸과 마음의 수혜를 입은 수련인들은 선전의 영향을 쉽사리 받지 않는다. 한편으로 공산주의 이론과 실천은 전 세계에서 이미 실패했고 중국공산당은 이미 초기의 사상체계를 잃고 철저한 이익집단으로 변했는바, 이런 폭력적인 사상 개조로 다만 통치를 유지하고 있음에 불과하다.

무릇 '사상 개조'든 신념을 겨냥한 '전향'이든, 단지 중국공산당의 일련의 그릇된 이치를 사람들에게 강제로 주입시키거나 또는 다른 사람이 원래 가진 신념이나 세계관을 소멸시키려 시도한 것에 지나지 않는다. 중국공산당은 며칠이면 파룬궁을 망가뜨릴 수 있을 것이라 믿었지만, 오히려 이 과정은 파룬궁 수련인들의 견정한 신념과 용기를 증명한 결과가 되었다.

전향 장소와 전향 실시 인원

감옥, 노동교양소, 세뇌반, 직장, 지역사회 주민센터, 향鄕과 진鎭에 모두 전향에 관한 지표가 존재하고 동시에 전문책임자가 있다. 그러나 중국공산당이 가장 먼저 중점 전향지점으로 잡은 곳은 다름 아닌 노동교양소였다.

장쩌민이 일방적으로 파룬궁 박해를 시작한 지 3개월 뒤인 1999년 10월 29일 랴오닝遼寧성 선양瀋陽시의 마싼자馬三家 노동교양소(후에 마싼자 여자 노동교양소로 개명함)에 전문적으로 파룬궁 여자 수련인을 감금하는 제2소가 설립됐다.[6] 마싼자는 파룬궁 탄압으로 가장 악명 높은 곳이다. 처음부터 마싼자 여자 노동교양소는 중앙 610 사무실의 전향 세뇌 시범단위였고, 이곳의 경험은 전국적으로 보급됐다. 전 선양시 사법국장 한광성韓廣生은 "마싼자의 경험은 다름 아닌 전기봉을 사용하는 한 가지뿐"이라고 발뺌했다.[7] 사실 마싼자 노동교양소에서 파룬궁 수련인들에게 사용한 고문과 혹형은 적어도 수십 종에 달한다.

다시 베이징의 예를 들어 보자. 보도에 의하면 베이징시 전역에서 '파룬궁 수련인들을 교육전향하는 일이 적지 않은 어려움에 부딪혔고 많은 좌절을 겪었지만', 그래도 '베이징시 노동교양공작관리국(아래 노교국이라 약칭함)의 담장 안에서 우선 그 돌파구를 찾았다.'고 한다. 이 때문에 베이징시 노교국은 사법부로부터 일등 공로상을 받아 베이징시의 파룬궁 반대 선진단위로 선정됐다. 모두 알다시피 노동교양계통의 직원들은 기본적으로 사상이론이 없으며, 실제 공산당의 일련의 그릇된 이치에 대해 그들 자신도 똑똑히 모른다. 그들은 단지 졸개일 뿐이다. 그렇다면 그들은 어찌하여 베이징시 각급 당정관리와 정치공작간부, 이론가들이 다 해결하지 못한 문제를 '해결'할 수 있었단 말인가?

중앙 610 사무실 주임 왕마오린王茂林이 정리했듯이, 이는 주요하게 노동교양 체계의 강제성과 폐쇄적 환경 및 엄격한 관리가 있었기 때문이다.[8] 중국의 노동교양체계의 내막과 중국공산당 언어에 대해 잘 알고 있는 사람이라면 모두 알고 있는데, 그것은 다름 아닌 폭력적인 고문 시행을 대외적으로 허울 좋게 포장해 말한 것에 지나지 않는다.

노동교양소 내에서 파룬궁 수련인들은 신체의 자유를 완전히 상실했고 폭력적인 환경 하에 놓여 있었는데, 그러한 상황과 조건을 사회에 직접 드러낼 수 없음을 악용해, 2000년부터 중앙 610 사무실은 집중적으로 폐쇄식 학습반을 꾸릴 방침을 세웠고, 2001년부터는 '법제교육양성반'이란 이름으로 포장한 세뇌반에서 얻은 경험을 대대적으로 보급시켰다.[9]

법제교육양성반은 지방의 법률집행기관이 아닌 부문에서 설립한, 모의 감옥과 노동교양소 같은 전향 장소이다. 주목할 점은 십몇 년간 지속해서 전국에서 개최한 세뇌반이 적어도 400여 개가 되는데 그 어떤 정부부처와 법 집행기구, 사회단체에도 속하지 않는 데다 아무런 등록 절차도 거치지 않았고, 어떠한 법률적 근거나 공개적인 당과 정부의 문건에서도 그 성질과 지위가 확인된 바가 없다. 하지만 어떤 기구의 감독도 받지 않고 법률의 권한을 부여받지 않고서도 임의로 구금할 권리를 갖고 있으며, 그 직원들은 법 집행자의 지위에 있지 않지만 오히려 법률을 초월한 권력을 갖고 있는바, 심지어 살인해도 법적 책임을 지지 않는다.

상술한 전향 세뇌의 가장 주요한 장소로서 노동교양계통과 폐쇄식 세뇌반 외에, 사회에서 '전향'을 진행하는 주요 집행자는 각급 당정기구와 그 관료들이다. 베이징시 차오양朝陽구에서는 720개에 달하는 이른바 '도우미 교육幫教' 소조를 설립했다. 그밖에 기업, 부녀연합회,

공청단, 과학계, 이론계, 교육계 모두가 중국공산당중앙의 통일된 배치 하에 여러 가지 방식으로 파룬궁 수련인을 박해하는 '전향 세뇌'공작에 참여했다.

전향과 세뇌는 탄압의 핵심

최초로 조사 기록을 남긴 전향과 세뇌는 전면적인 박해가 시작되기 전 이뤄졌다. 1999년 파룬궁 수련인들이 '4·25' 평화청원을 한 후, 탄압을 전개하기 위한 준비는 중국공산당 고위층에서 긴박하게 진행되었다. 중국공산당 군부대 301 병원의 전 병원장 리치화李其華는 파룬궁을 수련한 후 몸과 마음이 좋아진 체험과 파룬궁 수련이 나라와 서민들에게 유리하다는 자신의 경험에 대해, '한 노 홍군, 노 당원의 파룬궁에 대한 옅은 이해'라는 글을 썼다. 당시 중앙군사위원회부주석 장완녠張萬年은 글을 읽고 즉각 장쩌민에게 보고했다. 장쩌민은 이 일로 정치국, 서기처와 군사위지도자들에게 장문의 편지를 썼다.[10] 며칠 뒤, 장완녠張萬年은 날마다 사람을 파견해 리치화李其華를 찾아 담화하고 폭력전술을 써서 리에게 검토하라고 하고 수련을 포기하라고 핍박했으며, 나중에는 결국 '검토서' 한 부까지 꾸며 냈다.[11] 5월 23일, 정치국, 서기처와 군사위원회에 보낸 장쩌민의 이 편지가 중국공산당중앙문건(중판발 1999년 19호)로 하달됐다. 문건 내용은 파룬궁을 수련하는 당원, 간부들에 대한 전향공작을 진행하는 것에 관한 내용이

포함됐다.[12]

2000년 9월, 중앙 610 사무실은 '교육전향 공격전 전개에 관한 실행 의견'을 발표하여,[13] 전국적으로 파룬궁 수련인들에 대한 전향을 목적으로 한 세뇌 즉 전향 세뇌를 진행했다. 그 후 매년 전향 세뇌는 각급 단위의 중요한 일상 업무가 되었다. 전향 세뇌를 중점적으로 전개한 허베이河北성을 예로 들면, 2001년 각 시, 현에서 세뇌반 건설에만 약 1500만 위안을 투입했고, 11개 도시와 일부 구, 현에 모두 법제교육양성반이란 명분으로 세뇌반을 꾸렸다.[14]

2001년 4월 25일 중국공산당 중앙조직부는 랴오닝성 마싼자 노동교양소 당위원회, 베이징시 노동국 당위원회와 헤이룽장 치타이허七台河 시위원회의 파룬궁에 대한 투쟁 경험 자료를 발행했는데 '전향'에 관한 것이 주된 내용이었다.[15]

매년 정치 업적 심사에서 필수 항목인 전향 세뇌에 대한 기본 처리 이외에, 중앙 610 사무실은 또 비정기적으로 캠페인을 벌였다. 2010년, 중국공산당 610 사무실은 '2010~2012년 새교육 전쟁을 통한 전향과 전면적 통합 계획'이라는 제목의 연도 계획을 발표해 제정하고 전국적 범위 내에서 계속해 파룬궁 수련인들에 대한 세뇌전향을 했다.[16]

상술한 3년간 '재교육 전쟁을 통한 전향과 전면적 통합 계획'이 끝날 무렵, 중앙 610 사무실은 즉각 다른 3년 계획인 '2013~2015년 교육전향 결승전'을 전개했다. 그러나 이번에는, 이른바 결승전 목표만 보더라도 중국공산당의 파룬궁 박해는 이미 궁지에 빠졌음을 알 수 있다. 즉 어떤 지역의 목표는 '2015년 말까지 통합이 필요한 중점 대상에 대해 반복되지 않도록 힘쓰자.'로 되어 있다든지, 또 어떤 곳의 목표는 '결승전 기간에 파룬궁을 수련하는 새로운 사람이 나오지 않도록 하자.'라고 되어 있었다.

인성에 반하는 전향 세뇌

전향률은 중국공산당의 각급 당과 정부의 주요 관리들이 반드시 완수해야 할 지표로써 그들의 정치 업적과 긴밀히 연관된다. 전향률은 어떻게 완성되는가? 제일 상습적으로 사용하는 방법은, 여러 명이 한 사람을 공격하여 강제로 '세뇌'시키는 것이다. 일찍이 1999년 8월 중앙의 '양판 통지'에는 "한 사람이 한 사람을 책임지고, 몇 사람이 한 사람을 책임지는 방법을 취하라."고 언급했다. 중앙 '610 사무실'의 인정을 받은, 창춘시 뤼위안綠園구 춘청春城 주민센터 사무처에서 실행한 방법은 "주민센터 간부, 일반 간부, 단지 주임, 공안 경찰, 가족, 직장에서 각각 '파룬궁' 수련인 한 명을 책임지는 '6위 1체'를 보증하는 책임제."이다. 지린성 퉁화通化 강철그룹 반스板石광업공사에서는 20명으로 구성된 '도우미 교육팀'이 한 사람을 둘러싸고 공격해 전향

시킨 '최고 도우미 교육幫教' 기록을 세우기도 했다.[17]

전향률은 거주 지역의 파룬궁 수련인 수를 기준으로 하여 계산한다. 노동교양소에 보낸 인원은 현지 기준 수에 넣어 계산하지 않는다. 그러므로 많은 지역에서는 정해진 전향률에 도달하기 위해 파룬궁 수련을 포기하지 않는 수련인들을 노동교양소에 보내거나 노동교양 결정을 받게 한다. 2001년 1월 17일 헤이룽장성 칭안慶安현의 파룬궁 수련인 류옌劉巖은 붙잡혀 혹독하게 구타당했으며, 노동교양 1년 6개월 결정을 받아 쑤이화綏化 노동교양소로 보내졌다. 류옌의 상처가 심각했기 때문에 노동교양소에서 더 이상 그녀를 수감하지 않으려 하자, 경찰은 인맥을 동원해 강제로 그녀를 남겨 두었다. 류옌은 2002년 7월 21일 탄압으로 사망했다.

산둥 라이우萊蕪시 시위서기 리위메이李玉妹는, 신체검사에서 노동교양할 수 없다고 결정난 일부 파룬궁 수련인에 대해, 주요 관리기관에 압력을 가하고 뇌물을 주는 방법으로 그들을 수감하게 했다. 인맥을 통해 뇌물을 주고, 사람을 노동교양소에 보내 강제 노동교양을 시킴으로써 현지의 전향률 지표를 완성하는 이런 일은, 파룬궁 수련인에 대한 박해에서 상당히 보편적인 현상이다.

세뇌반과 노동교양소와 감옥에도 마찬가지로 '전향률' 지표가 있으므로 이를 완성하기 위해, 이런 부문에서도 예외 없이 광범위하게 고문 행위가 벌어지고 있었다.

역사상 확실히 여러 가지 폭정이 있었는데, 연좌제를 시행하거나 심지어 가족을 몰살하는 일들이 있었다. 그러나 가족을 핍박해 서로 살해하고, 스승을 배신해 자신의 명예를 추구하라고 핍박하는 일은 절대 없었다. 중국 전통문화에는 한번 스승은 영원한 스승이란 말이 있다. 동문同門이란 한 집안으로, 미국 수정 헌법 제5조 안에서도 자기에게 불리한 증언을 하지 않을 시민의 권리를 보장한다고 했다. 그러나 전향 수단은 파룬궁 수련인들을 핍박해 동서고금을 막론한 모든 문명사회의 사람의 기본 존엄과 도덕의 최저선을 포기하게 하는 것이다. 스승을 배신하고 동료 수련인을 팔아먹도록 강박할뿐만 아니라, 회개를 강요하고 스스로 죄를 증명하도록 강박하는데, 이는 분명 파룬궁 수련인들을 정신적으로 완전히 무너지게 하려는 시도였다. 전향을 거부하면 끊임없이 각종 고문과 혹형에 시달려야 한다.

박해과정 전반에 걸쳐서 폭력과 세뇌가 사용됐다. 두 가지가 결합되어 체계화된 정책으로 전면적으로 실행된 것은, 2001년 1월 23일 중국공산당 당국이 조작한 톈안먼 사건 이후부터다. 한 중국 고위관료가 일찍이 '워싱턴 포스트'에 밝힌 것처럼 조기 탄압은 성공하지 못했지만, 2001년에 이르러 비로소 '효과적인' 것을 찾았다. 그는 "이 효과적인 탄압 방법은 세 가지, 즉 폭력과 고압적인 선전, 세뇌인데 그 중 '세뇌'가 관건이다. 탄압 시작부터 폭력을 썼지만 올해(2001년)에 이르러서야 중앙에서 폭력을 널리 사용하라고 격려했다."고 말했다. 정부 보고에 따르면, 폭력을 쓰지 않는 상황에서 파룬궁 수련을 포기한 사람은 극히 적었다. 중국공산당은 톈안먼에서 발견된 12살 여아 류쓰잉의 불에 탄 신체 영상과 누군가 "그들은 '분신자살'하면 '승천'할 수 있다고 믿는다."고 말한 매체 인터뷰 영상을 반복적으로 방송했다. 이런 고압적인 선전으로 결국에는 많은 중국인이 정부 말을 믿게 하였다. 마지막 방법은 강제로 '세뇌반'에 참여하게 하는 것이다. 이 세 가지 방법은 하나라도 충족되지 않으면 안 된다. [18]

전 국무원 '대외무역경제합작부(후에 상무부로 명칭을 바꿈)' 직원이었던 장이제張亦潔는 베이징 여자 노동교양소에 불법으로 감금당했다. 그녀는 전향을 거절하고 수련에 대한 의지를 꺾지 않아 장기간 밀실에 감금되었다. 수차례 어두컴컴한 작은 방에 갇혔고, 주야로 전향공작을 받았다. 처음엔 연속 18주간 잠을 자지 못하게 했고, 두 번째는 '3서(보증서, 회개서, 죄과인정서)'를 쓰도록 강요하기 위해 그녀를 42주간 밤낮으로 서 있도록 했다. 그녀는 다른 사람과 격리되어 독방에 감금당해 장기간 굶주림에 시달려야 했고, 장기간 대소변을 제한당하는 고통을 받았으며, 장기간 잠을 못 자게 하는 '아오잉熬鷹' 혹형을 당하는 등, 무수한 구타와 정신적 학대를 받았다. 그녀는 허리와 다리에 심한 상처를 입었고, 거의 실명되었으며, 말도 더듬거렸고, 검은 머리가 백발이 되어 옛날 모습을 전혀 찾아볼 수 없었다. 하지만 그녀는 수련을 포기하지 않았다.[19]

중국공산당 관영 언론도 고문을 보편적으로 사용했음을 입증했다. 베이징 사법 행정 사이트는 베이징 여자 노동교양소 제4대대 대대장 리지룽李繼榮이 파룬궁 수련인 두杜씨를 '전향'시킨 사실을 보도했다. 리지룽이 어떻게 '간고하고 세심하게 사상 교육'을 했는가를 묘사한 후 "16일 동안 밤낮으로 계속된 공작을 통해 두씨는 '결별서決裂書'를 썼다."고 보도했다. 결국 이 '결별서'는 다른 고문이 있었는지 여부는 논외로 하더라도 연속 16일 잠을 자지 못한 상태에서 쓰인 것을 의미한다.

전향 작업은 해당 수련인의 가족을 부추기고 강박시키는 방법도 동원됐다. 중앙 '610 사무실' 책임자 류징이 2001년 2월 27일 국무원 뉴스 사무실 기자 회견에서 든 한 가지 사례는 '전향'이 비인간적임을 보여 준다. 산둥성의 한 여성이 '주동적'으로 자신의 남편을 마싼자 노동교양소에 보내, 노동교양소측에 자신의 남편을 "도와주라."고 했다는 것이다.

또 다른 전형적인 사례는 중국 셰허協和의과대학기초연구소 보조 연구원 린청타오林澄濤이다. 린청타오는 국가 '863' 계획과 미국 중화 의학기금 CMB 항목의 핵심 연구원이었다. 2001년 10월, 파룬궁 수련을 포기하지 않는다는 이유로 린은 베이징 퇀허 노동교양소에 감금되었다. 노동교양소에서 교도관은 린청타오에게 체벌을 가하고 번갈아 '세뇌'하며 독방에 감금했으며, 3만 볼트의 고압 전기봉으로 장시간 전기 충격을 가하는 등 각종 고문을 가했지만, 도무지 그를 굴복시킬 수 없었다. 2001년 말, 베이징 신안新安 여자 노동교양소에서 '세뇌'당한 린씨의 아내가 여자 노동교양소에서 퇀허 노동교양소 앞으로 편지를 보내, 그곳에서도 그들 여자 노동교양소에서 쓴 전기고문, 체벌, 정신자극, 수면 금지 등의 방법으로 남편 린을 협박하여 굴복하게 하라고 건의했다. 경찰은 린을 협박하여 아내의 편지를 반복하여 보게 했는데, 린은 최종적으로 이런 자극과 타격을 견뎌내지 못하고 정신이상이 되었다.[20]

엄격하게 말하면 수련인들이 박해받아 사망한 원인은 모두 신념을 포기하지 않았기 때문이다. 밍후이왕 발표에 따르면 헤이룽장, 지린, 랴오닝, 산둥, 허베이성 등 5개 성에서만 2004년 4월 30일까지 박해로 사망한 파룬궁 수련인은 588명이다. 그중 직접적인 사망 원인은 '전향을 거부'한 것으로, 사망한 수련인이 232명에 달해 약 40%를 차지했다. 이 232명 중 213명은 고문 혹형으로 사망해 사망 비율의 91.8%를 차지했다.

중국공산당의 '전향률' 100%에 내한 요구는, 사실 모든 파룬궁 수련인을 강박해서 신념을 포기하게 하거나 박해를 끝없이 강화하는 두 가지 중에서 선택하도록 하는 것이다. 수련에 대한 의지가 확고한 이들에게 전자는 정신적 사망을 의미하고, 후자는 육체적 사망을 초래할 가능성이 높다. 무릇 어느 측면에서 보든 모두 장쩌민 집단이 의도적으로 파룬궁 단체를 소멸하기 위한 것임을 증명한다.

전향과 세뇌는 사회 도덕을 붕괴시키는 촉매제

노동교양 계통에서 전향과 세뇌를 진행하는 방안을 처음으로 세우고 책임졌던 전임 베이징 노교국 국장 저우카이둥周凱東은 이후 거액의 뇌물을 받은 사실로 인해 15년 판결을 받았다.

이는 결코 개별 사건이 아니라 보편적 현상이다. 최근 몇 년간 폭로된 사실을 종합해 보면, 중국공산당 정계에서 파룬궁 박해 지휘계통의 최고위층에 있었던 모든 주요 인물 중 장쩌민江澤民, 중앙정법위서기 저우융캉에서부터 중앙 610 사무실 주임 리둥성李東生에 이르기까지, 거금을 횡령하고 부정부패를 저지르지 않은 자가 없다. 그러기에 그들은 진眞 선善 인忍을 수련하는 파룬궁 수련인들을 전 충칭시 공안국장 왕리쥔의 말처럼 '재빨리 모조리 없애 버리려'한 것이다. 다시 말해 전향의 실체는 중국공산당이 사회의 악인들을 이용해, 좋은 사람이 되려고 노력하는 파룬궁 수련인들을 자신들처럼 타락하고 무능한 인간으로 변절시키려 시도한 것이다. 중국공산당은 또 매년 파룬궁을 박해한 가장 잔인한 무리를 표창하고 장려한다. 중국공산당은 바로 나쁜 사람을 통해 좋은 사람을 학대, 전향, 세뇌시켜, 뒤바뀐 가치관을 전 중국인들에게 강제로 주입하려는 것이다.

1. 리란칭李嵐, '사법부 교육전향공작 경험 교류 및 표창대회'에 보낸 편지, 2000.08. 29.
2. 사법부 교육전향공작 경험 교류 및 표창대회에서 뤄간羅幹의 발언, 2000.08.29.
3. 인민일보 1999년 8월 25일 제4면에 실린 중국공산당중앙판공청과 국무원판공청의 '파룬궁'수련인의 교육, 전향공작을 진일보로 더 잘하는 데 관한 통지: '대다수를 교육, 전향 시키는 정책계선을 엄격히 장악하자'
http://www.peopledaily.com.cn/rmrb/199908/25/newfiles/wzb_1999082500 1026_4.html
4. 왕마오린王茂林이 사법부 교육전향공작 경험 교류 및 표창대회에서 한 발언, 2000년 8월 29일
5. 중앙 파룬궁 문제 처리 지도자 소조 사무실의 '교육전향 공격전을 전개할 데 관한 실행 의견', 2000년 9월 22일
6. '신랑왕新浪網' 2001년 6월 15일자 보도, '마싼자馬三家 노동교양소 여자 2소 소장 수징蘇境' -'법제일보' 기자 휘스밍霍仕明의 문장 전재.
7. 밍후이왕 2005년 7월 4일자 보도, 선양瀋陽 전 사법국장 '610' 내막 폭로
http://www.minghui.org/mh/articles/2005/7/4/105408.html
8 왕마오린王茂林이 사법부 교육전향공작 경험 교류 및 표창대회에서 한 발언
9. 중앙 파룬궁 문제 처리 지도자 소조 사무실의 '교육전향 공격전을 전개에 관한 실행 의견', 2000년 9월 22일; 중앙 파룬궁 문제 처리 지도자 소조 사무실의 '교육전향공작을 강화 개진에 관한 의견', 2001년 4월 9일
10. 《장완녠 전張萬年傳》
11. 밍후이왕, '인민일보'서 보도된 리치화李其華노인의 '검토'가 만들어져 나온 실상
12. 중국공산당 허베이河北성위 판공청 1999)21호 문건: 중국공산당중앙판공청 1999) 19호 문건의 정신을 참답게 관철시키고 수행할 데 관한 중국공산당 허베이성위 판공청 통지
13. 중앙 파룬궁 문제 처리 지도자 소조 사무실의 '교육전향 공격전 전개에 관한 실행 의견', 2000년 9월 22일
14. 중국공산당 허베이河北성위 판공청 2002)5호 문건
15. '랴오닝성 마싼자 노동교양소 당위, 베이징시 노교국 당위, 헤이룽장성 치타이허七台河 시위가 '파룬궁' X교와 싸운 경험 자료를 인쇄, 발행할 데 관한 중국공산당중앙조직부 통지' (중앙조직부 21호 문건, 2001.04.25.)

16. 미국의회와 행정당국 중국위원회 2011년 년도보고, CECC 2011 Annual Report. http://www.cecc.gov/publications/annual-reports/2011-annual-report

17. 출처를 밝히지 않은 자료는 파룬궁 박해 국제추적조직의 보고에서 발췌: '전향'을 통해 파룬궁수련 단체에 행한 정신과 육체 파멸에 대한 조사 보고 http://www.zhuichaguoji.org/node/123

18. '워싱턴 포스트' Torture Is Breaking Falun Gong; China Systematically Eradicating Group: John Pomfret and Philip P. Pan. The Washington Post. Washington, D.C.: Aug 5, 2001. pg. A.01

19. 밍후이왕: 장이제가 중국공산당 박해를 당한 기록 http://www.minghui.org/mh/articles/2008/9/3/185228.html

20. 밍후이왕 2003년 1월 1일자 보도 '야만적 세뇌로 빚어진 인간비극: 젊은 학자가 박해로 정신이상이 되다, 부인은 세뇌당해 고문으로 남편을 학대할 것을 추천' http://www.minghui.org/mh/articles/2003/1/1/42004.html

사악의 잔혹함을 폭로하다: 중국의 강제 장기 적출에 관한 충격적 진실

카트리나 랜토스 스웨트_{Katrina Lantos Swett}

지금처럼 복잡한 시대에 '사악'이란 단어는 이미 인기 없는 말이 됐다. '사악'이라는 말에는 구실이나 변명, 타협의 여지가 없으므로 이 글자는 사람에게 여전히 불편한 느낌을 준다. 그러나 일부 폭행에 대해선 다른 단어로 묘사할 방법이 없다. 중국공산당이 양심수를 대상으로 강제적으로 장기를 적출한 것은 실로 사악하다. 지금은 의사, 정치 지도자 및 인권활동가들이 함께 이 사악한 죄행의 진실을 폭로할 시기이다.

비록 중국공산당이 전력을 다해 이 잔혹한 폭행의 실상을 은폐하려고 하지만 진실은 최근 서서히 드러나기 시작했다. 그것은 마치 악몽 같은 그림이다. 그 속에서 인간은 상품으로 취급되어 제멋대로 소멸되며, 아울러 누군가가 그들의 장기를 적출해 폭리를 취하고 있다.

중국에서는 1980년대부터 사형수의 장기를 부도덕하게 적출하기 시작했고, 결국 사악이 더욱더 통제하고 관여하는 사업으로 발전했다. 물론 이미 사망한 살인범과 강간범의 몸에서 장기를 훔쳐 적출하는 것과, 정치범과 양심범을 살해해 그들의 장기를 적출하고 판매하는 것, 양자 사이의 도덕적 경계가 언제부터 사라졌는지 정확히 지적하기 어렵지만, 사실상 경계선을 큰 폭으로 넘어섰다는 증거는 확실하다.

국제 NGO 단체인 '강제 장기 적출에 반대하는 의사들DAFOH(Doctors Against Forced Organ Harvesting)'의 탁월한 공적에 경의를 표한다. 이들 덕분에 이 비열한 탐욕과 가슴 아픈 정치 탄압의 실상이 드러나기 시작했다. 그들은 투옥되었던 죄수, 노동교양소 교도관, 심지어 이런 인권 침범 행위에 공동으로 참가했던 의료인들로부터 얻은 다방면의 객관적 자료를 통해, 수만 명에 달하는 무고한 사람들이 이미 반인류범죄의 희생자가 된 것을 밝혀냈다.

그럼 이런 무고한 희생자는 누구인가? 증거는 이들이 대부분 파룬궁 수련인이라고 지목하고 있다. 1999년부터 이 평화로운 수련 단체는 줄곧 이 잔혹한 정부의 정치 탄압, 비방, 감금과 혹형의 목표였다. 티베트 불교, 가정교회 기독교를 포함한 기타 신앙 단체처럼 파룬궁은 중국공산당이 사회를 통제하면서 받아들일 수 없는 위협으로 여겨졌다. 이런 신념과 신앙에 기반을 둔 단체들은 세속과 물질을 초탈하는 율법과 원칙에 서로 믿음을 나누며 연계되어 있어서 그들은 중국공산당과 같은 이런 독재 정권에는 깊은 의심과 두려움을 주었다. 중국에서 이런 의심으로 파룬궁만큼 고통을 겪은 단체는 아직 하나도 없었다. 이 단체는 15년 동안 평화롭게 비폭력적으로 저항했고, 지금까지도 그들은 신념과 수련에 대한 용기와 결심으로 잔혹한 박해에 대응하고 있다.

사람들은 중국 정부가 왜 이런 불가佛家의 전통적이며 정신적인 수련을 겨냥하고 있는지에 대해 이해할 수 없어 했다. 파룬궁은 온화한 명상이자 수련법이다. 진眞, 선善, 인忍을 강조하는 도덕적 철학을 가진 파룬궁 수련인들은 사회에서 진정한 모범 시민들이다. 사람을 경탄케 하는 그들의 도덕성과 윤리의식으로 인해 한때 중국 당국의 환영을 받기도 했다. 그러나 파룬궁이 널리 전파되면서 수련하는 사람들의 수가 7천만 명에서 1억 명에 달하자, 이 정신운동이 중국인들의 감정과 사상을 독점하려는 공산당을 위협한다고 느끼면서 당국은 점점 두려워하기 시작했다.

중국 정부는 그들의 선전기구 자원을 대거 동원해 파룬궁 수련인에 대한 대규모 박해를 진행했다. 파룬궁 수련인들은 거대한 고통을 감내해야 함에도 여전히 신념을 견지하고 그들의 상황을 알려 나갔다. 중국 인권변호사와 활동가 수십 명이 감동해 파룬궁 수련인을 위해 목소리를 내기 시작할 때, 이미 수련인들은 스스로 중국 인터넷 경찰을 앞지를 수 있는 인터넷 봉쇄 돌파 프로그램을 만들고, 이를 통해 그들의 이야기를 세계와 공유했다. 파룬궁 수련인은 중국인들이 당국의 인터넷 봉쇄 방화벽을 돌파하는데 핵심적인 역할을 했으며, 10억여 명에 달하는 국민들이 인터넷으로 보다 자유롭게 정보에 접근할 수 있게 되었다. 프리게이트와 울트라서프 같은 여러 개의 정밀하고 효과적인 인터넷 돌파 프로그램은 파룬궁 수련인들이 개발한 것이다. 이는 중국 국민이 민주적인 미래를 건립하면서 공산당 당국의 검열을 받지 않고 자유롭게 정보를 검색하는 것이 필수라고 믿었기 때문이다.

인터넷 봉쇄 돌파 프로그램의 역할에 힘입어 악몽같이 잔인한 강제 장기 적출 소식이 중국 국내외로 전해지면서, 대규모 인권 탄압을 폭로하고 중단시키려는 움직임은 더욱 커져 나갔다.

2013년 12월, DAFOH는 유엔인권담당 고등판무관에게 전 세계 150만 명이 연대 서명한 청원서를 보내면서, 중국에서 장기를 얻기 위해 양심수들을 살해한 사실에 대해 조사해 달라고 호소했다. 그후 유럽의회는 결의안을 통과시켜, 중국 정부가 파룬궁 수련인을 포함한 양심수들의 장기를 적출하도록 승인하는 것을 즉각 중지하라고 중국 당국에 요구했다.

이는 중요하고 진일보한 것이지만 사실상 불법 장기 적출을 성공적으로 근절하려면, 더욱 도전적인 길을 걸어야 한다. 일부 원인은 순전히 탐욕 때문이다. 자발적인 장기 기증이 부족한 상황에 절망한 환자들은 거액을 지불하더라도 필요한 장기를 얻고자 한다. 신장은 6만 달러, 간은 10만 달러의 가격이 매겨진다.(2015년 현재 이 가격은 2~3배 이상 폭등한 것으로 나타났다. _역주) 각막, 심장 및 폐에 대한 수요도 어마어마하다. 정치적인 목적, 금전적인 탐욕, 뿌리 깊은 부정부패와 같은 각종 악독한 요소가 결합하면서 의료적으로도 도덕적으로도 악몽 같은 일이 벌어졌다. 현재 추산으로는 약 65,000명의 파룬궁 수련인이 이번 사악한 폭풍의 희생자가 되었다.

지금 중국은 정치적으로 과도기에 있고 대규모로 파룬궁 수련인의 인권을 탄압한 증거가 있다. 범죄를 주도했던 정치인들은 후속 정권에 이를 승계하려 한다. 이유는 무엇일까? 왜냐하면 그들이 저지른 과오에 대한 처벌을 면할 수 있다는 확신을 원하기 때문이다. 이런 사람들은 마땅히 마틴 루터 킹의 말을 기억해야 한다. "역사의 곡선은 비록 멀고 길지만 결국에는 정의의 편이다."

전 UN대사이자 일리노이주 주지사였던 애드라이 스티븐슨 2세 Adlai Stevevson II는 이런 말을 했다. "해결 방법은 진실한 말을 하는 데서 시작된다."면서 강제 장기 적출 의제를 언급할 때 "지금은 세계 각지 지도자들이 진실을 말할 때가 되었다."고 했다. 중국 정부가 이 악행을 은폐하지 못하도록 해야 하고 아울러 가장 중요한 것은 반드시 이 범죄를 철저하게 중단시켜야 한다. 미국의 철학자이자 소설가인 아인 랜드Ayn Rand의 말처럼 "선과 악 사이의 모든 타협은 오로지 사악에게만 유리하다." 중국 곳곳에서 무고한 사람들의 장기를 강제로 적출했고 이로 인해 사악은 이미 너무나 많은 이익을 얻었음을 알 수 있다. 장기를 약탈당한 생명은 큰소리로 정의를 외치고 있으며, 이 외침을 우리는 절대로 무시해서는 안 된다.

침묵의 폭행

텅뱌오 滕彪

그들은 전기봉 4개로 내게 전기충격을 가하기 시작했다. 충격을 당하는 곳마다 오장육부와 온몸의 근육은 마치 달아날 듯 피하에서 격렬히 뛰었다. 나는 고통스럽게 바닥에서 뒹굴었고, 왕씨 성을 가진 두목이 나의 생식기에 전기충격을 가하기 시작했을 때, 나는 그에게 용서를 빌었다. 용서를 구하는 나의 행동에 뒤따른 것은 더 큰 웃음소리와 더욱 발광적인 괴롭힘이었다.

"네놈은 공산당이 고문을 사용한다고 하지 않았는가? 이번에 네놈에게 모든 견문을 넓혀 주겠다. 파룬궁을 고문으로 괴롭힌다고 하는데 맞다, 조금도 틀리지 않았다. 우리가 네게 사용하는 이 12가지 방법은 바로 파룬궁을 대하면서 연마해 온 것이다. 솔직하게 말하는데, 나는 네가 다시 글을 써도 무섭지 않다. 네가 살아서 나갈 가능성이 거의 없기 때문이야! 너를 죽여서 시체마저 찾지 못하게 할 것이다."

얼마나 지났을까 모르겠지만, 누군가 내 머리와 얼굴에 소변을 보았다. 내가 정신을 차리자 그들은 또다시 3개의 전기봉으로 나에게 전기충격을 가하기 시작했고, 나는 존엄이란 조금도 없이 땅에서 뒹굴었다. 10여 분 후, 나는 온몸에 경련을 일으켰고 멈출 수 없었다.

이어서 나는 땅에 무릎을 꿇고 앉혀졌다. 그들은 이쑤시개로 나의 생식기를 찔렀다. 나는 지금까지도 당시의 무력한 고통과 절망을 언어로는 분명하게 진술할 수 없다. 그곳에서 인류의 언어, 인류의 감정은 조그마한 힘도 없었다.

하나, 끔찍한 폭력을 마주한 가운데 흐르는 침묵

이것은 가오즈성高智晟 변호사가 그의 '어두운 밤, 검은 머리 씌우개, 암흑가 조직의 납치黑夜, 黑头套, 黑帮绑架'에서 묘사한 그가 당한 고문의 한 장면이다. 이전에 그는 파룬궁 수련인이 당하는 박해 정황에 대해 대량의 조사를 진행했고, 중국공산당 지도자에게 보내는 공개편지의 방식으로 그 조사 결과를 세상에 발표했다. 그는 가장 일찍이 또 가장 용감하게 파룬궁에 대한 중국공산당 당국의 박해를 폭로한 몇 안 되는 사람 중의 하나이다. 사실대로 말하면, 나는 몇 번이나 채 읽지 못하고 내려놓았으며, 몇 번이나 다시 이어서 읽어 내려가려 했지만 감히 보지 못했다. 나는 그것이 사실이 아니기를 얼마나 바랐던가. 하지만 그것은 확실히 사실이었다. 사람이 고난을 감당하는 능력은 한계가 있다. 마치 T. S. 엘리엇이 말한 것처럼, "인류는 그렇게 많은 진실을 감당할 방법이 없다."

파룬궁에 보복하고 그들의 신념을 포기하게 하려고, 파룬궁에 대한 탄압과 괴롭힘은 수단을 가리지 않는 지경에 이르렀다. 중국공산당 최고 우두머리의 지령에서부터 아래 집행자의 도를 넘은 흉악함과 잔인함에 이르기까지, 15년 동안 파룬궁 수련인들은 거대한 인권 재난에 부닥쳤다. '610 사무실'과 기타 관련자들은 파룬궁을 때려죽여도, 법률의 추궁을 받지 않는데, 이는 불문율이 되어버렸다. 파룬궁 수련인을 제멋대로 납치와 감금해도, 어떤 단속과 처벌도 받지 않았다. 지금도 진행되고 있는 반인류적인 폭행은 완전히 정부의 명령과 획책, 그리고 지휘로부터 비롯된 것이다. 밍후이왕 보도에 따르면, 2014년 11월까지 총 3,795명의 파룬궁 수련인이 참혹한 박해를 당해 사망했다. 차마 끝까지 다 읽을 수 없는 대학살은 세부적으로 볼 때 아우슈비츠에 비할 수 있다. 캐나다 아태담당 국무장관을 역임한 8선 국회의원인 데이비드 킬고어와 인권변호사 데이비드 메이터스는 2007년 독립적인 조사를 진행했다. 결론은 "예전부터 발생했을 뿐만 아니라 지금까지도 여전히 계속 비자발적인 파룬궁 수련인에 대한 대량의 장기 적출이 진행되고 있다."는 것이며, 이는 "이 지구상에 있어 본 적이 없는 사악"이라고 표현했다. 또 증거가 보여 주다시피, 이런 장기 적출은 중국의 많은 성에서 모두 동시에 진행되고 있다.

나는 이곳에서 파룬궁 수련인이 당하고 있는 인간 세상의 참극을 거듭 서술하지 않겠다. 인터넷 시대에 이런 정보를 찾으려면 아주 쉬운 일이다. 그러나 이런 학살, 폭행과 고문 혹형의 사실들이 나를 더욱 놀라게 한 것은, 바로 사람들의 무서운 침묵이다!

둘, 그 침묵 속에서 무감각해지는 체험

중국에서 사람들은 파룬궁 문제에 대해 입을 다물고 말하지 않는데, 마치 완전히 존재하지 않았던 것 같다. 인터넷에서는 파룬궁에 대한 어떠한 정보도 검색할 수 없으며, 개인 블로그와 위챗에서도 이 화제에 대한 토론은 거의 없다. 설사 백 명을 납치했다든가, 아니면 백 명을 죽였다 하더라도 기자는 파룬궁에 관한 뉴스를 쓸까 하고 고민하는데 1초도 사용하지 않을 것이다. 지식인들과 작가들은 이 제목으로 글을 쓰지 않을 것이다. 학자는 절대로 관련 학술연구를 하지 않을 것이다. 절대다수 변호사는 파룬궁 사건을 피하지 못할까 걱정이며, 심지어 일부 '죽기 살기로 덤빈다'고 자칭하는 변호사들마저 파룬궁 사건을 대리하는 것을 거절한다. 심지어 일부 민주인사, 반체제 인사, 인권운동가들마저 종래로 파룬궁 문제를 언급하지 않는데, 마치 이것은 인권과 관련 있는 문제가 아닌 것 같다.

해외라고 해서 상황이 훨씬 나은 것은 아니다. 주류 매체는 파룬궁 뉴스를 보도하려고 하지 않는다. 정치가들은 담론하지 않고, 작가들은 쓰지 않으며, 학자들은 연구하지 않고, 심지어 상당히 많은 인권 기구도 파룬궁을 언급하려고 하지 않는다.

그들이 실상을 모르는가? 문제는 알 방법이 없는 것이 아니라, 사람들이 알고 싶어 하지 않는 것이다. 1999년 중국 전역에서 파룬궁에 대한 광적인 탄압을 시작했는데, 정부의 매스컴과 여론 기구를 총동원해, 파룬궁에 대한 비판을 대대적으로 진행하고 '사교화'시켰다. 분신자살을 했다거나, 병을 얻어도 약을 먹지 않는다거나, 중난하이中南海를 포위 공격했다는 등등이다. 기관, 학교, 기업체에서도 거의 사람마다 이 과정을 통과해야 하는 정도에 이르렀다. 내 기억에 당시 베이징대에서 박사 과정에 있을 때, 사람마다 파룬궁에 대한 인식을 서면으로 써서 제출해야 했다. 나와 쉬즈융許志永, 또 다른 한 명의 베이징대 박사과정 학생이 이 좌담회에 참가하도록 배치되었다. 베이징의 많은 대학교와 문예계 인사들도 대표를 파견하여 참가하였는데, 내 앞줄에 앉은 사람은 바로 중국의 유명 배우 장쿤姜昆이었다. 전체 회의장에서 오직 나와 쉬즈융만이 정부의 방법이 법치를 위반했다고 비판했다. 하지만 참견하는 사람은 없었다.

설사 소위 중국의 거대방화벽GFW(Great Firewall of China) 즉 인터넷 봉쇄 시스템이 파룬궁과 관련한 정보에 대해 가장 엄밀하게 봉쇄를 진행했다 하더라도, 파룬궁 수련인들은 사용이 편리한 여러 가지 봉쇄 돌파 소프트웨어를 만들어냈다. 이를 통해 봉쇄를 돌파할 줄 아는 사람은 이런 정보를 접하지 않을 수 없었다. 네트워크를 심사하는 관료들은 '파룬궁, 리훙쯔, 생체 장기 적출'은 민감한 단어라고 고지받았을 것이고, 변호사들은 파룬궁 사건은 민감한 사건이라고 고지받았을 것이다. 사실 이런 고지가 필요 없으며, 사람들은 '자연히' 이것은 언론 금지구역임을 알게 된다.

'침묵의 나선spiral of silence' 이론에 따르면, 사람마다 모두 '육감'과 유사한 '유사 통계적 감각 기관a quasi-statistical organ'이 있다. 여론조사를 할 필요 없이, 사람들도 무엇이 압도적인 주류 민심인지 알 수 있다. 사람들은 고립되는 것을 두려워한다. 뿐만 아니라 전문적인 조사도 필요 없이 자연적으로 어떤 언론과 행동이 고립될 수 있는지를 알게 된다. 톈안먼 학살, 티베트 분신자살, 신장 위구르 족의 인권상황, 고위관료의 부정부패 등등을 포함하여 말하면 안 되는 민감한 화제 중에서, 파룬궁은 가장 말해서는 안 되며, 모든 금지구역에서 절대 부딪혀서는 안 되는 고압선이다. 사람들은 가오즈성高智晟, 리훙力虹, 왕융항王永航, 류루핑劉如平의 상황을 알고 있다. 사람들은 자기의 동창생 혹은 이웃이 파룬궁을 수련한 이유로 거듭 납치당하거나 억울하게 세뇌반에서 죽은 것을 알고 있다. 사람들은 파룬궁을 위해 공정하게 말한다면, 여권을 만드는 것이 불가능해지고, 일자리를 잃어버리게 되며, 심지어 노동교양에 처하거나 실종당할 수 있음을 알고 있다. 사람들은 가장 현명하고, 가장 안전한 방법이 바로 '보지 않고 듣지 않으며 말하지 않는 것'임을 알고 있다.

셋, 침묵을 돌려놓다

보기만 해도 몸서리치지만 공공연하게 무시되거나 심지어 부정되는 그런 일을, 영어권에서는 '방 안에 있는 코끼리'라고 부른다. 미국 사회학자 에비아타 제루바블Eviatar Zerubavel은 『방안에 있는 코끼리: 생활 속의 침묵과 부인』에서 "우리는 알고 있는데, 우리 자신이 알아서는 안 되는 것임을 똑똑히 알고 있다."라고 표현했다. 이것은 조지 오웰이 『1984』에서 말한 '이중사고'와 유사하다. 사람들은 어떤 일은 알아서는 안 된다는 것을 똑똑히 알고 있다. 사람들이 일부 일을 기억하는 목적은 철저히 잊어버리기 위해서다. 사람들은 해방군이 광장에서 살인하는 것을 보았지만, 사람들은 반드시 스스로 보지 못했다고 해야 한다. 사람들은 사적인 공간에서는 이와 같은 장면을 똑똑히 기억하지만, 공공장소에서는 철저히 그것을 잊어버리기 위해서다. 사람들은 중국공산당 당국이 파룬궁에 관한 일이라면 절대로 알리고 싶어 하지 않는다는 것을 분명히 알고 있다. 그래서 사람들은 자신이 파룬궁에 관한 일체를 '모르고 있다.'는 것을 똑똑히 인지하고

있다. 사람들은 '말하지 않고 보지 않을 뿐만 아니라, 묻지도 않으며 이후에 더는 호기심이 없다.'

사람들은 파룬궁을 담론하는 자체가 바로 한 가지 아주 무서운 일임을 알고 있다. 2007년 내가 파룬궁 수련인 왕보王博 사건을 대리할 때, 심각하게 그런 공포를 체험했다. 법정 안팎의 공기에는 적의와 공포로 가득 차 있었다. 재판이 끝난 후 경찰 4명이 나를 번쩍 들어 스자촹 법원 대문 밖으로 던져 버렸다. 거리는 경비가 삼엄하고, 쥐 죽은 듯이 고요했다. 이런 공포 분위기는 기타 인권 사건을 대리할 때보다 분명히 더 강렬했다. 우리가 정성 들여 작성한 변론문 '헌법이 최상위법이며, 헌법상 신념은 무죄이다.'를 인터넷에 발표했을 때, 당국의 놀라움과 분노가 어느 정도였는지를 가히 상상할 수 없을 것이다. 변론문은 파룬궁을 박해하는 당국의 합법성을 철저히 부정했고, 당국이 폭력적으로 신념과 신앙의 자유를 짓밟는 범죄를 폭로했다.

파룬궁에 대한 박해는 일반인들이 상상하기 어려운 것이다. 이런 혹형의 세세한 실상과 가해자의 흉악함과 잔인함 및 사악함은 대단히 무섭고 인류의 최저선을 너무 많이 벗어났기에 늘 진실이 아니라고 여겨진다. "사실인가요?", "이것이 가능한가요?" 이와 같은 질문은 많은 사람의 첫 번째 반응이다. 초기 소련공산당의 악행에 대한 보고에 대해 처음에는 '거짓말'이라며 힐난하거나, 나치가 유대인을 학살하고 있다는 초기 폭로에 대해서도 유대인의 히스테리라 불렀듯이

"이것이 가능한가요?"는 많은 사람의 첫 반응이다. 이것이 바로 가장 무서운 점이다. 즉, 응당 인류가 정시해야 할 가장 참혹한 진실이지만 듣기에는 진실한 것 같지 않다는 점이다.

직접 현실을 직면하는 데는 용기가 필요하다. 에단 구트만Ethan Gutmann은 파룬궁이 박해를 당하는 진상을 폭로한 책을 썼는데, 책 이름은 『대학살Slaughter』이다. 베테랑 언론인 제이 노르딩거Jay Nordlinger는 이 책을 위해 쓴 서평에서 말했다. 사실이 너무 무서웠기에, 읽기가 아주 힘들었다고 했다. "나는 일부 장들은 뛰어넘었음을 인정하며, 일부 사진은 차마 보지 못했다." 나는 지금까지도 여전히 가오즈성의 공개편지를 읽을 때 느꼈던 불안, 낙담, 두려움, 그리고 이를 부정하려 했던 일들을 기억한다.

이는 바로 인성이 몸부림치는 관건의 순간이다. 마치 아우슈비츠를 직면하는 것과 같다. 아우슈비츠는 사람들을 불안하게 했고, 정상적인 생활 정상적인 사유 정상적인 정서에 격렬한 충격을 주었다. 심리적 위안을 위해 사람들은 이런 종류의 사건을 인류문명 혹은 역사적 관례에서 하나의 예외로 여기고 싶어 하며, 등한시할 수 있는 낮은 확률의 사건으로 여기고 싶어 한다. 오직 그것을 사유 밖으로 배제하고, 현실 밖에 배제해야만, 사람들은 비로소 마음 놓고 주위의 사물도 비로소 파악하고 이해할 수 있으며, 생활도 비로소 편안하게 계속해 나갈 수 있다.

그러나 어쨌든 누군가가 이것을 정시해야 하고, 이런 극단적인 사악과 극단적인 고난을 정시해야 한다. 이것은 역사상 매우 드문 인류 문명의 우연한 분기점이라고 말하지 말아야 한다. 인류가 반드시 직면해야 하고 반드시 중시해야 하며 반성해야 할, 정부기관이 저지른 엄숙한 사건이라고 할 수 있다. 심리적 격동 후, 우리의 영혼은 더욱 강대해질 것이다. 이런 사악과 고난은 당신이 무시한다고 해서 사라지지 않는다. 반대로 사람들의 무시는 악행을 저지르는 자에게 날이 갈수록 날뛸 수 있는 조건을 마련해 주는 것이다.

어떤 때 필요한 것은 다만 자신의 내면 소리에 귀 기울이는 것, 혹은 주위 사물에 대한 작은 반성과 호기심이다. 한 친구가 내게 말해 준 경험 한 가지가 그렇다. 그는 대학을 졸업한 후 산둥성에서 광둥성으로 가서 일자리를 찾으려 했다. 하지만 직장에서는 그에게 '범죄 기록이 없고, 파룬궁을 수련하지 않는다는 증명서(여권을 만들거나, 일자리를 찾을 때 왕왕 이런 증명서를 요구하며, 본인도 이런 증명서를 뗀 적이 있다.)'를 떼올 것을 요구했다. 그는 종래로 파룬궁에 대해서 들어 보지 못했고, 왜 자신이 파룬궁을 수련하지 않는다는 것을 증명해야 하는지에 대해서는 더욱 몰랐다. 그래서 인터넷 봉쇄 돌파 프로그램 '판치앙'으로 검색한 후에 모든 것을 알게 됐다는 것이다.

그러나 공개적으로 진실을 말하는, 보기에 간단한 것 같은 이 도덕적 요구는 그리 쉬운 일이 아니다. 권력자에게 탄압당할 수 있는 위험을 감수해야 할 뿐만 아니라, 주변의 '침묵하는 대다수' 혹은 '보이지 않는 거대한 압력'에 직면할 수 있다. 진실을 말하면 사악이 천하에 환히 드러나게 되고, 일부 사람의 절실한 이익을 해치게 된다. 진실을 말하면 침묵하는 자의 부도덕을 확연히 드러내게 되어, 사람들이 유지되기를 희망하는 안전하고 달콤한 생활리듬과 심리적 안정감을 흐트러뜨리게 된다. 사람들은 '마음을 편하게 해주는 닭고기 수프'를 좋아하고, '자장가'와 '춘절만회(중국의 신년쇼)'를 좋아하지, 피눈물과 공포, 죽음을 좋아하지 않는다. 그러나 이런 환경일수록 진실을 말하는 것이 더 귀중하며, 더욱 중요한 사회적 의의와 인생의 가치를 갖추게 된다. 침묵이 유행하는 지역에서, 전제 정치와 거짓말이 횡행하는 시대에 진실을 말하는 것은 저항의 시작일 뿐만 아니라, 저항의 핵심이기도 하다.

넷, 인과관계를 전도하는 행위에 대한 해체

일부 종교 신도들은 자기 신앙에 대한 일종의 우월감을 가지고 있으며, 기타 신앙과의 평등한 지위를 인정하기 싫어한다. 어떤 무신론자들은 지식적인 면에서 우월감을 가지고 있으며, 종교인들을 총명하지 않다고 느낀다. 파룬궁 수련인들은 그들에게 적으로, 사교도로, 환자로, 미친 사람으로, 세뇌당한 사람으로, 이치로 이해시킬 수 없는 자로 간주했다. 이런 견해는 악을 행하는 자의 심리적 압력을 경감시키거나 혹은 침묵을 지키는 자의 도덕적 책임을 경감시킬 수 있다. 어떤 사람은 더욱이 책임을 파룬궁 피해자에게 미루어 버린다. 이것은 톈안먼 학살의 책임을 빈주먹인 학생과 시민들에게 미루려는 것과 마찬가지로, 인과관계가 뒤바뀐 것이다.

파룬궁 수련인은 아주 선량하지만, 그렇다고 결점이 없는 것은 아니다. 나는 전에 그들의 면전에서 비평을 제기한 적이 있는데, 어떤 수련인은 비평을 받아들이지 못하는 경향이 있다. 이것은 그들이 처한 극단적인 환경과 관련이 있을 수 있지만, 또한 가장 경계해야 할 점이다. 동시에 그들 자신이 신앙이나 신념을 관용하지 않음에 대한 큰 피해자이기에, 응당 더욱 포용력 있는 태도로 비평자를 대해야 한다. 이외에 파룬궁 수련인이 운영하는 언론과 방송의 전문성을 강화할 필요가 있다. 어떤 때는 시사뉴스, 교의와 일부 소문을 한데 섞는데, 그다지 엄격하지 못한 느낌을 준다. 비록 어떤 때는 정보 전달의 위험성이 아주 높거나, 혹은 관련 당사자를 보호하기 위해 익명과 가명을 사용할 수밖에 없지만, 여전히 자세히 확인하는 것이 필요하다. 어떠한 과장된 묘사도 없어야, 언론의 객관적 관점 내지 언론의 본질이 침해되지 않는다. 나는 전에 아주 솔직하게 그들에게 지적했는데, 파룬궁 수련인이 당한 박해에 비해 그들이 받는 국제적인 관심은 너무나 미미하다. 그들은 반드시 언론 매체의 전략을 개선하고 전문성을 강화해야 한다.

그러나 이런 것이 파룬궁이 당하는 박해에 침묵을 지키는 정당한 이유가 절대 될 수 없다. 내가 접촉한 파룬궁 수련인은 모두 친절하고, 확고하며, 열심히 생활한다. 설사 박해를 겪을 대로 겪었다 하더라도 마음에 증오가 없었다. 그런데 이것은 문제의 핵심이 아니다. 설사 범죄자와 '나쁜 사람'에 대한 것일지라도, 대규모의 임의 구금, 모욕, 고문 혹형, 장기 적출은 분명히 인류문명의 최저선 이하의 행위이다. 문명은 '좋은 사람'을 어떻게 대하는가에서 체현되는 것이 아니라, 이른바 '나쁜 사람', '이단', '미치광이', '탈선자'를 어떻게 대하는가에서 체현된다.

중국에 대해 말하자면, 사람들 눈에 보이는 흥미진진하게 이야기하는 것은 휘황찬란한 고층빌딩과 두툼해진 돈지갑, 고속도로, 올림픽 금메달, 공자 학원이다. 하지만 눈에 보이지 않는 일부 사실은 우리가 살아가는 세상의 역사와 사회를 이해하는 데 더욱 중요하다. 그러나 도리어 피비린내 나고 두려우며 사람들의 마음을 불편하게 한다는 이유로, 의식적이든, 무의식적이든 그러한 사실을 덮어 감추고 잊어버린다. 예를 들면 티베트, 신장, 파룬궁, 검은 감옥과 6·4 톈안먼 학살 등등이다. 장쩌민, 저우융캉과 610 사무실은 바로 파룬궁 박해라는 반인류범죄를 저지른 원흉이다. 하지만 세인들의 침묵과 이 수치스러운 공모는 마찬가지로 미룰 수 없는 도의적인 책임이 있다. 어찌 되었든 간에 수억이 되는 사람이 이 '침묵의 공모' 속에 참여하지 않았더라면, 파룬궁 문제가 전 세계적 범위에서 가장 큰 '방 안에 있는 코끼리'가 되지는 않았을 것이다.

　위젤Elie Wiesel은 아우슈비츠를 '하나의 정치적 사실일 뿐만 아니라, 하나의 문화적 사실'이며 '비이성적인 멸시와 증오의 정점'이라고 말했다. 파룬궁에 대한 박해도 마찬가지다. 나치의 대학살은 이미 온 천하에 드러났다. 악을 저지른 자는 이미 징벌을 받았고, 인류는 이에 대해 귀중한 반성을 했다. 그러나 중세 이단재판소와 나치 수용소는 오늘날 중국에서 여전히 횡행하고 있다. 파룬궁에 대한 박해는 아직도 계속되고 있으며, 악을 저지른 자는 여전히 아무런 법적 제재도 받지 않고 자유자재로 계속해서 악행을 저지르고 있다. 하지만 사람들은 보고도 못 본 척, 듣고도 못 들은 척, 알면서도 말하지 않고 침묵하며 냉정하다. 이는 폭행의 공모자가 되는 것이다. 이 침묵과 냉담은 반드시 역사에 기록될 것이고, 인류도 이 때문에 한창 대가를 치르고 있다. 우리는 거듭 마틴 루터 킹의 경고를 내보낸다. "우리가 진실을 보면서 한마디도 하지 않을 때가, 바로 우리가 죽음으로 나아가는 날이다."

남을 해치고 자신도 해치는
홍색 자본주의의 맹독성 경제

우후이린吳惠林

'조화로운 사회和諧社會'는 행복한 삶이 있는 사회이며, 이런 이치는 중국공산당 지도자들 역시 알고 있다. 때문에 그들도 조화로운 사회를 창조하는 것을 정치 목표로 삼았다. 그렇다면 조화로운 사회는 결국 어떤 사회인가?

조화로운 사회의 진정한 의미

중국어로 '和諧'는 조화롭다는 뜻이다. 글자의 뜻을 살펴보면 첫 글자인 '和(화)'는 '禾(화)'와 '口(구)' 두 글자가 합쳐진 것으로, '하나의 입마다 모두 각기 먹을 밥이 있다.'는 뜻이다. 뒷글자 '諧(해)'는 '言(언)'과

'皆(개)' 두 글자의 조합으로써, 바로 '사람마다 모두 언론의 자유가 있다.'는 뜻이다. 이런 의미에서 유추해 볼 때, 사람마다 먹을 밥이 있으려면 '자유경제나 사유재산이 인정되는 경제 혹은 시장경제'를 실시하지 않을 수 없을 것이다. 그리고 '사람마다 언론의 자유가 있는 사회'란, 곧 자유민주체제 하의 사회를 뜻하는 것이 아니겠는가.

인류는 근 백 년 동안의 실험을 통해, 공산주의 사회가 조화로운 사회가 아님을 이미 증명했고, '경제적 자유'와 '정치적 자유(민주주의)'를 향한 길로 나아가지 않으면 안 되었다. 양자를 함께 할 것인가, 아니면 선후를 나누어 진행할 것인가 하는 것이 문제인 것이다. 전자는 '거대하고 일시적인 고통'을 지불할 것이 요구되기에 보통은 후자를 채용한다. 그렇다면 '경제적 자유'와 '정치적 자유' 중 어느 것을 우선 추진할 것인가? 물질적 생활이 가장 직접적인 문제이기 때문에, 경제적 자유를 먼저 진행하고 이후에 정치적 자유를 추진해서 성공한 사례도 많다. 예를 들면 대만과 칠레가 그렇다. 중국공산당의 개혁도 차례로 진행하는 방식을 채용했으며, 역시 먼저 경제 개혁을 추진한 뒤 점진적으로 완만하게 개혁을 진행하는 방식을 썼다.

모두가 알다시피, 1978년 말, 덩샤오핑은 '권력을 넘겨주고 이익을 양도하는' 정책을 폈고, 소련과 동유럽의 여러 나라가 시행했던 것처럼 국유제에서 사유재산제로 이행했다. 초기 효과는 아주 뚜렷했는데, 이를 주도한 사람은 자오쯔양趙紫陽이었다. 중국에서 1980년대 초기에 가장 널리 유행했던 말이 '쌀을 먹으려거든 완리를 찾고, 양식을 먹으려거든 자오쯔양을 찾아라要吃米, 找萬里 ; 要吃糧, 找紫陽 (1970년대 중후반 안후이성 제1서기였던 완리와 쓰촨성 당서기였던 자오쯔양은 농촌개혁으로 큰 성과를 거둬 명성을 얻었다_역주)'였다. 이것은 또한 자오쯔양의 경제정책 능력을 생생하게 보여 주는 것이기도 하다. 1975년 자오쯔양이 쓰촨성 당서기로 있을 때, 중국 농촌은 문화대혁명으로 인해 가난하고 고달팠다. 자오쯔양은 이에 '느슨한' 정책을 폈는데, 농민들이 자체적으로 경제성이 높은 작물을 재배하는 것을 허용하고, 가정에서의 부업을 허락했으며, 사유 경작지를 회복시켰고, '농업생산책임제' 등의 개혁을 추진했다. 농민들이 식량을 재배할 동기 요인이 크게 증가하면서, 쓰촨의 식량 생산은 해마다 풍작을 거두었다. 자오쯔양이 추진한 농촌 경제 개혁은 중국공산당 원로 덩샤오핑 등의 높은 평가를 받았다. 그는 1980년대 초 국무원 총리에 올랐고, 진보적 성향의 후야오방胡耀邦과 함께, 덩샤오핑 주도 하의 '후자오 체제'를 형성했으며, 중국의 경제와 정치 체제 개혁을 크게 추진해나갔다. 대체로 경제 개혁에 있어서는 자오쯔양이 주요 역할을 했는데, 그가 쓰촨에서 실시하여 성공한 개혁 개방은 전체 중국 경제에 적용됐다.

자오쯔양 경제 개혁의 곤경

간단히 말하면, 자오쯔양의 개혁은 바로 '사유재산체제'로 전환하는 것이었다. 하지만 공동생산으로부터 사유재산에 이르는 길은 단번에 도달할 수 있는 것이 아니었다. 이론과 관념의 정립 및 전파, 실질적인 많은 기득권자의 저항 등은 모두 해결해야 할 중대한 과제였다. 게다가 자오쯔양의 학력은 중학 교육 정도였고, 공산체제 안에서 살았기에, 사람들은 그가 개혁의 중대한 책임을 질 능력이 있는지에 대해 의심했다. 그러나 1988년 9월 19일, 10년간 중국 경제 개혁을 추진한 자오쯔양은 1976년 노벨경제학상 수상자인 자유경제의 권위자 밀턴 프리드먼M.Friedman과 2시간 동안 '중국의 경제 개혁 문제'를 담론했다. 그 후 세계적으로 저명한 중국인 장우창張五常 교수는 두 사람의 관점이 '비슷하다'고 평가하였는데, 이것은 확실히 놀라운 일이었다.

이런 의문점을 풀기 위해 우리는 프리드먼 부부가 쓴 자오쯔양에 대한 평론을 보고 곧 이해할 수 있었다. 그들은 자오쯔양을 방문한 후 그해, 10여 년간 쓰지 않았던 '크리스마스 편지'를 연명聯名으로 써서 친구에게 보냈다. 편지에는 자오쯔양에 대한 논평이 이렇게 적혀 있었다.

"우리는 그가 중국을 시장경제 방식에 더욱 다가가도록 이끄는, 아주 지혜롭고 매우 훌륭한 사람이라는 인상을 받았다. 그는 경제 문제에 대해 깊은 인식을 가지고 있었을 뿐만 아니라, 시장 범위를 확대할 결심이 있었고, 실험과 학습을 하려고 하며, 겸허하게 타인의 건의와 의견을 들었다. 동시에 그는 또 공산당의 최고 권력을 수호하려고 하였다. 만약 그가 성공할 수 있다면, 이것은 바로 아주 특별한 기교이다. 그는 매우 큰 난관에 부딪쳤는데, 주요하게는 통화 팽창의 가속화가 경제 개혁의 발걸음을 늦추게 한다는 점이다."

이것에 근거하면, 중국 초기 자오쯔양의 경제 개혁은 확실히 효과가 있었다. 하지만 그가 공산당의 최고 권력을 수호하려고 하였기에, 이는 분명 시장의 범위를 확대하는 것과 서로 저촉되었고, 개혁이 곤경에 직면하게 되는 것은 필연적이었다. 그리고 장우창도 인도에서 초기 카스트 제도 통제로 제약받았던 전철을 밟을까 봐 걱정했다. 돌이켜 보니 과연 그랬다. 자오는 비록 1989년 6·4 톈안먼 사건 후 연금되었지만, 공산당 최고 권력이 수호하는 점진적 경제 노선은 여전히 집행되고 있었다. 모순은 끝내 발생하였고, 결국 '체제 특성에 의한 탐욕과 부패의 만연' 및 후발 주자의 열세가 적나라하게 나타났다.

'6·4 사건'과 '4·25 평화청원' 두 차례 중국 민주화 계기

'6·4 사건'은 사실 중국이 자유민주주의 정치 체제를 실현할 수 있는 하나의 전환적인 계기였다. 자오쯔양은 '(공산당) 체제 내 개혁'을 신봉하다 보니, 덩샤오핑, 리펑, 장쩌민 이런 사람들이 주도한 탄압에 감히 반항하지 못했으며, 다만 눈물을 머금고 학생들에게 해산하라고 설득하였을 뿐이다. 그 후 장면을 보면 탱크가 학생들을 깔아뭉개고, 피는 강물처럼 흘렀다. 자오쯔양도 이때 권력을 박탈당하고 연금되었으며, 중국의 민주화는 성공을 눈앞에 두고 결국 실패하고 말았다. 6·4 사건은 전 세계의 공분을 일으켰고, 각 나라에서는 잇달아 중국에 경제제재를 가했다. 애초부터 개혁의 어려움을 겪던 중국 경제는 설상가상이 되었다. 경제 발전이 제지받는 상황에서, 실직자는 갈수록 많아지고 사회 문제도 잇달아 나타났다. 1992년, '파룬따파法輪大法'가 널리 전파되면서 이와 같은 사회 문제가 신속하게 해결되자 중국 국민은 앞다투어 파룬따파를 배우고 연마했다. 수년 만에 수련하는 사람 수가 1억 명이 넘었는데, 수련인들은 모든 일의 원인을 안에서 찾았고, '진眞, 선善, 인忍'을 실현했다. 악을 상화로움으로 변화시켰고, 실직자가 많아서 생길 수 있는 여러 가지 사회 문제를 없애주었다. 1999년 '4월 25일', 중난하이中南海에서 고위층에 진상을 알린 파룬따파의 평화적인 청원 활동은, 공산 중국이 자유민주주의로 방향을 바꿀 수 있는 또 하나의 간접적인 계기를 만들었다.

4월 25일, 중국 전역에서 온 약 1만여 명의 파룬궁 수련인들은 다른 일부 수련인들이 모함받아 감금당한 억울함에 대해 정부에 청원코자 베이징 중난하이에 모여 '상방上訪'했다. 그들은 고요하고 상화로운 마음으로, 그리고 정부와 국민에게 책임 있는 태도로 평화적이고 대규모로 인권과 진실을 위한 청원 활동을 펼쳤다. 이는 중국 역사상 처음이었다.

대열은 아주 길었지만, 매우 조용했고, 평화로웠다. 당시 국무원 총리인 주룽지는 청원하러 온 파룬궁 대표를 접견하고, 그들의 요청에 합리적으로 응답했다. 수련인들은 질서정연하게 해산하고 집에 돌아갔으며, 그 현장은 휴지 조각 한 장 남아 있지 않고 깨끗했다.

이 같은 신기한 일에 대해 당시 현장에 있던 CNN 등 외신들은 1989년 톈안먼 사건 이후, 중국에서 처음으로 일어난 대규모 군중 청원 활동이라고 보도했다. 이 평화로운 상방 활동에 대해 모든 언론은 긍정적으로 받아들였고, 중국의 민주화에 큰 기대를 걸었다. 세계 각국 정부 지도자들과 정치평론가들은 모두 감탄할 만한 사건으로 여겼다. 그것은 중국이 사유민주주의 체제로 나아갈 수 있는 두 번째 기회였다. 그러나 이후 전개되는 양상은 사람을 의아하게 만들었을 뿐만 아니라 매우 애석하고 유감스러운 것이었다. 왜냐하면 이 사건을 계기로 뜻밖에도 '만 명의 파룬궁 수련인이 중난하이를 포위하다.'라는 모함이 시작됐기 때문이다.

파룬궁을 탄압해 거대한 재난을 조성하다

중국공산당은 그해 7월 20일, 하늘과 땅을 뒤덮을 듯이 파룬궁에 대한 피비린내 나는 탄압을 펼쳤다. 중국의 조화로운 사회는 비현실적이고 허망한 일로 되었을 뿐만 아니라, 파룬궁을 탄압하기 위해 610 사무실까지 설립하였다. 또 거대한 자본을 투입해 공안, 심지어 전 국민을 동원해서 파룬궁 수련인을 고발하게 했고, 수련인을 감금·학대하였으며, 나아가 살아 있는 몸에서 장기를 적출해 매매까지 하였다. 게다가 피비린내 나는 탄압의 실상을 감추기 위해, 신문매체를 감시하였고, 방대한 사이버 군대를 조직하여 사건을 조작하였으며, 경제적 이익을 미끼로 서방 정치인들의 입을 막았다.

중국공산당은 이처럼 방대한 인적·물적 지출이 필요하게 되었고, GDP에 대한 고도성장으로 방대한 경제적 이익을 창출할 것을 요구받게 되었다. 그래서 인위적으로 생산단가를 낮춰 저렴하고, 질이 나쁘며, 좋지 않은 상품을 수출했다.

이는 다음과 같은 결과를 불러왔다. 첫째, 중국에는 피땀으로 얼룩진 공장이 즐비했다. 둘째, 값싼 상품의 수출은 전 세계의 '통화긴축(과잉생산, 낮은 가격, 떨어지는 품질)'을 일으켰다. 셋째, 자연자원을 마구 써버리고, 전 세계 자원을 소진함으로써 에너지 등의 가격을 상승하게 했으며, 전 세계에 '수입성 통화 팽창'을 불러왔다. 넷째, 수출품 가격을 낮추어 거액의 외화를 벌어들였다. 중국에서 통화 팽창뿐만 아니라 금융버블이 급속히 진행되어 세계 금융에 악영향을 미쳤다. 다섯

째, 자연자원을 낭비하자 환경 위기와 대기오염으로 스모그 현상이 심각해졌다. 여섯째, 저렴한 유해상품이 전 인류를 해치고 있다. 일곱째, 전 세계 정치인들을 금전으로 협박하고, 이익을 미끼로 유혹하여, 인권과 자유를 유린하고 있다. 여덟째, 권력과 이익을 위해 다투고, 탐욕과 사기가 유행하며 윤리 도덕이 파괴됐다.

이런 '중국의 고도성장'이 가져다 준 폐단은 일찍이 2000년 초반에 여러 전문가가 심각하게 우려한 것이었다. 중국 경제성장 배후의 진실은 외면하고, 고도성장 자체만을 바라보았는데, 이 독재 국가는 자원을 소모하고 낭비하는 방식으로 목표를 달성했다. 2008년 노벨경제학상을 받은 폴 크루그먼Paul Krugman은 1994년 미 외교위원회 발행지 포린 어페어스Foreign Affairs에 발표한 「아시아 기적의 신화The Myth of Asia's Miracle」에서 공산 국가의 성장이 빠른 것은 투입 요소의 확대에 인한 것이지, 매 단위 투입 생산량이 증가한 것이 아니며, 최후에는 보수의 감소를 초래할 것이고, 성장이 완화될 것이며, 그 폭도 아주 클 것이라고 명확하게 지적했다. 2000년 이래 '외화내빈', '신기루', '빛 좋은 개살구', '곧 붕괴될 것이다' 등 형용사로 중국 경제 발전을 묘사하는 것을 곳곳에서 볼 수 있다.

우리는 중국공산당의 '인해전술'을 익히 알고 있다. 경제성장에서 바로 노동자를 착취하고, 임금을 낮추는 것이다. 그 결과, 전 세계 '통화긴축'을 조성했고, 외국의 불만을 샀으며, 그에 따른 제재와 보복이 있었고, 심지어 폭동이 발생했다. 2004년 9월 스페인에서 중국 신발을 불로 태워 버린 사건이 발생하였는데 이는 그중 하나의 사례다.

저가의 유해 상품으로 사람들을 중독시켜

비록 스페인에서 발생하였지만, 전 세계 적지 않은 지역 사람들의 마음도 마찬가지였다. 미국 같은 세계 제일의 경제 강국도 중국 저가 상품의 위협을 받았다. 1970년 노벨경제학상을 받았던 새뮤얼슨P. A. Samuelson은 2004년 9월 미국경제학회AEA에서 발행한 계간지 '저널 오브 이코노믹 퍼스펙티브The Journal of Economic Perspectives'에 논문 '거짓을 변명하다polemical untrutn'를 발표해, 당시 유행하였던 '아웃소싱outsourcing' 생산 방식을 비난하였다. 그리고 '중국 신발' 등 저가 상품은 바로 아웃소싱의 결과로써, 미국 내 저소득층 노동자에게 손실을 주었다고 했다.

만약 중국 노동자들이 모두 자유의지로 자원해, 낮은 임금과 불량한 환경에서 하루 세끼 밥을 먹기 위해 기꺼이 목숨 걸고 일한다면 할 수 없지만, '노동자를 착취 혹은 덤핑'하는 죄명으로 고발할 경우 혐의를 검토할 여지가 있다는 것이다. 그러나 중국은 권위적인 체제이고, 법이 아닌 공산당의 가이드라인에 의해 다스리는 독재 국가이기에 수많은 노동자가 강제적으로 착취당하는 일이 아주 많다. 대만 경제인 린컨林墾이 1992년에 설립한 '란저우정림 농간식품 공사蘭州正林 農墾食品公司'라는 대만투자기업을 예로 들어 보자. 여러 나라에 식품을 수출하는 독점 기업이며, 최초로 AAA 등급의 수작업으로 선별해 만든 꽈즈瓜子(중국에서 해바라기씨, 호박씨, 수박씨 등의 씨를 볶아서 먹는 간식_역주)는 놀랍게도 약 1만여 명의 감금된 사람들을 동원해 강제적으로 입으로 까고, 손으로 벗기는 착취 방식으로 생산해낸 것이다. 이 같은 무보수 노예 노동자들은 겨울에 노천 방풍장에서 일했는데, 손에는 동상을 입고 닳아서 상처가 났으며, 손에서 흐르는 피고름이 씨앗으로 떨어졌다. 치아는 모두 손상이 되었고, 손톱은 전체가 빠졌다.

2007년 6월 28일 외신보도에 따르면, 타이어와 치약과 장난감 기차에 이어 5가지 중국 양식수산물에서도 인체에 유해한 항생제가 발견되어, 미국에서 발표한 유독성 상품 목록에 들어가게 되었다. 이 조치에는 중국에서 수입한 모든 양식 메기, BASA, 새우, 황어, 장어를 포함한다. 주의해야 할 점은 중국에서 수출한 유해 식품과 기타 여러 가지 유형의 유해 물품에 관한 보도가 여기저기서 끊임없이 나온다는 점이다. 어느 한 곳의 일이 아니며, 이미 전 세계에 파급되어, 일종의 국제적 현상이 되었다. 많은 시방 언론의 평론에서, 세계의 가공품 공장으로서의 중국은 그 유해상품으로 인해 이미 전 세계의 건강을 심각하게 위협하는 위치에 있다고 보도했다.

중국에서 유해 식품이 범람하는 상황을 두고, 인터넷에 떠돌아다니는 우스갯소리가 있는데 한마디로 정곡을 찌르고 있다. "한 농민이 알이 꽉 찬 볍씨를 사서 심었지만 싹이 나지 않았다. 삶아서 익힌 가짜 종자였던 것이다. 그는 화를 참지 못하여 자살하려고 독성 있는 농약을 마셨는데, 농약이 가짜라서 죽지 않았다. 아내는 그가 죽지 않고 살아난 것을 축하하기 위해 술을 사왔는데, 독이 들어 있는 술을 마셔 결국 둘 다 목숨을 잃었다."

전 세계 자원에 대한 큰 재난은 언제 끝날 것인가?

'유해물'이 발견되기 전까지, 중국 경제가 일어설 무렵 전 세계는 거의 일방적으로 긍정적인 평가와 보도만 해주었다. 사실 이미 적지 않은 부정적인 경고가 있었지만, 이를 매우 홀시했다. 예를 들면, 원가를 따지지 않고 자원을 낭비하는 생산 방식을 사용하고 있으므로 중국 경제성장률이 높을수록 전 세계의 귀중한 자원이 고갈되는 속도가 갈수록 빨라진다는 것. 또 중국 사회가 은폐했던 노예 노동, 빈부격차 심화와 보편화 현상 등, 사회 문제도 갈수록 심각해진다는 등이다.

중국 경제가 발전하면서 벌어들인 수익은 중국공산당 당국에 의해 협박과 유혹을 하는 도구로 쓰였다. 경제 이익으로 선진기술형 상품을 구매하면서 야후 등 기업을 협박해 중국공산당에 협조하도록 하는 등 국내적으로 더욱 엄밀한 감시와 통제를 진행하였으며, 중국인의 언론과 신체, 정치적 자유를 더 후퇴하게 하였다. 뿐만 아니라 무역을 통한 방대한 경제적 이익으로 각국 정계 요인을 포섭하고 매수하여, 국제적으로 중국의 반인권적·반민주적 행위를 보고도 고의로 못 본 척하게 하였으며, 심지어 공범자가 되도록 만들었다. 가장 우려되는 것은, 중국 경제의 발전으로 벌어들인 많은 자금이 이미 막대한 '유휴 자본의 범람'을 야기했고, 이것이 주식과 부동산 시장에서 기승을 부리고 있다는 것이다. 그리고 거대한 버블 자본이 은밀히 포함된 경제 쓰나미가 전 세계에 손해를 끼칠 기회를 호시탐탐 노리고 있다.

다른 한 방면으로, 중국 경제의 빠른 성장 속도가 전 세계 환경과 자연자원에 미치는 충격도 일찌감치 사람들의 시선을 끌었다. 2005년 10월 19일 그린피스에서 발표한 연구에서 지적하다시피, 중국은 오늘날 열대우림 파괴의 가장 큰 주범이다. 수치가 보여 주듯이, 10개의 열대 경목硬木 (활엽수에서 얻는 딱딱한 목재_역주) 중 5개는 중국으로 운송된다. 삼림 벌목은 중국 경제 발전이 전 세계 환경에 충격을 준 한 면이며, 중국의 곡식류, 육류, 석탄과 철의 수요량도 이미 미국을 초월하여 전 세계에서 가장 큰 소비국으로 되었다. 이 정보가 우리에게 알려 주는 것은 중국 경제성장이 빠를수록 전 세계 자원이 고갈되는 속도도 더욱 빨라진다는 점이다. 중국이 빨리 발전 방식을 바꾸지 않으면, 지구상의 천재인화는 더욱 심각해질 것이고, 더욱 빈번하고 광범위해질 것이다.

　수출산업 외에, 중국 내 대규모 건설, 특히 공공건설은 자원을 소진해 버린다. 정경유착으로 관료와 기업인이 결탁하고, 뇌물을 받아먹고 부정행위를 하며, 뿐만 아니라 건물 사용률은 낮았는데, 호화스러운 고층빌딩까지도 사용률이 아주 낮았다. 주의를 환기시킬 필요성이 있는 것은, 이런 투자금액이 방대한 공공건설이 GDP에 대해서는 긍정적인 기여를 했고, 또 고경제성장률을 지탱하고 있지만, '공급과잉' 혹은 '과도한 투자' 혹은 '수요결핍' 현상에는 도리어 심각한 후유증을 남겨 놓았다는 점이다. 장기적으로 가면 갚을 수 없는 막대한 빚이 될 것이고, 쓸모없이 방치하고 낭비하는 건축물이 될 것이다.

　만약 중국공산당의 국가 통제식 경제체제에 따라 자원을 소모하는 방식으로 계속 경제를 발전시킨다면, 오늘날 형세에서 볼 때 이미 임계점에 이르렀다. 중국이 무자비하게 각국과 자원 쟁탈을 하는 모습은 이미 수익 체감의 적나라한 현실을 반영한 것이며, 성장 폭이 대폭 하락할 날이 머지않았음을 말해 준다. 이것은 중국과 수많은 국민에게 충격을 줄 뿐만 아니라, 전 세계로 파급될 것이고 전 세계 인류는 모두 손해를 입게 될 것이다. 때문에 인류의 복지를 위해, 우리는 중국의 경제 발전 방식을 즉시 변경하기를 바라는 것이다. 오직 진정으로 '민주·자유·시장'의 자유경제 체제에 들어가야만 구조될 수 있다.

결국 중국 공산주의 체제는 해체되고, 지금의 홍색 자본주의는 진정한 자본주의적 시장경제로 변화해야 하며, 민주적인 중국이 하루빨리 실현되어야 한다. 그렇지 않으면 전 인류의 천재인화는 갈수록 심각해질 것이고, 그로 인해 인류의 멸망도 불가능한 일이 아닐지도 모른다.

3장
의학

전대미문의 강제 장기 적출, 배후의 죄악: 정신적으로 사망할 것인가 육체적으로 사망할 것인가

톨스턴 트레이_{Torsten Trey}

전대미문의 사악과 황당한 의료행위

인류의 존엄, 생존권과 기본적 인권은 전 세계 모든 사람에게 허용된 개념이다. 의료전문가는 인류를 위해 헌신하여 질병에서 회복하게 하고, 성공적인 경우 환자의 생명을 연장시키는데 도움을 준다. 이는 전문 의료인의 사명이다. 히포크라테스 선서에서 의사는 환자에게 해로운 행위를 하지 않겠다고 맹세한다. 그래서 중국의 의료전문가가 강제로 장기를 획득할 목적으로 양심수의 생명을 빼앗는 행위에 참여하고 있다는 사실은 아주 충격적이다. 이는 상업적 이익을 위한 장기 이식 수술이며 또한 인류를 박해하는 수단이기도 하다.

중국은 1984년, 사형수의 장기 사용을 허용하는 법안을 통과시켰다. 그러나 중국의 장기 이식 수술 건수는 1999년에 와서야 갑자기 폭증했다. 그 많은 이식에 사용된 장기는 어디에서 온 것인가? 수백만 명이나 되는 정신적 신념을 지닌 사람들과 소수 민족을 사람으로 취급하지 않고 사회에서 매장하고 박해하여, 1984년에 통과한 법률을 근거로 사형수의 장기를 강제로 적출해오던 상황에서, 장기 공급 출처를 더 크게 확장한 것은 바로 양심수이다. 간단히 말해서, 중국 이식 의료계는 모순적인 의료인 집단이 되어버린 것이다. 즉, 사람들의 건강관리를 위해서 다른 한 무리 사람들의 생명을 강제로 종결시키는데 이것은 의학적으로 이해할 수 없는 일이다.

2006년 이후 조사 보고서와 발표된 증거들은 박해당한 파룬궁 수련인이 강제 장기 적출의 주요 대상자라는 것을 지적하고 있다. 5년간 이에 대한 주제로 책 3권이 출판되었는데 여러 각도에서 위 주제를 토의하고 있다. 『피의 생체 장기 적출Bloody Harvest』, 『국가가 장기를 약탈하다State Organs』, 『대학살The Slaughter』이다. 비록 조사원들은 대부분이 정황 증거임에도 확신을 주는 결론을 묶어낼 수 있었다. 2006년 데이비드 킬고어와 데이비드 메이터스가 이 사안의 첫 번째 조사 보고서를 발표한 후 지금까지 국제적으로 중국 이식센터에 대한 현지조사는 한 번도 이루어지지 않았다. 중국은 일련의 증거들에 대해 제대로 된 방법으로 대응하는데 실패하였다.

오히려 '중국 의학 논단보'[1]는 2014년 11월, 허샤오쑨何曉順 교수가 기자회견에서 이 사안에 대해 진일보로 더 조사하도록 요구하며 황제푸黃潔夫 교수와 함께 한 토론 내용을 인용했다. "우리가 문을 활짝 열고 각국 학자들이 와서 항간에 떠돌아다니는 소문(비윤리적인 강제 장기 적출)을 조사하여 이 사실이 아님을 스스로 알게 하자."는 허 교수의 주장에 대해, 황제푸 교수는 "지금은 아직 때가 아니다."라고 말했다. 만약 지금이 때가 아니라면 그들이 기다리는 것은 무엇인가?

사람을 속여 재물을 빼앗다

2001년 6월 27일, 중국 의사 왕궈치王國齊는 미국 하원 국제관계 위원회 및 인권 소위원회Subcommittee가 주최한 청문회에서 중국 장기 이식의 출처는 사형수라고 증언했다.[2] 2001년 6월 29일, 뉴욕타임스 보도에 따르면, 중국 외교부 대변인 장치웨는 '왕궈치의 증언은 놀라운 거짓말'이며 중국에 대한 '악의적인 중상모략'이라고 반발했다. 그는 중국 장기 이식의 주요 공급원은 국민의 자발적인 기부라고 했다.

2006년, 영국 가디언지The Guardian 보도에 따르면 2005년 12월, 마닐라에서 중국 위생부 부부장 황제푸는 공식적으로 중국에서 사형수가 장기 이식 공급원이라고 처음으로 인정했다.[3] 2006년 11월, 황제푸는 광저우廣州에서 중국의 주요한 장기 공급원의 절대 다수는 사형수이며 단지 소수만 교통사고 사망자라고 반복 발표했다. 황제푸는 장치웨의 발언이 거짓임을 증명해 준 셈이다.

베이징 올림픽이 열리기 1년 전인 2007년, 코펜하겐에서 열린 세계의사협회World Medical Association WMA 연례 총회에서 세계의사협회와 중국의사협회Chinese Medical Association CMA는 협약을 발표했다. 중국의사협회는 "장기 수혜자가 그들의 직계가족일 때를 제외하고는 사형수 혹은 다른 수감자의 장기를 절대로 이식에 사용해서는 안 된다고 성명했다."[4] 중국의사협회 부회장 겸 사무총장 우밍쟝吳明江은 세계의사협회에 보내는 서신에서 이렇게 언급했다.

> "우리는 수혜자가 그들의 직계가족일 때는 제외하고는 사형수 혹은 다른 수감자의 장기를 이식에 사용해서는 안 된다는 하나의 공감대를 형성했다."

그러나 2007년 이후 중국에서 보도된 이식 건수는 여전히 매년 1만 건에 달하고 있다. 2012년 워싱턴 포스트에 보도된 중국위생부 성명에는 "해마다 1만 건의 장기 이식을 한다." 그리고 그중 65%의 이식에서 사형수의 장기가 사용된다고 했다. 2007년 이후 수만 명의 장기 이식이 있었는데, 이들이 모두 사형수의 직계가족이라는 것은 믿기 어렵다.

2009년, 텔레그래프에서는 황제푸가 "사형수는 절대로 장기 이식의 가장 적합한 공급원이 아니다."라고 말했다고 보도했다.[5] 2013년 5월 17일, AP통신은 황제푸가 베이징 회의에서 한 발언을 실었다. "사형수의 장기를 가져다 사용하는 것은 '이익에 사로잡혀서 비도덕으로 인권을 침해'한 것이다."[6] 그러나 3일 후인 2013년 5월 20일, 황제푸는 호주 ABC TV 인터뷰 중 수감자를 장기 내원으로 삼는 데에 대해 언급하면서 말했다.

"당신은 무엇 때문에 반대합니까? 나는 수감자가 기증한 장기를 사용하는 것을 반대하지 않습니다. 만약 그 혹은 그녀가 자유롭게 그것이 그들의 마지막 소원이라고 표현했다면 말입니다."[7]

2012년 3월, 황제푸는 말했다. "중국은 앞으로 3~5년 내에 장기 기증 시스템을 구축할 것이고 사형수에 대한 의존을 중단할 것이다."[8] 8개월 후인 2012년 11월, 황제푸는 다시 말했다. "중국은 앞으로 1~2년 이내에 사형수 장기에 대한 의존을 끝낼 것이다."[9] 이어서 2014년 3월, 황제푸는 다시 성명했다. "사형수도 국민이다. 우리는 그들이 자발적으로 장기를 기부하는 권리를 거부할 수 없다." 이것은 중국이 계속 사형수의 장기를 사용할 것이라는 점을 설명하는 것이다. 그는 사형수의 장기를 일단 중국 인체 장기 이식 할당 및 컴퓨터 공유 시스템the China Organ Transplant Response System:COTRS에 시민 기증자로 등록한다고 말했다. 그 시스템은 시민의 자발적인 기부에만 속하는 것이

므로 사형수의 강제 장기 적출의 개념도 자발적 시민 기부가 되어 버리는 것이다.[10]

2001년에서 2014년까지 중국 정부는 장기 이식 공급원에 대해 모순된 성명을 계속 발표했다. 이처럼 변덕스러운 태도는 서방 국가들을 그릇된 길로 이끌고 속였으므로, 서방은 중국의 약속과 보장은 신뢰할 수도 없고 신뢰할 가치도 없다고 여기게 됐다. 이러한 과거 배경으로 보면 황제푸가 "지금은 아직 때가 아니다."라고 한 것도 결코 놀라운 일이 아니다. 중국은 단지 시간을 벌고 있었을 뿐이었다.

중국이 변덕스럽게 말을 반복하는 것은 우연이 아니라 의도한 것이다. 이런 말 바꾸기는 혼란을 조성하고 아직은 제대로 보도되지 않은 양심수의 장기를 강제 적출한 검은 내막으로부터 초점을 다른 데로 돌려 국제 사회의 중국 병원에 대한 조사와 감시에 대한 심각한 요구를 피하려는데 있다. 국제적 조사에 대한 어떠한 지연이든지 모두 '의료 범죄를 중지하라.'는 우리가 의료인으로서 지닌 책임 있고 전문적인 요구를 지연시키는 것과 같다. 그리고 이 지연의 대가는 사람의 생명이다. 의심할 바 없이 서방 단체와 정부는 확실하게 인내심을 보여주었다. 하지만 의사 왕궈치가 증언을 한 후 14년 동안 거의 아무런 성과가 없었고, 이미 최소 15만 건의 장기 이식 수술에 공급된 장기는 거의 같은 수 또는 더 많은 수의 수감자와 양심수의 몸에서 적출되어 이식됐다.

중국의 파룬궁 수련인이 신앙을 포기할 것을 강요당해 정신적으로 사망하거나 혹은 장기 이식을 목적으로 한 핍박에 생명을 빼앗겨 육체가 사망하는 것이, 허구의 소설이 아니라 현실이다. 가해자가 피해자에게 정신적 사망 또는 육체적 사망, 둘 중 하나를 택하게 할 동안 자유세계에 사는 사람들에게도 이에 대해, 어떤 행동을 취할 것인가 또는 보고도 못 본 척 무시할 것인가 하는 선택권을 준다. 오늘날 중국의 '이식을 위한 식인행위transplant cannibalism'는 전례 없는 것이기 때문에 우리도 전례 없는 행동을 취해야 한다.

그중 하나의 행동은 비정부 기구인 '강제 장기 적출을 반대하는 의사들DAFOH'을 설립한 것이다. 'DAFOH'는 이식 의학 중 '자유, 자발적 동의가 없는 강제 장기 적출'이라는 하나의 의제에 전념하고 있다. 아직도 주요한 의제인 장기를 얻기 위해 고의로 '기증자'의 사망을 초래하는 행위는 의학의 근간을 뒤흔들고 있으며 이에 대해 의료사회는 절대로 더 이상 침묵을 지켜서는 안 된다.

장기 이식를 위해 생명을 살해하는 행위를 종식할 것을 호소하는 것은 다른 나라의 내정을 간섭하는 것이 아니라 도의적인 책임이다.

만약 한 나라 법원에서 재판하기도 전에 이미 결론이 내려졌고 또한 변호사가 사형수를 위해 변호하는 것을 금지하며 아울러 법원이 사형수를 처형한 한 후 장기 적출을 허용한다면, 이는 전혀 법치가 존재한다고 말할 수 없다. '처형 후 장기 적출'이라는 어휘는 마땅히 '국가에서 허가한 장기 획득을 위한 고의적인 살인'으로 고쳐야 할 것이다. 우리는 이런 악행에 참여하는 이식 의학을 중지할 것을 호소할 도덕적 책임이 있다.

주목해야 할 것은 중국공산당이 파룬궁을 박해한 후 4년간 중국의 장기 이식 건수가 기하급수적으로 증가했다는 점이다. 무엇 때문에 파룬궁 수련인은 이런 악행을 당했는가? 파룬궁 수련인은 우주의 특성 '진眞·선善·인忍'에 따라 그들의 마음을 수련하여 좋은 사람으로 되는데 전력을 다하고 있다. 이 수련인들은 1999년 7월부터 세뇌와 강제 노동, 고문 혹형을 당하는 대상이 되었다. 고문에 의해 사망한 파룬궁 수련인은 중국 전역에 산재하다.

만약 시간을 좀 들여 파룬따파 정보센터 웹사이트 'www.faluninfo.net'를 보면 가히 야만적인 박해의 정도를 알 수 있다. 사람이 일단 사람으로 사는 삶의 존엄을 박탈당하고, 생존권과 신념이나 신앙을 지킬 권리를 박탈당한다면 그에게는 아무것도 없게 된다는 것은 기본적인 문제다. 가해자 입장에서는 고문치사와 양심수를 살해해 장기를 적출한 것은 같은 것이다. 한 가지만은 예외적인데, 후자는 수만 명 양심수의 시신을 수십억 달러의 돈으로 바꿀 수 있다는 것이다.

2006년, 킬고어와 메이터스는 이 불가사의한 범죄행위를 폭로했다.

과거 몇 년 동안의 조사에서 많은 증거를 찾았다. 대부분 정황증거였기에 매 한 건의 증거는 마치 퍼즐의 작은 한 조각과도 같아 많은 조각이 조합될수록 진실은 명백하게 드러나고 범죄 사실은 더욱 뚜렷해진다. 만약 최후의 5개 내지 10개의 조각이 모자라서 진실을 인정하지 않는다면 외면하는 것과 마찬가지다. 처음 킬고어와 메이터스 보고서에는 17개 항목의 증거가 있었는데 3년 후 그들이 출판한『피비린내 나는 생체 장기 적출Bloody Harvest』, 2009'에만 50여 개 항목의 증거가 제출되었다. 그 후 해마다 새로운 증거가 제시되었고 새로운 책이 출판되었다. 하지만 중국 정부는 여전히 회피하고 있다. 간단하게 국제 사회에 개방해 조사받는 대신에 정부 측에서 제출한 일련의 성명과 약속으로 사람들의 시선을 다른 곳으로 돌리려고 시도하였다. 그러나 이로써 결백을 증명하려는 것도 아니었다. 국제 사회가 중국의 병원과 교도소에 대한 조사를 촉구하고 이행하지 못하도록 지연시키는 기만전술이었다.

2014년 도화선이 된 DAFOH의 조사에서, 중국 노동교양소에 감금된 파룬궁 수련인에 대해 중국 당국이 광범위하게 신체검사를 진행한 사실을 밝혔다. 이런 노동교양소는 본질적으로 그들의 노동력을 착취하려고 하였다. 그러나 보고서 작성 시 수집한 증거에 따르면 노동교양소에 감금된 수만 명 파룬궁 수련인은 고가의 의학적 검사를 받도록 강요했다.[11] 이 수련인들은 사전 동의 없이 강제로 검사를 받았다. 이러한 검사는 파룬궁 수련인이 노동교양소에 도착할 때,

판에 박힌 듯이 채혈하면서 진행되었다. 이런 혈액, 소변검사를 포함하여 X-레이와 초음파는 값비싼 검사이다. 만약 이 검사가 정말로 감금된 자의 복지를 위해서라면, 무엇 때문에 수감자에게 깨끗한 음식과 물, 깨끗한 방을 제공한다든가, 하루에 17시간인 강제 노동을 줄여 주는 방식은 취하지 않았을까? 이 고가의 검사비용은 장기를 판매·이식한 수입으로 메울 수 있었고, 게다가 충분한 수량의 장기를 제공하는 것으로써 보상되었다.

파룬궁은 중국공산당과는 완전히 다르다.

파룬궁은 어떠한 위법도 없었고 어떠한 해로움을 끼친 사실이 없는데 무엇 때문에 도리어 박해를 당하는가? 파룬궁이 박해당하고 잇따라 강제 장기 적출을 당하는 것은 그들이 수련이 진眞, 선善, 인忍의 아름다운 원칙을 따르기 때문이다.

파룬궁은 중국공산당과 완전히 다르다. 그 표현은 다음과 같다.

'파룬궁은 진眞을 믿지만 중국공산당의 통치본질은 날조하는 것이고, 허위 선전하고 기만하는 것이다.'

'파룬궁은 선善을 믿지만 중국공산당은 계급 투쟁을 선동하여 밭과 재산을 몰수하고 무력으로 고압적인 통치를 한다.'

'파룬궁은 인忍을 믿지만 중국공산당은 의견 혹은 사상이 다른 자들을 처벌한다.'

　파룬궁 수련인이 중국에서 국민으로서 복종하지 않고 요구하는 유일한 것은, 자유롭게 진眞, 선善, 인忍을 신앙하고 자유롭게 5장 공법을 연마할 수 있도록 해달라는 것이다. 중국 이외 국가에서는 이런 요구가 국민이 국가를 따르지 않는 것이라고 보지 않으며, 오히려 사회에 대해 소중한, 칭찬할 만한 공헌으로 본다. 이런 관점에서 볼 때 무엇 때문에 파룬궁이 중국에서 박해당하고 강제로 장기를 적출당하는가를 대답은 헨리 데이비드 소로Henry David Thoreau의 말에서 찾을 수 있을 것이다. "만약 정부가 불공정하게 어떤 사람을 감옥에 넣는다면 정의로운 사람의 진정한 피난처는 곧 감옥이다."12

　중국공산당 일당 독재 하에서는 법치는 존재하지 않고 법원의 판결은 재판 전에 이미 결정된다. 정의로운 사람을 찾으려면 교도소 밖보다 안에서 찾는 것이 훨씬 쉬울 것이다. 1992년 등장한 파룬궁은 인류의 가장 소중한 원칙인 인류의 존엄과 인성의 개선에 있어, 반박의 여지없이 공산당보나 잘했다. 중국공산당은 파룬궁과 기타 선량하고 자유로운 사상가를 적대시하는데, 이는 파룬궁의 문제도 아니고 또 이 사람들의 문제도 아니며 이는 중국공산당이 인류를 대하는 문제이다. 중국공산당은 감금된 파룬궁 수련인들에게 신념의 자유를 포기하든지, 고통을 받든지 하나를 선택하게 했다. 이 또한 중국공산당이 세계 인류에게 준 선택이기도 하다.

장기 이식을 위해 살인하는 것은 인류와 의료전문가가 표방하는 모든 원칙을 위반한 것이다.

사람의 생명과 인류의 보편적인 원칙이 위협받을 때, 큰 목소리로 강제 장기 적출을 종식시킬 것을 호소하는 것은 기본적인 권리일 뿐만 아니라 도의적인 책임이기도 하다. 파룬궁과 다른 양심수에 대한 강제 장기 적출을 종식시킬 것을 요구하려면 반드시 박해 종식을 호소해야 한다. 인류의 존엄과 기본 권리는 국경이 없는 것으로서 그것은 인간이 태어날 때부터 갖고 있는 것이다. 중국은 국제 단체들에게 다른 나라의 내정을 간섭하지 말라고 끊임없이 요구한다. 이 요구 자체가 바로 모순이다. 다시 말해, 중국 정권의 이런 요구가 이미 그들의 독재로 세계 각 지역의 사람들과 국가의 국제 단체들을 간섭하는 것이다.

파룬궁 수련인과 기타 양심수의 장기를 강제로 적출하는 범죄를 중단할 것을 요구하는 것은 전 인류의 기본적인 권리이며, 중국공산당은 마땅히 세계 각국 국민들이 내정 간섭하는 것을 감내해야 한다. 파룬궁과 그들의 생활원칙인 진眞, 선善, 인忍에 대한 박해는 인류의 선善에 대한 박해이다. 강제 장기 적출 배후의 동력은 전대미문의 사악한 것으로서, 반드시 인류의 전대미문의 확고한 행동으로 종식시켜야 한다. 이것은 생명의 선택이다.

1. http://www.cmt.com.cn/detail/623923.html&usg=ALkJrhj1Ume7SWS_0
4UtatL3pWKYRbFxqw (최종 접속일: 2014.11.21.)

2. http://waysandmeans.house.gov/legacy/trade/107cong/7-10-01/7-10wolf.
htm (최종 접속일: 2014.11.12.)

3. http://www.theguardian.com/world/2006/apr/19/china.health (최종 접속일:
2014.11.12.)

4. Peter O'Neil; China's doctors signal retreat on organ harvest; Canadian Medical
Association Journal; 2007 November 20; 177(11): 1341.

5. http://www.telegraph.co.uk/news/worldnews/asia/china/6094228/
Chinaadmits-organs-removed-from-prisoners-for-transplants.html (최종 접
속일: 2014.11.12.)

6. http://bigstory.ap.org/article/cultural-attitudes-impede-organ-donationschina
(최종 접속일: 2014.11.12.)

7. http://www.abc.net.au/news/2013-05-20/chinese-doctor-hits-back-
atcritics-over-organ-donation-program/4701436 (최종 접속일: 2014.11.12.)

8. http://news.qq.com/a/20120322/001592.htm (최종 접속일: 2014.11.12.)

9. http://finance.chinanews.com/jk/2012/11-21/4347626.shtml (최종 접속일:
2014.11.12.)

10. http://news.sciencenet.cn/htmlnews/2014/3/289619.shtm (최종 접속일:
2014.11.12.)

1. http://www.dafoh.org/implausible-medical-examinations-falun-gongforced-
labor-camp-workers/ (최종 접속일: 2014.11.12.)

12. Henry Thoreau, Civil Disobedience and Other Essays; http://www.
brainyquote.com/quotes/quotes/h/henrydavid135750.html (최종 접속일:
2014.11.12.)

중국의 사형–이식 시스템과
국제기구의 불편한 관계

커크 C. 앨리슨Kirk C. Allison

서언

중국에서 사형과 장기 이식 사이의 긴밀한 연관성과 이에 대해 전문가 협회가 보여 준 반응은 전문가 집단의 징계 기준과 자기 통제 사이의 긴장을 고조시켰다. 비록 완전히 자율적인 것은 아니지만, 전문화된 숙련성과 자기 통제 그리고 '적절한 보수를 받고 적절하게 전문직을 수행함으로써'[1] 공익을 수호하는 것은 전문가를 전문가답게 하는 특징들이다. 이 때문에 전문가 단체는 스스로 반드시 그 구성원들에게 규정을 지킬 것을 요구해야 하고, 기본적 인권을 기준으로 하여 이를 침해한 자는 전문가 단체의 구성원에서 퇴출시켜야 한다.[2] 그러나 전문분야의 의료행위 방식이 전반적으로 기본 인권을 무시하고

있고, 심지어 이식 장기를 사형에 의존해 조달하고 있을 때, 우리는
도대체 어떻게 대처해야 하는가?

사례

중국은 이와 같은 사실을 수년간 부인해 왔다. 그런데 2005년 중국
위생부 부부장이자 간이식 외과의사인 황제푸는 사형수가 중국 이식
장기의 주요 공급원임을 인정했다.[3] 그러나 1999년에 시작된[4] 파룬궁
에 대한 박해를 빼놓고는 중국 장기 이식 건수의 기하급수적인 증가
(아래 그래프 참조)를 설명할 수 없음이 많은 의료전문가와 윤리학자들에
게 명확히 알려졌음에도 여전히 소수의 전문 학회만이 이를 공개적
으로 인정하고 있다.[5, 6]

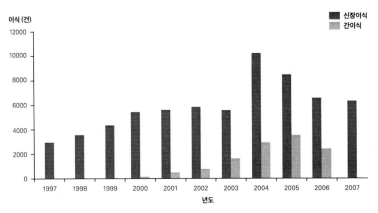

지난 10년 동안의 중국 신장, 간이식(중화인민공화국 위생부 자료)

스빙이石炳毅 교수(베이징 309 인민해방군병원 장기 이식센터 주임)는 이식 건수는 2004년이 아니라 2006년에 최고 수치인 20,000건을 기록했다고 말했다. 만약 이 말이 사실이라면 중국 위생부에서 발표한 자료와 대치되는 것이다.[7]

이식된 장기가 파룬궁 수련인의 것이라는 증거는 유럽의회 2013/2981호 결의안(2013년 12월)의 통과를 이끌었다.[8] 2014년 7월, 미국하원 외교위원회에서 만장일치로 승인된 제281호 결의안(의원 215명이 공동 서명)은 "중화인민공화국에서 국가의 조직적인 승인 하에 지속적으로 발생하고 있는 강제 장기 적출, 즉 신앙을 이유로 감금된 많은 파룬궁 수련인 및 기타 종교적 인종적 소수자에 대한 동의 없는 강제 장기 적출에 관한 신뢰할 만한 보고서에 우려를 표명하고 있다.[9]"

중국의 장기 이식 패턴은 단순히 장기 이식 건수가 증가하였다는 것보다는, 장기 공급이 시장을 주도한다는 특징이 있다. 공급과잉상황(2004~2005년)은 부유한 자들의 원정 장기 이식을 초래했다.[10] 2005년 중국 국제 이식 네트워크 지원센터의 웹사이트에 이렇게 쓰여 있었다. "장기 제공자를 즉시 찾을 수 있다!"[11] 그렇다면 그 '제공자'는 어디에 있는가?

간이식은 신장이식보다 늦은 추세였다. 2000년 전에는 건수가 아주 적었는데(350건 이하), 2005년에 최고(3,500건 이상)에 달했다가 2006

년에는 2004년 수준의 이하로 떨어졌다. 이는 병원에서 신장이식이 최고점을 찍은 후에 더욱 높은 이익을 얻을 수 있는 간이식 시장으로 전환했음을 알려 준다. 2006년 중국에는 간이식 수술을 하는 병원이 500개가 넘었다. 상대적으로 당시 미국에는 100개 정도가 있었을 뿐이었다.[12]

왕하오가 2007년에 발표한 시기별 연구결과(1993~2005년 사이의 자료)에 따르면 감금 중 사망한 것으로 확인된 파룬궁 수련인의 숫자 변화 추세(1999~2005년 사이 2,773명)로 간이식 건수 증가 추세를 아주 명백하게 예측할 수 있다(t=10.16, p<.00001). 그러나 중국 언론에서 발표한 사형 집행 건수와의 관계에서는 이와 같은 특징을 발견할 수 없다(t=0.57, p=.5792). 이 연구에서는 정부 측에서 사형수가 장기 공급의 출처라고 하지만 공급 장기의 '과잉'을 낳을 정도로 폭발적 성장을 가져온 현상을 설명하기에 충분치 않다고 지적했다. 고문으로 사망한 '정권의 환영을 받지 못하는 자Non gratas'는 이식에 쓰일 가치가 적다. 하지만 감금당해 신념을 포기할 것을 거부하며 신원 확인을 거부하는 파룬궁 수련인은 수십만 달러의 이익을 낼 수 있었다. 장기 적출을 위해 사전에 준비해야 할 검사(혈액검사와 X레이 등등)를 한 것이 그 증거이다.[13] 2006년에 120개 병원과 36개 구치소 및 법원에 대한 전화 조사를 한 결과 19개 장소에서 그들이 파룬궁 수련인 장기를 넘겨줄 수 있음을 확인해 주었다. 많은 곳은 장기의 공급원은 민감한 비밀이라는 이유로 질문을 회피했다.[14]

공동책임

중국의 사형–이식 시스템에서 중국의 전문가 집단이 가진 원칙이나 상업적인 관점을 감안하여, 이 장에서는 2건의 국제기구 문건과 실질적인 방조행위에 대해 살펴보기로 한다.

- 세계이식학회The Transplantation Society 2006년 11월 6일 회원 편지 (이하 '회원 편지')[15]
- 장기 매매와 원정 장기 이식에 대한 이스탄불 선언(2008)[16]
- 제약업체와 의료진단 업계의 이익과 협력

중국의 변덕스러운 윤리적 평가는 논외로 하고, 사형을 기초로 한 장기 이식은 비윤리적, 비도덕적, 마성적, 야만적 혹은 대량학살적인 것으로 분류됐다. 국제 이식 의학계의 기본 전략은 '건설적인 개입'을 위주로 하는 것이지 그들을 고립시키려는 것이 아니다. 그리고 의료 시장 참여자의 노력과 행동은 합법적인 것인가 아니면 공범 행위인가? 그러한 행위가 중국에서 이런 만행이 계속되도록 한 것은 아닌가?

사악에 협력하다? 휴리스틱 프레임워크heuristic framework

비난과 관련된 용어들은 많이 있겠지만, 관련성과 죄책을 설명할 수 있는 더욱 차별화된 논리가 하나 있다. 즉 '사악에 협력하다'(천주교의 분류 규칙을 차용)라는 것이다. 사악 이외의 다른 단어를 사용할 수도 있지만, 이 단어야말로 이런 행위가 초래하는 엄중한 대가를 명확하게 설명할 수 있을 것이다.

'협력'은 일종의 행위와 관련되는 것으로 여기서는 이식에 필요한 장기를 사형수로부터 획득하고 이식하는 것을 가리킨다. 주요 행위자가 집행하고, 협력자는 도와준다. 협력은 세 단계로 나누어 볼 수 있다. 즉 의도적(공식적) 또는 실질적(물질적) 협력, 물질적 지원의 성질(직접적 또는 간접적)에 따른 협력, 참여 행위의 근접성 수준에 따른(가깝거나 먼) 협력이다.[17]

사악에 협력

주요행위자
행위를 실제로 집행한 자.

협력자
일정한 방식으로 사악에 협력한 자.

공식적
고의로 부도덕한 행위 야기.
부도덕한 행위에 대하여 동일하게 유죄.

물질적
부도덕한 행위를 야기할 의도는 없음.
부도덕한 행위 중 유죄가 될 수 있음.

직접적
부도덕한 행위가 발생하는데
필요한 실질적 자원 제공.
부도덕한 행위에 대하여 유죄.

간접적
부도덕한 행위가 발생하는데
반드시 필요하지는 않은 실질적 자원 제공.
부도덕한 행위에 대하여 유죄가 될 수 있음.

가까운
그 행위 수행에 기여하는 행위를 함.
부도덕한 행위에 대하여 유죄.

먼
그 행위 수행에 연관되지 않는 기여 행위를 함.
그럴 만한 타당한 이유가 있을 경우에 한하여
무죄.

공식적 협력은 그 의도를 고려한다(예를 들면 장기 출처를 알면서도 해외 원정 이식을 감행하는 환자). 자원資源의 직접적 협력은 행위에 필요한 통합적 기여를 포함한다(예를 들면 이식 의학 훈련). 간접적인 협력은 필요한 통합적인 협력은 아니지만, 상황에 따라 협력하는 것을 포함한다. 간접적인 가까운 협력은 행위를 야기시킬 수도 있다(예를 들면 학술적인 이식 수술 시연 참가에 동의하는 것). 간접적인 거리가 먼 협력은 그 자체로 행위가 아니다(예를 들면 외과수술용 커튼 판매). 한 사람이 삼중으로 즉 의도적으로 필수적인 자원을 제공하면서 밀착해 협력할 수도 있다. 행위가 본질적으로 사악한 것을 제외하고, 반드시 사건의 경위로부터 사악의 여부를 판단해야 한다. 때문에 한 행위가 어떤 상황에서는 선한 것(예를 들면 장기 이식)이지만, 다른 한 상황에서는 사악한 것이다(사형 집행과 연관된 장기 이식). 개인의 의도, 행위의 도덕성 및 행위의 결과가 모두 작용을 일으킨다.

중국에서 의사 즉 주요 행위자는 이식용 장기의 선택과 수술 일정 배치에 있어 사형 집행에 대해 부분적으로 영향을 미친다(만약 그가 살아 있는 인체에서 장기를 얻은 것이 아니라면).[18, 19] 여기에서 문제가 하나 나타난다. 즉 사형된 사람으로부터 장기를 획득하는 것이 사형의 부산물(부가가치가 발생하는 부품시장)인가 아니면 장기를 획득하기 위해 비로소 재소자를 처형하는 것인가?

2006년 11월 6일 세계이식학회 회원 편지– 중국과 가까워진다고 해서 변화가 생기는가?

세계이식학회TTS는 세계보건기구WHO와 공식적인 관계가 있는 조직이다.[20] 공식 간행물인 '이식 의학Transplantation'은 이식 의학 분야에서 가장 많은 사람이 인용하는 가장 영향력 있는 학술지다. '이식 의학 분야의 글로벌 리더에게 초점을 맞춘', '과학 및 임상 경험의 발전',

'과학 교류', '지속적인 교육' 및 '윤리적 의료행위의 지침'을 비전으로 제시하고 있다. TTS는 백여 개 나라에 6,500여 명의 회원이 있고 2년에 한 번씩 세미나를 개최하며, 회의 참여자가 5,000명이 넘음을 자랑스러워 한다.

2006년 11월 6일, TTS는 중국과 기타 일부 나라에서 학회의 정책과 윤리 규범 및 학회회원성명을 따르지 않았다고 언급한 3페이지 분량의 편지를 회원에게 발송했다. 학회는 WHO 및 중국 정부 당국과 함께 업무를 전개해 'TTS 실무표준과 WHO의 지도원칙에 부합하는 법률적 틀을 개발'하겠다고 발표했다.[21] 그런 까닭에 '중국 정부와 상호 교류하는 것은 장기간의 변화를 달성할 수 있는 유일하고 올바른 경로이다.' 그리고 '변화는 반드시 중국의 정책에서 비롯되어야 한다.'라고 했다. 이는 다른 경로는 모두 '그릇된 것'임을 암시했다. TTS는 나아가 중국 위생부의 '새로운 이식 윤리 규범' 성명을 지지했다.

2006년 이전에 중국은 장기 이식을 중앙에서 제어할 시도를 하지 않았다. 위생부 관할 밖에 있으면서 내부적으로 강한 유대 관계를 가진 군병원 시스템은 소수의 장기만 일반 중국인에게 제공하는 상황에서 고수익을 낼 수 있는 국제 원정 이식 붐을 일으켰다. 이른바 상업군인이었다. 2005년 11월 베이징 최고인민법원이 사형 재심사 권한을 회수하기 이전까지 중국의 사형은 '엄하게 다스리는' 캠페인이 분기별로 있었기 때문에 중앙의 재심사를 거칠 필요 없이 각 지방 법원에서 자체적으로 판결했으며 게다가 사형에 처할 수 있는 항목이 광범위하여 68개 항에 달했다. 사형을 판결할 수 있는 죄명이 2011년에는 55개 항으로, 2014년에는 46개 항으로 줄어들었다.[22]

TTS의 회원 편지에는 네 가지 '사실과 원칙'이 언급됐다. 첫째, 중국의 현저한 이식건수(2005년에 11,000건을 초과). 둘째, 거의 모든 장기가 사형수에게서 온 것이다. 셋째, 중국의 사형은 이미 법치가 없이 전횡적인 것임에도 불구하고, 전문학회인 TTS는 중국의 사형 집행에 관해 비윤리적이라고 말할 수는 없다. 하지만 응당 TTS는 사형수의 장기를 사용함으로써 야기된 창궐한 장기 이식의 상업화와 원정 이식에 마땅히 우려해야 한다. 넷째, 중국 위생부는 국가관리감독 시스템 구축과 (장기 출처) 증명문서제도의 건립을 시도하고 있으며, 이로써 장기상업화를 금지하고 장기 매매와 원정 장기 이식을 방지하고 사망기증(뇌사판정기준) 제도를 만들어서 사망자와 생체 장기 기증으로 국내 이식의 자급자족을 달성하고자 한다. 아울러 수감자가 자유의지로 기증한다는 것을 신뢰할 수 없음을 강력히 강조한다. 왜냐하면 사형수의 몸에서 장기를 얻는 금전적 유혹은 사형수에게서 오는 장기의 수량을 증가시킬 수 있기 때문이다.

중국에 대한 이 편지는 회원성명에 서명한 어떠한 사람이라도 TTS 회원이 되는 걸 환영한다고 했다. 사형수 장기 이식을 집행하는 인원도 TTS 회의에 참석(대화와 사형수의 장기 사용을 대체하는 방안을 제창하기 위해)

할 수 있다. 오직 그 내용에 사형수가 포함되지 않고 아울러 윤리연구 심의위원회IRB와 헬싱키선언의 규범에 부합되기만 한다면 중국의 과학 발표를 환영한다고 했다. '가능한 한' 사형수의 장기를 사용하지 않는다는 전제 하에 회원에 대한 교수와 전문적인 기술 지도로 중국의 연구 프로젝트를 지원할 수 있다고 했다. 장기이식국제등록시스템들은 투명성과 통계를 위해 합법적인 등록을 한 사형수의 장기 출처는 수락하나, 이식 장기 출처를 한 데 섞은 후 이를 합계하여 발표하지는 않는다.

2005년 이전에 중국 국제이식네트워크지원센터의 전문기술은 거의 모두가 서방 국가의 교육 훈련에서 온 것이다(11명의 외과의사와 2명의 내과의사가 교육을 받고 귀국했음).[23] 놀라운 것은 TTS 회원 편지에서는 서방의 교육기관에 대해, 사형수의 장기 사용 프로그램을 통해 새롭게 이식 훈련을 받을 의사가 오직 장래에 '가능한 한' TTS의 윤리 규범을 준수하겠다는 약속만 한다면, 그를 교육대상자로 받아들이라고 격려했다는 것이다. 하지만 일부 기구의 대처법은 전혀 달랐다. 예를 들어 2006년 12월 호주 퀸즐랜드의 이식센터는 중국 외과의사에게 더 발전된 교육 훈련을 제공하는 것, 그리고 그들과 관련된 공동 연구를 진행하는 것을 금지했다.[24]

TTS의 취지는 사형수의 장기를 사용하지 않는 것이지만(때문에 '고의로 사악과 협력'한 것이 아니며, 그 취지에 따른 회원 또는 등록 신청자도 공범자는 아니다), 그러나 TTS의 학술연구토론회는 중국에 대해 간접적인 협력을 제공했고 회의 내용(새로운 의학 기술)은 뜻밖에도 필수적이고 완전한 협력으로 기여를 하며, 중국 의사에게 제공된 교육훈련은 사형수의 장기나 또는 기타 출처의 장기를 막론하고 이식을 집행하는 그의 능력을 키워 준다.

TTS의 회원 편지는 효과가 있는 것인가? 7년 후(2014년 2월 27일), TTS와 이스탄불 선언 감시팀은 중국 국가주석 시진핑習近平에 대한 공개 서한을 발표했다. 제목은 '중화인민공화국 국가주석 시진핑에게: 장기 이식의 부패에 대한 중국의 투쟁'이다.[25] 편지에서는 '인권에 대한 문화'를 옹호하면서도 아직도 지속되고 있는 부도덕한 장기 이식을 직시함으로써, '중국 사회의 부패를 타파하도록' 촉구했고, 이러한 부도덕한 장기 이식은 장기 기증 동의서에 서명하도록 강요하거나 '이식 외과의사와 지방법원과 참여 공무원들 사이의 악명 높은 거래', '은밀한 장기 이식' 및 원정 장기 이식에 대한 지속적인 마케팅 등을 포함한 모든 것이 '수십 년간 지속된 폐단'이라는 내용이다. 편지에 인용된 일부 윤리 준칙은 2008년에 발표된 장기 매매와 원정 장기 이식에 대한 이스탄불 선언에서 나온 것이다.

장기 밀매와 이식 관광에 대한 이스탄불 선언

The Declaration of Istanbul on Organ Traffiking and Trasplant Tourism

2008년 4월 30일부터 5월 2일까지 장기 밀매와 이식 관광에 대한 최종선언을 위해 이스탄불에서 정상회의가 개최됐다. 지도감독위원회(TTS 및 국제신장의학회지도부)가 작업 초안을 제공했다. 대략 170명의 여러 국가와 이익을 대표하는 참가자가 초대되었고, 160명이 초대를 수락했으며(4명은 중국에서 왔다), 152명이 출석했다. '관리 원칙과 소통 계획'이라는 문건이 중화인민공화국에서 온 회의 참가자에게 배부되었고, '이식 관광'이라는 문건은 위생부 대표 자오밍강趙明鋼에게 배부되었다.[26]

선언 원칙 6항은 장기 밀매와 이식 관광을 해결하기 위한 목적으로, 세계보건총회WHA 결의안 44.25 인체 장기 이식(1991)을 인용했다.[27]

선언 원칙 6.a.는 광고와 유치 및 중개를 금지할 것을 요구했다. 6.b.는 관련된 선별행위, 이식행위 그리고 '장기 밀매 또는 이식 관광을 보조하거나 고무하거나 그로부터 획득한 제품을 사용'하는 행위를 처벌한다고 되어 있다. 처벌해야 할 항목에 약품 및 기타 지원을 언급하지 않아 본 정상회의의 협찬 기업인 아스텔라스 제약Astellas Pharmaceuticals을 구해준 셈이 됐다. 이 기업은 중국에서 가장 주요한 면역억제제 공급 업체이다.

원칙 6.c.의 전문은 다음과 같다.

> "취약한 개인과 그룹들(무교육자, 가난한 자, 불법 체류자, 죄수, 정치
> 적 또는 경제적 망명자와 같은)을 생체 기증자가 되게 하는 행위는 장
> 기 밀매, 이식 관광 그리고 장기 이식에 관한 상업주의에 반대하는 우
> 리의 목적에 반한다."

여기에서는 오로지 생체 기증자만 언급되어 있지, 처형당하는 사람executees에 대해서는 언급이 없다. 2008년 4월 당시 정상회의의 모든 참가자는 중국 장기 출처의 현황을 알고 있었다. 즉 매달 수백 명이 처형당한다는 사실이다. 하지만 중국에서 이미 개혁을 약속했기 때문에 이 부분은 제시할 필요가 없다고 여겨진 것인가, 아니면 중국 대표에 의해 저지당한 것인가?[28]

2008년 TTS는 '중국 장기 이식의 법규에 있어 양호한 변화와 발전이 있었음'을 이유로 황제푸에게 국제부문위원장상President's International Award을 수여했다.[29] 놀랍게도 2008년 말에 황제푸는 위생부의 부부장으로 공민의 장기 기증을 권장하고 있을 때, 그 자신이 인용한 자료 중 장기의 90%가 여전히 사형수에게서 온 것이었다.[30]

이스탄불 선언 감시팀Declaration of Istanbul Custodian Group DICG은 선언 원칙 준수를 격려하기 위해 2010년에 설립됐다. 참여자와 조직자는 곧바로 중국에서 한창 진행되고 있는 사형–이식 시스템의 현실에 대해 공개적으로 직언했다.[31] 하지만 해당 선언의 침묵으로 인하여, 즉 다시 말하자면 그것을 관심 의제에 포함시키지 않았기 때문에 이것은 여전히 현저한 자기 검열 사건에 그친다.

지원 서비스와 기득권

TTS 웹사이트의 페이지마다 네 개 후원 업체에 대한 감사를 표시한 내용이 떠 있다. 즉 일본에 본부를 둔 아스텔라스 제약, 미국에 본부를 둔 써모 피셔 사이언티픽Thermo Fisher Scientific, 스위스에 본부를 둔 로슈Roche와 파리에 본부를 둔 사노피Sanofi이다. 이 회사들은 모두 중국의 이식 의학에 깊숙이 개입했지만, TTS정책에 전혀 무관심한 것은 아니었다.

아스텔라스 제약Astellas Pharma

아스텔라스 제약 중국 지사는 1999년부터 중국에서 면역억제제 Prograf®(타크롤리무스Tacrolimus)를 사용해 간이식과 신장이식 거부

반응을 방지했다고 했다.[32] 이후 왕궈치王國齊는 2001년 미국국회에서 장기 적출에 대해 이정표가 되는 의미 있는 증언을 했다. 그중에는 이미 살아있는 사형수에 대한 장기 적출도 포함됐다. 웹 페이지는 중국에서의 타크롤리무스 사용이 2만 건이 넘었음을 명백하게 표시했다. 전 세계적으로 2천만 건인데, 중국의 환자가 약 0.1%를 차지하는 것은 결코 이상하지 않다.

www.astellas.com.cn은 의사처방과 Prograf®를 받은 환자가 주로 사형수에게서 온 장기를 이식받았다는 것에 대해 언급하지 않았다.

TTS의 '회원에게 보내는 편지' 후, 아스텔라스는 통계적으로 사형수로부터 장기를 구득할 수 밖에 없는 중국에서 약물실험을 시작했다. 2007년 3월 간 42건, 2007년 7월 신장 240건, 2008년 1월간 172건 등이다.[33] Prograf®의 사용에 대해 연구하는 상하이 제1인민병원은 2006년 3월 16일에 장기의 출처는 파룬궁 수련인에서 온 것임을 인정했다.[34]

2011년 저명한 윤리학자와 이식외과 전문의는 '중국 장기 이식 과학과 의학 연구를 저지할 때가 됐다'는 제목의 문장을 발표해[35] '제약회사는 중국에서 계속 대대적으로 자회사 제품을 판매하고 아울러 이식 각 방면의 연구에 대한 후원을 진행했다.'고 지적했다. 2011년 아스텔라스는 Advagraf®(뉴타크로리무스 광범위 방출 캡슐)을 중국에 도입

했다.[36] 사형–이식 시스템이 잘 알려졌음에도 불구하고, 아스텔라스는 '다른 면역억제제들이 이식 거부반응을 이만큼 통제할 수 없을 것'이라고 발표하면서 이 분야에서의 독점을 목표로 했다.[37]

이식 거부반응을 막는 면역억제제 투여는 수감자의 선별과 살해를 책임지는 부속산업에 속하는 것으로 그것은 장기 이식의 맞춤 기준을 완화시킬 수 있다. 따라서 그 맞춤 조건에 부합해 처형당하는 수감자 수를 증가시켰다. 1999년에 아스텔라스는 아마도 내막을 몰랐을 것이다. 하지만 현재에 와서 보면 이렇게 사형–이식 시스템을 확장하는 것은 유죄이다. 아스텔라스는 계속 협력할 것이 아니라 업무의 일시 중단을 발표할 수 있고, 아울러 더욱 현저한 압력을 가할 수 있다. 면역억제 치료법은 사형 집행과 전체적으로 필수적인 관련은 없다. 하지만 사형을 통해 획득하는 장기 시장의 지원과는 오히려 필수적 관계가 있다.

어떤 회사를 막론하고 이윤이 풍부한 시장의 지위를 단호하게 거절할 수 있다면 검은 내막을 폭로할 수 있다. 회사의 경영진과 주주는 진상을 안 후 마땅히 손실을 감수할 수 있어야 한다.

로슈Roche

로슈가 중국에서 진행한 이식 거부반응 억제 실험은 2006년 심장 36건, 2008년 4월, 90건과 같은 해 9월, 신장 210건이다.[38] 그중에는 로슈가 상하이 교통대학병원 간이식센터에서 진행한 실험도 포함된다. 2006년 3월 16일, 이 센터의 따이戴 의사는 장기는 파룬궁 수련인의 것을 포함해 일주일 내에 바로 구할 수 있다고 밝혔다.[39]

2009년 9월, 아르네 슈왈츠Arne Schwarz는 로슈의 준법 감시인compliance officer에게 문의한 적이 있다. 답변은 다음과 같았다. "위에서 서술한 바와 같이 로슈는 무릇 중국 또는 세계 어느 나라에서든지 장기 공급에 대한 책임을 지지 않는다. 익명 기부자와 기부자의 개인정보는 법률의 보호를 받는다. 로슈는 이식용 장기가 어디에서 누구에게서 왔는지 알 권리가 없다."[40] 국제적 전문이식 학술지도 현재는 처형된 사형수의 장기를 적출한 것이 아님을 증명해야 비로소 글을 게재하는데, 로슈는 왜 하지 않는가? 절대다수의 장기가 비도덕적으로 획득되었을 때, 익명과 개인정보를 보호한다는 핑계로 기업의 책임을 회피해서는 안 된다. 이것은 이 살인시스템의 공범이 되게 할 뿐만 아니라 많은 사람의 생명을 위협할 수 있는바, 여기에는 중국 파룬궁 수련인이 대부분 포함되며 또 기타 양심수도 있다.

2010년 로슈는 스위스 다보스에서 결국은 불명예스러운 '공공의 눈 상(매년 수익성만을 목표로 부도덕한 경영을 해온 기업 및 기업인들을 분야별로 선정해 주는 상_역주)'을 두 개 받았다. 왜냐하면 Cell Cept®(셀셉트) 라고 명명한 약물실험에 사용한 장기의 출처가 확인되지 않았기 때문이다.

원 람다One Lambda (써모피셔사이언티픽)

원 람다의 HLA 조직 맞춤, HLA 항체 검출, 이식모니터링과 진단 제품은 세계에서 선도적인 위치에 있다. 이 회사는 2012년에 '이식환자의 신체 내 약물 농도를 모니터링해서 기존의 면역억제제를 보완'하여 중국에서 미국보다 더 큰 시장 점유율을 확보했다.[41] 2012년 로슈의 연간보고서에 따르면 7억 달러의 중국판매량(증가 22%)을 기록했는데, 주요항목인 실험실 소모품이 중국의 5년 계획의 수요와 같았다고 했다.[42]

사노피Sanofi

2013년, 파리에 기반을 둔 사노피는 중국진출 30주년을 경축하여 항저우에서 35억 규모의 정제생산능력을 갖춘 새로운 공장을 설립했다.[43] 2009년, 중국에서 처음으로 국제생명과학기술연구개발센터를 확보했다.[44] 젠자임사Genzyme Corp를 사들인 후 사노피는 2011년 4월,

'면역억제와 면역조절제로 급성거부반응의 예방과 치료를 돕는' 것을 포함한 이식영역에 진입했다. 또 골수이식 거부에 대항하는 항 흉선 세포 글로불린을 연구개발했다. 중국 골수기증계획과 데이터베이스는 중국적십자회에 속하지만, 장기가 죄수에게서 온 것인지 여부에 대해서는 규명하지 않고 있다.[45]

TTS 협찬기업의 협력이나 공범 문제는 독자의 자체 분석으로 남겨두기로 한다.

결론

파룬궁 단체 박해에 기반한 중국의 사형–이식 시스템의 갈림길에서 전문적이거나 상업적인 대응들, 책임들과 충돌들은 그것이 잘 모르고 한 개입일지라도 오히려 비난받을 공조라는 특성이 있었다. 여기서 우리는 몇 가지 결론 및 효과적인 대응방안을 제시하고자 한다.

설사 부도덕한 상황(이 경우에는 살인)이라도, 전문가가 그 의료행위는 합법성을 지니지 않았음을 스스로 인정하게 하는 것은 아주 어렵다. 특히 본질적인 선량한 행위(즉 질병의 회복)를 위해서일 때는, 마찬가지로 설령 도덕적 금기를 위반했다 할지라도 회사가 그들의 시장 확대를 포기하게 하는 것은 아주 어렵다.

TTS는 장기에 대해서는 이른바 처음에는 정당한 방법이었다가 나중에 정당하지 않음이 밝혀지는 것은 원래부터 정당한 것이 아니라고prima facie right 했다. 즉, 일부 합법적인 장기 공급원이 대부분의 불법 장기 공급원을 만회할 수 없다는 것이다. 중국에 의해 수용된 '건설적인 개입Constructive engagement'은 숙련된 외과의를 포함한 이식 능력의 증대 및 거리낌 없이 지속적으로 양심수를 병원, 외과의사, 수용소로 보내는 결과를 낳았을 뿐이다.

2005년 여름, 베이징 정법대 법학교수 취신쥬曲新久는 중국의 '장기이식은행'은 장기 공급자의 동의를 얻지 않는다고 지적했다. 의료관계자들의 요구로 말미암아 죄수의 판결에 영향을 미칠 수 있는 위험이 생기기에 그는 즉시 중지할 것을 호소했다.[46]

신중함은 일종의 미덕에 속한다. 반드시 도덕에 부합하는 방법을 통해 도덕에 부합한 결과를 얻어야 한다. 신중함이 없이는 부도덕한 결과를 초래할 수 있거나 부도덕한 수단을 사용해 공범의 길로 나아갈 수 있다. 현재 중국의 의학계와 민중들은 죄수와 양심수의 장기에 대한 의존에서 벗어나기 어렵게 되었다.

살인을 하는 장기 적출 시스템에 간접적 협력을 멈춘다면 공범이 되는 것을 면할 수 있으며, 또 이는 선善을 행하는 길로 나가는 가장 효과적인 방식이 될 것이다. 그러자면 강력한 방식으로 민중, 정치인과 의료종사자들에게 선택할 것을 요구해야 한다.

2013년 전 중국 위생부 부부장 황제푸 등은 '중국인민에게 고품질의 장기 이식 서비스를 제공하는 것은 우리의 미룰 수 없는 사명이다.'라고 밝힌 바 있다.[47] 만약 중국인이 태도를 바꾸어 자신의 장기도 자발적으로 그 게임에 속할 수 있다고 생각해 보지 않는다면, 또 장기 이식의 가치에 대해 깊은 관심을 보이지 않는다면, 어떠한 장기 이식도 모두 논리적으로나 윤리적으로 책임질 만한 결과를 거둘 수 없을 것이다.

황제푸는 죄수의 장기를 적출하는 것은 부적합하고 비도덕적이며 표준을 위반한 것으로, 아울러 사형 개혁에 영향을 미치게 될 것이라 지적했다. 2014년 '징화시보京華時報' 단독 취재에서 그는 결정력이 없는 일부 구두상의 해결 방법을 제기했다.

즉 "사형수는 자발적으로 장기를 기증할 수 있다. 기증 의사를 밝힌 사형수의 장기는 일단 우리 국가의 통일적인 배분 시스템에 들어가게 되면, 그 후부터는 곧 공민의 자발적인 기증에 속하므로 더 이상 사형수가 기증했다는 설이 존재하지 않게 된다."고 했다.[48]

이렇게 중국 장기 배분과 공유 시스템COTRS은 직접적이면서 또 효율적인 세탁 장치로 변모했다. 중국의 의료계통과 민중은 여전히 계속 사형수의 장기에 의존하게 되고, 의사는 사형 집행의 공동결정자가 되며, 아울러 서방기구는 여전히 이들의 계속된 악행을 조장하고 있다. 오로지 죄수, 더욱이 양심수를 제외하고는 우리 모두 선택의 권리가 있다.

중국 장기 배분과 공유 시스템 연구센터 주임 왕하이보王海波는 "문제는 중국이 언제쯤 되어야 장기 기증 결핍 문제를 해결할 수 있겠는가 하는 것이다. 나는 바로 내일부터 이러한 행태를 중지할 것을 희망한다. 하지만 여기에는 하나의 과정이 필요하다. 많은 일을 우리는 통제할 수가 없다. 그러므로 우리는 하나의 시간표를 작성해 줄 방법이 없는 것이다."[49] 모든 서방의 기구들은 도덕적 책임을 지고 중국 장기 이식을 가능하게 하는 행위들을 일찌감치 중지시켰어야 했다.

1. Klass, A.A., "What is a profession?" Canadian Medical Association Journal, 85(1961):698–701.
2. Klass, p. 699.
3. Following Chinese: family name, given name.
4. Huang J, Mao Y, Millis JM. "Government policy and organ transplantation in China," Lancet 372(2008):1937–1938.
5. Caplan A.L., "Polluted sources: Trafficking, selling and the use of executed prisoners to obtain organs for transplantation." In: Matas, D. and T. Trey (eds.) State Organs (Woodstock ON: Seraphim, 2012), pp. 27–34.

6. Sharif A., M. Fiatarone Singh, T. Trey, and J. Lavee. "Organ procurement from executed prisoners in China." American Journal of Transplantation 14,10(2014):2246–2252.

7. Xu, Y. 장기 기증자 결핍은 장기 이식 사업 발전을 제약하는 장애 ("Donor shortage is a bottleneck restricting the development of organ transplantation"). Science Times, 6/15/2007. http://paper.sciencenet.cn/html/showsbnews1. spx?id=182075. Comparative graphs: http://www.stoporganharvesting. org/quantity–skyrocketed.

8. European Parliament resolution of 12 December 2013 on organ harvesting in China.(2013/2981(RSP)) http://www.europarl.europa.eu/sides/getDoc. do?type=TA&reference=P7–TA–2013–0603&language=EN&ring=P7 RC–2013–0562.

9. H.Res.281 – 113th Congress (2013–2014). https://www.congress.gov/ bill/113th-congress/house–resolution/281.

10. W ang, H. "China's Organ Transplant Industry and Falun Gong Organ Harvesting: An Economic Analysis." Thesis. Yale University, 2007. See pp. 16–18. http://organharvestinvestigation.net/events/YALE0407.pdf. Also Gutmann E. The Slaughter: Mass Killings, Organ Harvesting and China's Secret Solution to its Dissident Problem (New York: Prometheus Books, 2014), pp. 217–253.

11. China International Transplantation Network Assistance Center, "Introduction to China International Transplantation Network Assistance Center." ©2004–2005. http://en.zoukiishoku.com. (Website down. Author's screenshot available.)

12. Zhang Feng, "New rule to regulate organ transplants." China Daily, 5/5/2006. http://www.chinadaily.com.cn/china/2006–05/05/ content_582847.htm.

13. Gutmann, pp. 29, 186–187, 233–237, 239–240 (also 'Eastern Lightning' Christians), 244 (Tibetan monk report), 282 (Uighurs), 320–321 (16 of 50 FG interviewees in Thailand recounting exams), 364 (indexing exam types).

14. Matas D. and D. Kilgour. Bloody Harvest: The killing of Falun Gong for their organs (Woodstock, ON: SeraphimEditions, 2009), pp. 80–93 (example transcripts).

15. The Transplantation Society. "To TTS members," 11/6/2006. No longer on TTS website.) http://transplantation.graydesign.com.au/files/ StatementMembs-ChineseTXProg.pdf

16. "The Declaration of Istanbul on Organ Trafficking and Transplant Tourism." Clinical Journal of the American Society of Nephrology, 3(2008):1227–1231.

17. Archdiocese of Philadelphia. "Cooperation in Evil" chart). s.d. http:// archphila. org/HHS/pdf/CoopEvilChart.pdf. Typo edited.

18. Selection lists identified by transplant tourist spouse, execution timing triggered by matching. Kilgour and Matas, 62–63.

19. Laogai Research Foundation, Involuntary Donors: A Comprehensive Report on the Practice of Using Organs of Executed Prisoners for Transplant in China (January 2104), pp. 119–120. The report, however, does not remark on evidence of Falun Gong and other prisoners of conscience as sources.

20. The Transplantation Society. "About TTS." http://www.tts.org/abouttts-5.

21. Letterhead lists TTS President/Historian Nicholas L. Tilney; Director of Medical Affairs Francis L. Delmonico. Ethics Committee under Annika Tibell composed the guidelines also for consideration by Global Alliance for Transplantation organizations.

22. AP. "China considers ending death penalty for 9 crimes," 10/29/2014. http:// bigstory.ap.org/article/1c1950e80db54763ab82232d88ee7cd8/ china-considers-ending-death-penalty-9-crimes.

23. Listed: University of Nebraska, Emory, Toronto, Hong Kong, Hanoverian University, Minnesota, Tokyo, Kumamoto, Queensland and Flinder Center. China International Transplantation Network Assistance Center, "Introduction to Doctors." http://en.zoukiishoku.com/list/doctors. htm. Update 7/20/2006. Website down. Author's screenshot available.

24. "Hospitals ban Chinese surgeon training." Sydney Morning Herald, 12/5/2006. http://www.smh.com.au/news/National/Hospitals-banChinese-surgeon-training/2006/12/05/1165080933418.html.

25. The Transplantation Society & Declaration of Istanbul Custodian Group, "Open Letter to President of China," 2/27/14. https://www.tts.org/home660/ newletters/past-newletters/2014-volume-11-issue-1/1585-openletter-to- president-of-china.

26. Istanbul Confirmed Groups April 8.xls.

27. See related resolutions at http://www.who.int/transplantation/ publications/en.

28. "The content of the Declaration is derived from the consensus that was reached by the participants at the Summit in the plenary sessions." Clinical Journal of the American Society of Nephrology, 3 (2008):1230.

29. K uhn, R.L. How China's Leaders Think (Singapore: Wiley and Sons (Asia), 2010), p. 301.

30. Lancet 372(2008):1937-1938.

31. See articles at http://www.declarationofistanbul.org/articles/articlesrelevant-to- the-declaration.

32. A stellas, 이식면역: 타크롤리무스 (타크롤리무스 캡슐, 주사액) "Transplant Immunology: Prograf (tacrolimus capsules, injection).) http://www. astellas.com. cn/?productshow/pid/197/tp/198/id/2.

33. Schwarz, A. "Responsibilities of International Pharmaceutical Companies in the Abusive Chinese Organ Transplant System," State Organs, pp. 119-135. 34 Matas D, "Antirejection Drug Trials and Sales in China," American Society of International Law Annual International Conference on Law, Regulations and Public Policy (LRPP 2012), Hotel Fort Canning, Singapore, July 8 sic! 9), 2012, pp. 3-5.

35. C aplan A.L., G. Danovitch, M. Shapiro, J. Lavee, and M. Epstein. Same title). Lancet 378(9798):1218. http://www.thelancet.com/journals/lancet/ article/ PIIS0140-6736%2811%2961536-5/fulltext.

36. Astellas, 이식면역: 신 타크롤리무스 (타클롤리무스 완화 캡슐) "Transplant Immunology: New Prograf (tacrolimus extended release capsules)".) http://www. astellas.com.cn/?productshow/pid/197/tp/198/id/3.

37 .간장과 신장이식 수술 후 기타 면역억제약물이 통제할 수 없는 이식물 거부반응 치료. http://www.astellas.com.cn/?productshow/pid/197/tp/198/id/2.

38 .Schwarz, p. 123.

39 .Matas D, "Antirejection Drug Trials and Sales in China," American Society of International Law Annual International Conference on Law, Regulations and Public Policy (LRPP 2012), Hotel Fort Canning, Singapore, July 8 sic! 9), 2012, pp. 3–5.

40 .Schwarz, pp. 124–125. My trans. per German, 113n25.

41 .Thomson Reuters Street Events. "TMO – Thermo Fisher to Acquire One Lambda Conference Call," 7/16/2012. http://ir.thermofisher.com/files/events/2012/TMO-Transcript-2012-07-16.pdf

42 .Thermo Fisher Scientific. 2012 Annual Report, p. 3.

43 .Sanofi. "Annual Review 2013: Protecting Life, Giving Hope." http:// www.sanofi.co.za/l/za/en/layout.jsp?scat=86ABAAB0-44B1-47698D9A-6BA1C270B3C5.

44 .Pharmaceutical-technology.com. "Genzyme R&D Facility, China," s.d. http://www.pharmaceutical-technology.com/projects/genzyme-facility/

45 .China Marrow Donor Program (CMDP). http://www.cmdp.com.cn/cmdpboard.do?method=showEnglish&parentId=7.

46 .Stock, O. "Transplantationsbank China: Warm Roche mit seinem Antiimmunmittel Erfolg haben wird," Handelsblatt,11/7/2005. http://www.handelsblatt.com/unternehmen/industrie/warum-roche-mit-seinem-antiimmunmittel-erfolg-haben-wird-transplantationsbank-china/2572842.html .

47 .Huang, J., S.-S. Zheng, L. Yong-Feng, H.-B. Wang, J. Chapman, P. O' Connell, M. Millis, J. Fung, and F. Delmonico. "China organ donation and transplantation update: the Hangzhou Resolution." Hepatobiliary Pancreatic Dis. Int. 13,2(2014):122–124.

48 .Sharif, Fiatarone Singh, Trey, and Lavee, p. 4; Dailynews.sina.com. 황제푸: 내륙에서 이미 38개 병원이 사형수 장기 사용 중지 Huang Jiefu: Mainland has 38 hospitals stop using prisoner organs.) 3/4/2014. http://dailynews.sina. com/gb/chn/chnpolitics/phoenixtv/20140304/12205515629.html.

49 .K irchner, R. "Keine Organe mehr von Hingerichteten?" Tageschau, 4/14/2014. http://www.tagesschau.de/ausland/china2158.html. URLs accessed 11/24/2014.

강제 생체 장기 적출:
중국공산당의 장기 이식 남용

황스웨이黃士維

1. 남용의 사례

35세 남성, 혈액투석환자. 그는 2003년 9월, 신장이식 수술을 받기 위해 중국으로 갔다. 당시 대만 의사의 협조로 조직적합검사 등 수술 전 검사를 모두 대만에서 완료한 후 중국병원(중국 상하이 교통대학 부설 제 1인민병원)에서 합당한 장기를 찾았다. 대만 의사는 환자에게 한 신장이 HLA(조직적합성항원) 교차 검사에서 3가지가 일치해 환자에게 적합하다고 알려 주었다. 환자는 부인과 함께 홍콩을 거쳐 상하이 제1인민병원에 입원했다. 신장이 병원에 도착한 후 혈액으로 최종 조직 적합성 교차 반응 검사를 한 결과 양성 판명으로 그 신장은 이식받을 수 없었다. 초급성超急性 거부 반응을 피하기 위해서였다. 그는 하는 수 없이 적합한 새 장기를 계속 기다릴 수밖에 없었다. 2주일 동안 또 세 개의 적합한 장기가 병원에 왔지만 최종 조직적합성 교차반응검사 결과가 모두 여전히 양성이어서 다시 포기했다. 더군다나 환자는 당시 3주일 휴가만 받은 상태여서 업무에 복귀해야 했으므로 먼저 대만으로 돌아가기로 결정했다.

2004년 3월, 환자는 다시 장기 휴가를 받아 상하이 제1병원에서 신장이식을 받았다. 대만 의사는 그에게 HLA 검사에서 5가지가 일치하는 신장을 찾으라고 알려 주었다. 장기가 병원에 도착했을 때 교차형 맞춤 반응에서 여전히 양성임을 발견했다. 중국 의사는 그에게 혈장교환plasmaphresis을 권유했으나, 대만 주치의는 그에게 계속 기다리자고 했다. 그는 또 3주일을 기다렸고 네 번째 장기가 최종 조직적합성 교차반응검사 결과, 음성이어서 그제야 순조롭게 수술을 받았다. 환자는 수술 1주일 후 해방군 85병원 교민과에서 요양했다. 전체 치료비와 여비는 대략 2만8천 달러가 들었다. 그는 신장은 사형수 몸에서 몰래 적출한 것이라고 중국 의사가 알려 주었다고 말했다. 환자가 기다리느라 마음이 조급해지면 의사는 20여 장의 장기 공급원 자료로 가득한 명단을 내놓으면서, 그중 그에게 아주 적합한 것이 많을 것이니 계속 기다리면 반드시 얻을 수 있다고 위로했다고 한다. 비록 이는 대학병원이긴 했지만 그의 이식 부서는 해방군 병원에서 왔다. 그 환자는 한국, 일본, 말레이시아에서 온 입원한 환자들, 그리고 중국 본토 사람도 장기 이식 수술을 받았다고 밝혔다.

2. 브로커

2000년부터 2006년까지 중국 장기 공급 시장은 범람하다 못해 심지어 과잉되어, 적합한 장기를 찾는데 1주일을 넘기는 경우가 아주 드물었다. 광둥성의 한 병원 의사는 이식 수술만 책임지고 장기 적출은 책임지지 않았다. 이 의사가 '주문'하기만 하면 곧바로 병원으로 장기를 보내오는 사람이 있었고, 병원 직원이 아이스박스로 장기를 가져오기도 했다. 2006년 전까지만 해도 의사가 상급 기관에서 장기를 얻는데 단지 600달러(뇌물비용 비포함)만 있으면 충분했다. 이 브로커는 과거에는 줄곧 상급기관이 법원인 줄로 알았다. 그는 이야기 하나를 했다. 한번은 병원 직원이 비행기를 타고 8개의 신장을 받았는데, 폭설을 만나 정기 항공편이 지연됐다. 장기가 병원까지 도착했을 때 의사가 8개의 신장을 확인한 후 품질이 나쁘다고 판단해 8개의 신장을 폐기하고, 동시에 다른 8개를 '재주문'했다. 8명의 환자에게 새 신장이 도착할 때까지 며칠 더 기다리라고 요구했다. 브로커가 설명하기를 HLA 3개 일치는 의사들의 기본 요구라고 밝혔다. 그는 이전에 의사의 컴퓨터에서 가득 모은 공급 신체 자료를 보았다. 그는 과거에는 중국에서 사형수의 장기 공급 은행이 있으며, 동시에 사형 집행 시간은 장기 이식 수술 수요에 맞춰진 것이라 여겼다. 브로커들은 모두 오직 군의관만이 장기를 얻을 수 있기에 환자들은 모두 군병원으로 가거나 군의관이 운영하는 민간병원에서 이식 수술을 받는다는 것을 알고 있다. 비록 많은 외국인이 중국에서 이식을 받았다고 하지만 중국에서 이식을 받은 사람은 주로 중국인이며, 당시 중국인은 8,000 달러만 있으면 신장이식 수술을 할 수 있었다. 마찬가지로 장기 공급도 아주 빨랐다. 병원은 중국인에 대한 이식 수술 광고에서도 대기시간이 짧고, 성공률이 높으며, 장기 품질이 좋고 가격이 저렴하다고 했다. 완비된 의료보험 제도가 없는 나라에서 장기 이식은 투석보다 더 싸다. 중국 사람은 경제적 이유로 장기 이식을 우선하여 선택한다. 이 밖에 중국은 대만과 마찬가지로 B형간염이 성행하는 나라이므로 간장이식에 대해 방대한 수요가 있다.

3. 중국 현지 병원

중국 의과대학 제1부속 병원에 설립된 선양瀋陽시 국제이식 네트워크지원센터[1]는 2003년에 창립했고, 외국인을 중국에 끌어들여 장기 이식을 하게 하는 사이트다. 사이트에서는 이처럼 수많은 이식 수술을 완성할 수 있었던 이유로 중국공산당 정부를 빼놓고는 설명할 수 없다고 밝혔다. 중국 최고인민법원, 최고인민검찰원, 공안부, 사법부, 위생부 및 민정부民政部는 연합하여 법률[2]을 반포하고 장기 제공은 정부가 지지하는 행위임을 명시했는데 이는 전 세계에서 유일무이하다. 인터넷 홈페이지 문답 중에는 또 장기 품질을 보증한다고 하면서 아울러 이식 장기는 뇌사자의 것이 아니고 더욱이 심장질환자의 것도 아닌 '생체 장기'라고 명확히 표시되어 있다. 사이트에는 이식 비용이 공개되어 있고 생체 장기의 품질을 선전하는 홍보 글도 올라와 있다.

- 신장이식: US$62,000
- 간장이식: US$98,000–130,000
- 폐이식: US$150,000–170,000
- 심장이식: US$130,000–160,000

문　　췌장 이식에 필요한 장기는 뇌사자의 것인가?

답　　우리 장기는 뇌사자 환자에게서 온 것이 아니다. 왜냐하면
　　　그러한 장기는 상태가 좋지 않을 가능성이 있기 때문이다.

문　　이식 수술에 성공했다 해도 수술 후 생존 기간은 불과
　　　2~3년에 지나지 않는가?

답　　우리는 항상 이런 질문을 받는다. 이는 일본에서 진행하
　　　는 뇌사자가 제공한 신장을 이식한 것을 가리킨다. 중국에
　　　서 시행하는 생체 신장이식은 일본 병원이나 투석센터에
　　　서 들었던 시신의 신장이식과는 완전히 다르다.

4. 장기 출처에 대한 의문

2000년 이후, 중국은 전 세계에서 장기 이식이 필요한 환자가 장기 이식 수술을 받을 수 있는 목적지가 됐고, 아울러 생체 장기가 끊임없이 공급됐다. 중국 내 이식센터는 1999년, 160곳에서 2005년에는 600곳으로 증가했다. 이식 건수는 1998년 1년 동안 3천 건에서 2005년에는 약 2만 건으로 증가했다.[3] 세계 각국의 환자는 대만, 홍콩, 마카오, 한국, 일본, 동남아, 중동, 유럽 등 세계 각국에서 중국으로 벌 떼처럼 몰려와 이식 수술을 받았다. 세계에서 중국으로 간 숫자는 단지 빙산의 일각이었으며, 중국의 내국인이야말로 이식 수술을 받는 가장 큰 집단이다. 중국의 이식 의학은 크게 발전해 각종 의학회, 의학 연구, 의학 협력에서 두각을 나타내기 시작했다. 이식 의학 발전 과정에 수반한 어떠한 장기 분배 시스템도 없는 나라에서 이러한 장기들은 어디에서 온 것일까?

2006년 이전 대만에서 중국 장기 이식에 대한 논쟁의 주요 쟁점은 출처가 아니고 장기 적출 방식이었다. 대만의 많은 의사는 중국 의사와 양호한 관계를 맺었으나 공식적이든, 비공식적이든 중국 의사는 종래로 장기 적출 과정 밝히기를 원하지 않았다. 대만에는 중국으로 가서 기술을 배우는 의사들이 많았다. 그들 역시 장기 적출 과정은 대만 의사들에게 있어 금단의 영역이라고 했다. 하지만 자신들은 적출 과정이 아주 잔인하다는 것을 알고 있다고 했다. 그들의 주장대로

라면 이런 공급 신체는 모두 뇌사가 아니고, 심정지 상태는 더더욱 아니며 오히려 살아 있는 상태에서 적출한 생체 장기이다. 이런 살아 있는 사람에게 주사를 놓은 후 장기를 적출한다고 했다. 그럼 무슨 주사를 놓았을까? 우리는 웹사이트에서 품질이 비교적 좋은 생체 장기이지, 뇌사자 장기가 아니라는 광고를 볼 수 있다. 분명한 것은, 그것이 비단 사망 기증자 준칙dead donor rule을 위반했을 뿐만 아니라, 인류 도덕에도 어긋난다는 점이다. 임상에서도 우리는 확실히 2000년 이후부터 신장이식 환자의 지연이식기능delayed graft function 발생이 아주 적음을 발견했다.

2013년 1월, 신장新疆 위구르 자치구 출신의 한 외과의사는 유럽의회에서 그가 직접 겪은 장기 적출 과정 및 사형 집행 과정을 증언했다.[4] 사형 집행자가 사형수의 오른쪽 가슴(즉사하지 않도록 일부러 심장에 명중하지 않음)에 총을 쏴 사형수가 쓰러진 후, 외과의사가 아직 사망하지 않은 사형수에게 마취제도 놓지 않고 장기를 적출한다고 밝혔다.

2005년 중국 전 위생부 부부장 황제푸는 95%의 장기가 사형수에게서 온 것이라고 밝혔다.[5] 하지만 중국 사법제도 및 장기 배분 규정은 알 만한 사람이라면 다 알고 있다.[6] 중국의 사형제도는 두 가지가 있는데, 한 가지는 즉시 사형 집행이고, 다른 한 가지는 사형 집행유예 2년이다. 즉시 사형 집행은 사형 명령을 받은 후 반드시 1주일 이내에 집행하는 것인데, 즉시 집행만으로는 어떠한 사형수 장기 공급

은행도 운영하기 어려움을 뜻한다. 한편 우리는 대부분 환자의 수술 배치 일정이 흔히 공급 신체를 찾은 후 1~3주 안이며, 심지어 날짜를 조절할 수도 있다는 것을 발견했다. 그러나 사형 집행유예 2년은 오직 2년 동안 감옥에 있는 기간에 기타 형법을 범하지 않았다면 사형이 집행되지 않는다.

그밖에 의학적 각도로 볼 때도 사형수에게는 마약, 흡연, 알코올 문제가 동반된다. 상대적으로 높은 중국의 감염률에 비춰 볼 때, 어떻게 품질이 좋은 대량의 장기를 제공할 수 있겠는가? 만약 사형수가 중국의 장기 공급 은행이 될 수 없다면, 누가 이런 장기 공급 은행의 피해자일까? 1999년 장쩌민이 파룬궁 탄압을 선포한 이래, 파룬궁에 대해 '명예를 실추시키고, 경제적으로 파탄시키며, 육체적으로 소멸하라.'는 세 가지 정책을 폈다. 우리는 중국공산당이 천지를 뒤덮을 듯이 파룬궁에 대해 박해를 진행한 것을 보았다. 우리 또한 대량의 파룬궁 수련인이 실종되고 심지어 법원의 재판도 없이 구금당하는 것을 보았다. 그러나 이러한 사람들이 나중에 어디로 갔는지 아는 사람은 없다.

5. 파룬궁 수련인이 장기 공급원

2006년 두 명의 증인이 나타났다. 한 명은 기자 피터Peter이고, 다른 한 명은 중국 의사의 전처 애니다. 이들은 공개적인 장소에 나타나, 중국공산당이 비밀리에 파룬궁 수련인을 감금하여 그들의 장기를 적출해 팔고 있다고 폭로했다.[7] 우리는 중국이 어떻게 대량의 품질이 양호한 장기를 공급했는지 묻고 싶었다. 답은 드러났다. 품질이 양호한 장기는 다름 아닌 파룬궁 수련인에게서 온 것이었다. 캐나다 국제 인권변호사 데이비드 메이터스와 캐나다 전 아태담당 국무장관 데이비드 킬고어의 조사 보고서 '중국의 생체 장기 적출에 관한 보고서'에서 더욱 명확한 증거를 제출했다.[8]

오늘까지도 국제 사회의 질의에 직면해 중국공산당은 여전히 공정한 독립조사를 거부하고 있다. 비록 그들이 국제 사회를 향해 장기이식 환경을 개혁하고 사형수 장기 사용을 중지하겠다고 약속했지만, 중국의 이식 환경은 현재까지도 여전히 국제기본준칙을 위반하고 있으며, 전반이 투명하지 못하니 출처를 똑똑히 밝히지 못한다. 이른바 사형수의 장기 사용을 중지한다고 했지만 결국 말장난에 불과했다. 즉 사형수도 국민이기에 오직 사형수의 장기가 분배 시스템에 등록되기만 하면 곧 일반인의 기증과 똑같은 것이라고 말을 바꿨다. 이리하여 사형수 장기 사용을 중지한다는 것은 결국 '사형수 장기 기증이란 존재하지 않는다.'로 바뀌었다.[9] 심지어 해외에 장기를 수출할 의도[10]라면서 아시아 국가를 끌어들여 중국 당국을 대신해 이른바 개혁에 대한 보증을 서게 했다. 만약 중국공산당이 개혁할 마음이 있다면 파룬궁 박해를 중지하기만 하면 된다. 동시에 지난 15년 동안의 모든 장기의 출처를 조사하고 생체 장기 적출에 참여한 범죄자들을 법에 따라 처벌하는 것이 바로 진정한 개혁이다.

6. 결론

사람 몸에서 생체로 장기를 강제 적출하는 것은 인류역사상 전대미문의 사악이며, 아울러 이런 일은 역사상 가장 문명이 발달하고, 가장 인권을 소중히 여긴다고 자부하는 평화로운 시기에 발생했다. 인류사에 수차례 발생한 종교 탄압이나 전쟁 학살, 예를 들면 로마제국의 기독교 박해, 인도와 중국에서의 불교도의 5대 법난, 중국 진시황의 분서갱유 등도 모두 지극히 사악한 사건이었다. 하지만 이런 사건은 한 폭군이 사람을 죽인 일이었지만, 중국공산당의 생체 장기 적출은 규모도 상당하며, 사람을 살려야 할 의사를 살인 도구로 이용한, 유례가 없는 사건이다. 이는 하나의 도덕적 마지노선으로써 만약 의사가 국민 학살에 참여한다면 전체 사회의 기본적인 신뢰조차 무너질 것이다.

역사상 처음으로 의사를 대규모로 이용해 학살에 참여한 것은 제

2차 세계대전 기간이었다. 나치 정권의 의사는 약자와 유대인에 대한 박해에 참여하여 그들의 신체를 대상으로 여러 가지 잔인무도한 인체실험[11]을 했다. 이러한 행위는 의학계에 수치를 안겼고, 지식인에게 왜 이런 일이 일어났는지를 반성하게 했다. 뉘른베르크 대심판에서는 나치 의사에 대한 심판을 B급 전범 12명의 심판 중 제일 앞에 놓았다. 이로부터 우리는 의사가 박해에 참여하면 인류의 피해가 극심해진다는 것을 알 수 있다.

오늘날 강제로 사람의 생체에서 장기를 적출하는 일이 중국에서 발생한 것은, 전 인류와 의학계의 크나큰 치욕임을 우리는 보았다. 장기이식의 출현 및 발전은 20세기 후반 의학의 중대한 공헌으로써, 우리는 이 의학기술로 장기가 쇠약한 무수한 환자를 구해 주었다. 오늘날 중국은 오히려 의학계의 가장 자랑스러운 보물을 가지고 가장 사악한 짓을 했으며 아울러 그 과정에서 폭리를 취했다.

살아 있는 사람의 몸에서 장기를 강제로 적출한다는 것은 상상조차 할 수 없는 일로 동서고금의 사악을 모두 초월했다. 그러므로 많은 사람은 그것이 진실이 아니기를, 또는 그것은 단지 소수 의사의 개인적 일탈행위에 불과하기를 바랐다. 왜냐하면 인류로서는 이런 죄행을 도저히 감당할 수 없기 때문이다. 중국공산당이 내민 경제적 이익의 유혹 앞에서, 생체 장기 적출이라는 이 잔인하고 포악한 죄행에 대해 많은 사람은 침묵을 선택했다. 증거가 완벽하게 폭로된 후 21세기

의학사가 어떻게 기술될 것인지 우리는 상상할 수 없다. 우리는 우리의 자손과 많은 중국인에게 어떻게 이 사건을 알려야 할지 막막하다. 중국인들이 최대의 박해를 감당하고, 국제 사회가 침묵을 지키고 있을 때, 역사는 우리에게 알려 줄 것이다. 이러한 침묵은 사악과 한편에 서게 됨을 선택한 것이라고.

1. 왜 선양시 이식센터의 중문 홈 페이지가 삭제됐는가?
   http://www.epochtimes.com/gb/6/4/6/n1279107.htm
2. '사형수 시신이나 시신의 장기를 이용할 데 관한' 최고 인민법원, 최고 인민검찰원, 공안부, 사법부, 위생부, 민정부의 임시규정. 1984년 10월 9일(84)사발연자 제447호
3. 데이비드 킬고어와 데이비드 메터스, 중국공산당이 파룬궁 수련인 장기를 적출한다고 고발한 조사 보고. 2007년 수정판(영문), 40-41페이지 주해 41-5), 2007.01.31.
4. 유럽의회 청문회, 초점은 중국공산당의 생체 장기 적출
   http://www.xinsheng.net/xs/articles/big5/2013/2/5/49177p.html
5. 선정옌沈正彥, 사형수 장기 밀매를 고위관리 승인(영국 '타임즈(The Times)' 인용), 핀궈일보(대만), 2005.12.04.
6. 대륙 사형수 장기 이식 발전사 : 봉황주간 |표지 이야기|중젠鐘堅 2013-9-24
   http://www.51fenghuang.com/fengmiangushi/2411.html
7. 쑤자툰蘇家屯 승인 숭국공산당의 파룬궁 수련인 생체 장기 적출 죄행폭로
   http://www.epochtimes.com/gb/14/4/20/n4135912.htm
8. Kilgour, David; David Matas. The First Report into Allegations of Organ Harvesting of Falun Gong Practitioners in China. 27 April 2010).
   http://organharvestinvestigation.net/report20060706.htm

9. 중국 2015년 1월 1일 사형수 장기 사용 중지할 것

　http://news.xinhuanet.com/politics/2014-12/04/c_127278077.htm

10. 兩岸建器官平台 黃潔夫 : 中國器官最快明年輸台

　http://www.appledaily.com.tw/realtimenews/article/new/20141219/527018/

11. 紐倫堡「醫生大審判」

　http://www.epochweekly.com/b5/273/10687.htm

4장
법학

장기 약탈을 위한
파룬궁 수련인 살해에 대한 무관심

데이비드 메이터스David Matas

파룬궁 수련인에 대한 장기 약탈과 살해 증거에 대한 사람들의 반
응은, 해당 범죄의 심각성과 증거의 명백함에도 불구하고 서로 비례
하지 않는다. 왜 그런 것일까?

1. 증거의 누적

그 이유 중 하나는 모든 관련 증거를 확인하는 과정 때문이다. 확
인해야 할 분량이 상당히 많으며, 살해당한 사람들이 파룬궁 수련인
들인지, 그들이 장기 적출 때문에 살해됐는지에 대해 확실한 결론을
얻는 것은 시간이 걸리는 일이지만, 대다수 사람에게는 이런 시간이

없다.

하지만 여기에는 수월한 지름길이 없다. 파룬궁 수련인이 생체로 장기를 적출당하는 현장에는 가해자 아니면 피해자만 있을 뿐 이에 대해 증언해 줄 수 있는 제3자는 없다.

피해자는 살해된 후 소각됐으므로 시신을 찾을 수 없으니 부검을 할 수도 없다. 희소한 사례를 제외하고는 피해자가 살아남아서 자신에게 어떤 일이 발생했는지를 증언할 수 있는 경우도 없다. 게다가 가해자는 자신이 비인간적인 범죄를 얼마나 저질렀는지, 공개적으로 일관되고 자세하게 고해하며 반성하지 않고 있다.

이러한 범죄현장에는 흔적이 남아 있지 않다. 일단 장기 적출이 완료된 후 이 수술실은 다른 수술실과 별다른 점이 없다.

만약 파룬궁 수련인들이 장기를 약탈당해 살해된 이야기를 10초 이내에 다 말할 수 있다면, 그건 그저 간단한 이야기에 지나지 않을 것이다. 파룬궁 수련인들이 장기를 약탈당하고 살해된 것에 대한 증거가 너무 적은 것이 문제가 아니라, 오히려 너무 많다는 점이다. 이 이야기의 방대함은 책 하나를 써내기에도 충분한 정도지만, 결코 말하기에는 쉬운 일이 아니다.

2. 은폐

시간이 많이 지날수록, 중국의 장기 이식 관련 정보는 더욱 얻기 어렵고, 감추는 방법도 더욱 교묘해진다. 내 연구 경험으로는 중국의 공식적인 출처의 자료를 인용하기만 하면 그 자료는 곧 사라진다. 병원 사이트에 실린 '장기 이식 대기시간이 짧다.'라는 광고도 바로 사라진다. 공개적으로 자신들이 자랑하던 장기 이식으로 벌어들인 금액도 마찬가지로 사라져 버린다.

중국어로 표기된 공식적인 장기 이식 가격표도 사라졌다. 병원은 이제 전화를 걸어온 자에게 2~3주 이내로 곧바로 살 수 있는 파룬궁 수련인의 장기가 있다고 알려 주지 않는다.

과거에는 홍콩의 간장이식 등록처에 늘 간장 이식의 총 건수를 공개했으나 지금은 더 이상 공개하지 않는다. 중국의 장기 이식 의사는 과거 늘 수술 후 해외 환자를 담당하는 주치의에게 편지를 써서 환자의 수술 내용, 장기 출처, 사용한 면역억제제 등 자료를 보내 주었으나 현재는 역시 이렇게 하지 않는다.

중국 정부는 장기 공급 신체가 모두 사형수라고 주장하지만, 중국 정부는 오히려 사형수 숫자 통계를 공개하지 않는다.

나는 다른 사람과 함께 관련 참고자료를 모두 파일로 만들어 독립 조사를 하는 누구나 볼 수 있도록 했다. 하지만 중국에서 얻을 수 있었던 공식적인 자료는 오히려 시간이 흐름에 따라 서서히 사라졌다. 분명한 것은 장기 출처에 대해 조직적으로 은폐하고 있다는 점이다.

3. 새로운 형태의 범법행위

이식과학 기술을 혁신한 사람들은 자신들이 발전시킨 기술이 대량의 양심수를 살해하고 아울러 그 장기를 팔아 방대한 이익을 챙기는 데 이용당하게 될 줄은 종래로 예상치 못했을 것이다.

1943년 미국연방대법관 펠릭스 프랭크퍼터Felix Frankfurter는 얀 카르스키Jan Karski로부터 유대인 홀로코스트 사건을 들은 후, 한 폴란드 외교관에게 이렇게 말했다.

"나는 이 젊은이가 거짓말을 한다고 하지 않았다. 나는 단지 그가 나에게 알려준 것을 믿을 수 없다고 말했을 뿐이다. 이 양자는 차이가 있다."

장기 적출을 위해 양심수를 살해하는 것은 혐오스럽고 사악한 형식이다. 인류가 여태껏 보아 온 모든 죄악 중에서도, 그리고 이 지구상에도 처음으로 나타난 것이다. 이런 두려운 일은 모든 관찰자에게 도저히 믿을 수 없어 뒤로 물러서게 한다.

4. 파룬궁의 생소함

민주화 운동, 언론 종사자, 인권 투사, 티베트와 기독교 탄압은 파룬궁 탄압에 비해 더욱 많은 동정을 얻었다. 왜냐하면 그들은 서양 사회에서 비교적 익숙한 의제이기 때문이다. 게다가 파룬궁은 1992년에 시작되어 최근 출현한 것으로 사람들에게 익숙한 전통과 연관성이 없어 보이기 때문이다.

파룬궁을 모르는 외부인들에게 파룬궁(Falun Gong)이란 이름은 즉시 표면적인 생소함을 준다. 그 단어들인 'Falun(法輪)', 'Gong(功)'은 서양 언어에서는 아무 뜻이 없다.

중국공산당 입장에서 보면 파룬궁에게 실행하는 범죄행위는 다른 잘 알려진 난체에 하는 것보다 훨씬 쉽다. 피해자인 파룬궁 수련인들은 통상적으로 서방과의 관련이 적거나 언어도 통하지 않는 사람들이기 때문이다. 게다가 외부인사의 입장에서는 국제적인 지명도가 있는 언론 종사자, 인권투사, 민주운동가를 피해자로 인식하는 것은 쉬운 일이지만, 이름조차 낯선 단체의 피해자를 인식하기는 어려운 것이다.

유명하지 않은 사람에 대한 왜곡과 비방은 유명한 사람에게 하는 것보다 훨씬 더 간단하다. 중국공산당이 티베트인 혹은 가정 기독교인을 박해할 때, 우리는 중국공산당이 허튼소리를 한다는 것을 쉽사리 알 수 있다. 하지만 중국공산당이 파룬궁을 비방할 때 많은 사람은 그들이 가하는 악행에 어떤 이유가 있는지 없는지를 정확히 알 수가 없다.

5. 중국공산당의 허위 선동

중국공산당은 일단 파룬궁을 금지한다고 결정한 후, 잇따라 파룬궁을 반대하는 허위 선동을 벌였다. 이 허위 선동은 조직적이고 냉혹하며 게다가 전 세계로 확대되었다. 전혀 사실 근거가 없는 파룬궁에 대한 고정관념을 형성하여 그 탄압을 합리화했으나, 탄압의 진짜 이유는 완전히 다른 것이다.

중국공산당은 사람들이 파룬궁을 증오하도록 선동했고, 이는 극단적이고 완고하게 증오심을 부추겼던 여타의 선동처럼 큰 영향력이 있었다. 영향이 가장 심각한 곳은 중국이었고, 중국에서는 이런 선전에 대한 반박이 허용되지 않았다. 그러나 선동은 세계 곳곳에서 모두 서서히 퍼지는 효과가 있었다.

중국공산당의 파룬궁에 대한 거짓말은 혼란스럽게 했다. 많은 사람은 사실 파룬궁에 대한 중국공산당의 선전을 다 받아들이지 않았다. 그러나 이런 모든 죄를 파룬궁에 씌우는 상황에서 사람들은 파룬궁에 필연적으로 모순점이 있으리라 여기게 되었다.

파룬궁에 대해 의심하는 태도들은 결코 파룬궁 수련의 어떠한 실상에서 비롯된 것이 아니라, 중국 정부 또는 중국공산당이 파룬궁을 반대하는 선동 하에 생긴 효과라 함이 맞을 것이다. **간단명료하게 말해서 그것은 곧 편견이다.**

6. 이익에 상반됨

중국은 정치, 경제 방면에서 지구상에서 실력을 행사하고 있다. 오늘날 중국의 경제력은 주요 인권 탄압자들의 행위를 덮어 감추기에 충분하나.

어떤 사람은 정치와 외교 방면의 편리를 위해 중국공산당이 하는 말의 진위를 가리지 않고 모두 있는 그대로 전부 받아들인다. 이러한 동반자 입장에서는, 오로지 중국공산당이 말한 것이라면 무엇이든

의의가 있다고 보며, 진실인가, 거짓인가는 중요하지 않다.

이외에도 다른 사람들은 그들의 믿음 여부에 상관없이 명철보신明哲保身 즉 침묵을 선택한다. 그들은 자신과 상관없는 일에 목소리를 냄으로써 자신의 이익이 손해 보는 것을 피하고자 한다.

예를 들어, 2004년, 토론토 주재 중국 영사는 시의원에게 편지를 써서 그들이 '파룬궁의 주週'를 표창하는 동의안에 반대하도록 촉구했다. 중국 영사는 "만약 이 동의안이 통과되면 미래 두 국가의 상호 이익 교류 및 협력에 부정적 영향이 있을 것이다."고 편지에 썼다. 시의원 마이클 워커Michael Walker는 위 '상호이익 교류 및 협력'이란, 캐나다가 중국에 판매한 중수로 원전CANDU과 캐나다 밤바디어사 Bombardier에서 건설하고 있는 티베트 철도, 중국에서 토론토 동물원에 빌려준 판다 두 마리를 모두 취소하는 것임을 알게 되었다.[1] 이런 위협은 분명히 부적절한 것으로, 이 동의안을 막는 것이 중국공산당 정권에는 중요한 일임이 드러나게 했다.

특히, 서양의 대학들은 중국 정부의 정치경제의 힘에 영향을 받는 경향이 뚜렷하다고 할 수 있다. 만약 중국 정부를 이해하고자 한다면 당신은 단지 중국 정부가 파룬궁을 어떻게 대하는지만 알면 된다. 중국 정부는 파룬궁을 최대의 공적으로 삼아, 모든 방면에서 일체의 인력과 금전을 아끼지 않고 투여해 탄압했다. 또한 세계 각지의 중국 대사관, 영사관에서 파룬궁 탄압과 선전에 들인 노력은 그 일체를 초월했다. 중국의 감옥과 노동교양소는 감금된 파룬궁 수련인으로 넘쳐났다. 이 모든 강박적인 행위는, 그들이 우리에게 파룬궁에 관한 어떠한 정보도 주지 않았지만, 도리어 중국 정부를 아주 잘 설명해 준다. 다른 사안을 통해 중국을 바라보는 것보다, 중국이 전심전력으로 파룬궁에 대처하는 모습에서 우리는 더욱 똑똑히 중국 정부의 의도와 동태를 파악할 수 있다.

그러나 세계 각국 대학의 중국학 분야에는 조금도 예외 없이, 파룬궁에 관한 교과과정이나 연구계획, 출판물과 객원 강연이 없다. 세계 각지의 중국학 분야는 파룬궁이 당하는 박해에 대해 놀라울 정도로 침묵을 지켰다. 이번 박해가 사실상 어떠한 일보다도 더욱더 중국 정부를 잘 설명해 줄 수 있었음에도 불구하고 말이다. 중국학 분야는 파룬궁을 의도적으로 외면했다.

이는 마치 물리학계에서 아인슈타인의 상대성이론 연구를 홀시한 것과 같고, 대학의 영국 문학 분야에서 셰익스피어를 홀시한 것과도 같다. 내학교에서 모두 중국 문제의 핵심을 무시한 것은 결코 무지에서 나온 것이 아님이 아주 뚜렷하다. 오히려 중국의 미움을 사지 않으려는 바람 때문이었다. 중국을 연구하는 학자들이 중국 정부와 협력이 필요하다고 여기는 이유는, 중국에 들어갈 수 있는 비자를 얻어야 연구에 종사할 수 있기 때문이다. 이런 협력을 확보하기 위해 그들은 의식적으로 중국 정부가 원하지 않는 주제를 피했다. 충분히 진실성이 있는 학자들은 파룬궁 문제에서 중국 정부와 동일한 노선에 서 있지는 않다. 그렇다 해도 만약 그들이 무엇을 말했다 하면 중국 정부측은 즉시 크게 분노할 것이다. 이런 반응을 모면하려고 그들은 침묵을 지키는 것이다.

7. 파룬궁은 일반 단체와 같은 조직구조가 없다

파룬궁은 결코 하나의 기관이 아니며 심지어 사람들을 일컫는 말도 아니다. 차라리 일련의 정신 기초를 가진 수련 공법이라 하는 게 낫겠다.

이 공법은 어떠한 사람이든 다 연마할 수 있고, 어떠한 장소, 어떠한 시간도 구애받지 않는다. 그들 대다수는 하루에 한 번 단체로 모여서 신체를 연마하는 방식인 연공을 한다. 바로 중국 공원에서의 태극권이나 기타 기공과 마찬가지다. 관심이 있는 사람은 언제든 연공을 시작할 수 있고, 언제라도 그만둘 수 있다. 연공할 때 그들은 많이 연마하든, 적게 연마하든 다 자유다.

파룬궁을 배우고 싶은 사람은 어디에도 등록할 필요가 없고 단체에 가입할 필요가 없으며 어떠한 비용도 필요 없다. 연공에 관한 모든 정보는 모두 공개되어 있고 자유롭게 얻을 수 있다.

파룬궁 수련에는 어떠한 조직적인 지도가 없다. 창시자 리훙쯔李洪志 선생은 수련인의 경배를 받지 않는다. 또한 수련인의 기부도 받지 않는다. 그는 수련인을 극히 드물게 만나고 대다수 수련인은 그를 만나 본 적이 없다.

파룬궁 내부의 체계적 조직의 결핍은 인권 보고서를 작성함에도 어려움을 조성했다. '밍후이왕'이라는 파룬궁 피해자에 관한 자료를 모은 사이트가 있다. 비정부 조직인 '파룬궁 박해 국제 추적 조직'에서 일부 연구와 분석을 했다. 이 사이트나 비정부 조직은 마치 일반 파룬궁 수련인의 공동체와 같아서 자금도 없고, 지휘와 지도부도 없으며, 사무실도 없고, 직원도 없이, 거의 자원봉사에게 의존하고 있다.

8. 공산주의에 대한 동조

중국공산당은 이미 알다시피 자본주의로 변했는데, 놀라운 점은 사회주의자가 의외로 중국공산당을 가깝게 생각한다는 점이다. 하지만 이런 현상은 여전히 존재한다. 중국공산당 당국 체제는 이미 성공적으로, 중국 공산주의를 동경해 마지않는 수많은 전 세계 좌익분자를 자기편으로 끌어당겼다.

이런 허위 좌익분자의 단결은 어떤 부분에서는 중국공산당에 대한 어떠한 비평이든 거절하는 것으로 표현되는데, 파룬궁 박해에 대한 비평을 포함해서이다. 중국공산당 주위를 둘러싼 구식 좌익분자는 파룬궁 배후에 미국 중앙정보국CIA의 세력이 있다고 환상을 품는다.[2] 이런 의심들은 다수 사람의 추종을 얻기는 어렵다. 하지만 그 의심들로 인해 서로 다른 정치적 입장과 상관없이 파룬궁에 대한 중국의 전반적인 박해와 특히 생체 장기 적출로 파룬궁 수련인을 학살하는 행위를 반대하는 만장일치의 행동을 가로막게 된다.

9. 입증의 책임을 전가함

어떤 사람은 파룬궁 수련인의 장기를 약탈해 이들을 살해한 죄행은 반드시 확실한 증거의 기초 위에서 다뤄져야 하며, 확실한 증거가 부족하다면 검토할 가치도 없다는 것이다. 이는 거짓말의 피해자에게 거짓말을 입증하라고 책임을 떠넘기는 것과 마찬가지다.

조사자가 파룬궁 수련인이 장기를 약탈당해 살해됐음을 입증하는 책임을 지는 것은 마땅하지 않다. 조사자가 중국이 어디에서 이식용 장기를 얻었는지를 밝혀낼 이유가 없으며, 중국 정부야말로 해명해야 하는 주체이다. 중국 정부는 마땅히 그들이 사용하는 무수한 장기의 출처를 밝혀야 한다.

세계보건기구는 2010년 5월, 회의에서 '인체 세포, 조직, 기관 이식에 관한 지도원칙'을 공개적으로 지지했다. 이 중 두 가지 지도원칙이 바로 장기 출처의 명확성과 공개적 투명성이다.

2009년 2월 유엔 정기심사 업무 회의에서 캐나다, 스위스, 영국, 프랑스, 호주, 이탈리아가 중국에게 사형수 숫자를 공개할 것을 요구했다. 그러나 중국 정부는 이 요구를 거부했다. 2013년 10월, 벨기에, 프랑스, 뉴질랜드, 노르웨이 ,스위스, 영국, 이탈리아는 유엔 정기심사 업무 회의에서 또 다시 같은 건의를 제기했다. 이번에 중국은 다시 고려해 보자는 말을 했다.

유엔 고문관련 특별보고관, 종교차별 특별보고관, 유엔 고문 문제 위원회는 사형수 숫자와 장기 이식 범죄 간에 명확한 관련성이 있음을 인정했다. 그들은 모두 일찍이 중국에 장기 이식 건수와 장기 출처 건수의 차이에 대해 설명할 것을 요구한 바 있다.

2008년 11월 유엔 고문방지위원회는 중국 국가보고에서 관찰한 결과를 토대로 문제를 제기했다. 즉, "파룬궁 수련인이 상기석으로 고문을 당하고 아울러 장기 공급원이 되고 있다는 고발에 대해 중국은 즉각 조사단을 구성해야 한다. 아니면 독립조사를 진행하도록 권한을 부여해야 하며, 아울러 적당한 조치를 취하여 장기를 남용하는 책임자가 기소 및 처벌받도록 해야 한다."고 했다.

10. 실명을 밝힌 개별 사건의 부족한 점

대량의 증거와 단서를 모아 판단함으로써 수많은 파룬궁 수련인들이 장기를 약탈당해 살해됐다는 결론이 내려졌다. 이런 증거는 개별 피해자의 신분을 확인하기에 불충분하다. 수천수만의 파룬궁 수련인들이 장기를 약탈당해 살해된 증거에 대한 한 가지 반론이 있는데, 즉 '피해자의 이름'을 대라는 것이다.

개별 사건에 대해 구체적으로 이름을 밝히라고 요구하는 것은 아마도 회의론에서 비롯된 것일 수 있다. 개인의 신분 확인을 요구하는 것은 보편적인 현상을 지지하는 것보다 훨씬 쉽다. 만약 우리가 구체적으로 어느 피해자의 성명, 피해 날짜, 피해 장소를 밝힐 수 있다면 중국 정부도 질문을 회피하기 어려울 것이다.

개별 사건 피해자의 신분을 확인하는 것은, 여러 이유로 어려운 점이 있다. 그중 하나가 피해자는 전형적으로 어떠한 단서도 남길 수 없었다는 점이다.

게다가 생체 장기 적출을 당한 최대 피해자인 파룬궁 수련인은 당국에 체포될 때 자신의 실제 신분을 제공하지 않았다. 이들은 전향을 거절함으로써 친구, 직장동료, 가정에 피해가 가지 않게 하려고 구치소 직원에게 정확한 신분공개를 거부한다. 구치소 직원들은 이런 수련인의 신분을 모르며, 또 이런 수련인의 가족들도 그들이 어디에 있는지 모른다. 가해자들은 이들이 파룬궁을 수련한다는 것 외에 그들에 대해 아무것도 모른다.

원칙적으로, 피해자 개별 사안에 대한 확인은 주된 취지와는 관계없다. 설령 개별 피해자의 신분이 없다 하더라도 이런 죄행은 전체적으로 이미 압도적인 증거를 구비하고 있다.

그러나 일부 구체적으로 이름이 밝혀진 개별 사건이 있다. 그중 7가지 사례가 『피비린내 나는 생체 장기 적출』이란 책에서 이미 언급되었다. 그리고 나는 2013년 3월 28일 피츠버그대 윌리엄 피트William Pitt 연맹 칼럼의 연설에서 8번째 사례를 언급했었다.[3]

『피비린내 나는 생체 장기 적출』이란 책에 언급된 8건의 사례 중 5건은 피해자 가족들이 제보한 것이다. 감금 중 사망한 파룬궁 수련인의 시신을 확인한 가족들은, 사랑하는 가족의 시신에 수술한 자국이 있고, 아울러 신체의 어떤 부분이 없어졌음을 발견했다. 당국은 이러한 온전치 못한 시신에 대해 합당하고 일관된 해석을 내놓지 못했다. 또한 정부 측의 어떠한 해명도 없었다. 이러한 온전치 못한 시신은 생체 장기 적출의 고발과 일치하는 것이다.

11. 사실과 허구를 동등한 위치로 나열

중국 정부는 파룬궁을 중상모략했다. 파룬궁 수련인은 중국공산당이 인권을 침해했다고 규탄한다. 파룬궁에 대해 그다지 관심이 없고 잘 알지 못하는 제3자의 눈에는, 이런 논쟁은 마치 다른 나라의 서로 다른 세력의 정치적 대립과도 같아 보인다. 그래서 보통은 개입하지 않는 경향이 있다.

논쟁과 관련된 내용을 언론에서 보도할 때 흔히 양쪽의 견해를 다 전하는데, 중국공산당과 파룬궁 수련인에 대한 논쟁을 처리할 때도 언론은 '중립'을 취하려 한다. 이러한 보도기사에서는 중국 정부의 인권 탄압 실상과 그런 실상에 대해 중국 정부가 허위 선전한 내용을 동급으로 처리하고 있다.

언론이 파룬궁을 언급할 때, 예를 들면 파룬궁 수련인은 파룬궁에 대해 어떠어떠하게 주장하지만, 중국 정부는 오히려 다르게 여긴다고 보도한다. 이 두 가지 결론은 평론을 첨부하지 않은 채 나열되는데 마치 자신들은 마땅히 엄숙하고 공정하게 처리하고 있음을 표방하는 듯하다.

파룬궁 수련인들이 장기를 약탈당해 살해된 연구결과에서도 이와 비슷한 대우를 받게 된다. 언론에서 이 연구를 보도할 때 늘 중국공산당에서 제공한 근거, 즉 허위적이며 억지로 다른 이유를 갖다 붙여 조사 결과를 부인하는 내용을 나열해 보도한다. 그러나 오히려 조사는 진실에 근거했고, 이를 부인하는 그들의 이유는 대부분 척 보면 알만한 날조된 사실을 근거로 한다.

언론에서 통상적으로 파룬궁 수련인이 장기를 약탈당해 살해됐다는 조사 결과는 아직 논쟁거리이고 논란이 존재하는 것이라 보도하지만, 오히려 실질적으로 그런 논란과 논쟁이 오로지 공산당에서 일삼는 것임을 밝히지 않는다. 물론 조금도 진지한 연구를 거치지 않고 공산당의 견해를 그대로 반복하기만 하는 사람은 항상 존재한다. 사실상 모든 독립적 연구가 데이비드 킬고어David Kilgour와 내가 초창기에 펼친 파룬궁 수련인들이 장기를 약탈당하고 살해됐다는 연구를 확증해 왔지만, 이 사실은 도리어 내버려 둔 채 상관하지 않는다. 어떤 언론은 논쟁하고 있다는 사실이 더 중요해 보이는지 양측 증거의 비중과 질을 구별하려 하지 않는다.

심지어 어떤 언론은 공산당과 마찬가지로 이 연구결과를 허위적인 파룬궁 조직 또는 파룬궁 수련인의 행위로 돌리면서 파룬궁은 이해당사자라고 넌지시 지적하지만, 오히려 이런 연구와 증거 거의 모두가 파룬궁 수련인이 아닌 사람들에게서 제공된 것임을 간과했다.

인권 탄압에 대한 규탄은 결코 항상 진실한 것은 아니고 또 항상 선의적인 것도 아니다. 때로는 정치적으로 집권자를 반대하는 자가 인권 탄압인 것처럼 조작해 규탄하는데, 이런 규탄은 정권을 불법화하기 위한 수단으로 사용된다.

정권을 불법화하기 위한 목적으로 꾸며낸 허구적인 인권 탄압, 그리고 가해자가 부인하고 있는 진실한 인권 탄압, 이 양자 사이의 차이는 '사실성'이다. 우리는 실제 일어나고 있는 사실을 홀시할 수 없으며 또한, 인권 탄압에 대해 기소하고 책임을 묻는 일과 이런 침해 사실을 부인하는 것, 이 둘을 같은 비중으로 다루어서는 안 된다.

유대인에 대한 나치의 대학살을 부인하는 자와 피해자의 비참한 이야기 사이의 차이는 실제로 존재할 뿐만 아니라 또한 정말로 발생했다. 대학살을 부인하는 자와 피해자 사이에서 중립인 척하는 것은 책임지지 않는 행위이다. 진실, 자유, 인권 존중에 관심을 기울이는 모든 사람들은 가해자가 대학살을 부인하는 것을 대학살 피해자에 대한 공포적인 사실과 동등한 비중을 두며 고려한다. 오히려 대학살을 부인하는 것이 받아들일 수 있는 존중할 만한 의견이라 여기고 피해자의 비참함을 이야기하는 사람을 강하게 반대하기도 한다.

하지만 대학살에 대한 부인은 대학살 그 자체와 마찬가지로 진공 상태의 고립된 경험이 아니다. 이는 언론을 남용하는 가장 극단적인 형식이기도 하다. 매 한차례 심각한 인권 탄압에 대해 언제나 부인하는 사람이 있다. 인권을 탄압한 자에게는 항상 사과할 때 찾는 변명거리가 있지만, 그들이 변명하는 첫 번째 방어선은 '발생하지 않았다'고 잡아떼는 것이다.

중국공산당은 파룬궁에 대해 대규모 인권 탄압을 했다. 파룬궁은 단순하고 비정치적이며 비폭력적인 단체이다.

중국공산당은 폭정을 합리화하기 위해 모든 공산당이 다 할 줄 아는 일, 즉 '절대 승인하지 않고, 일체를 부인한다.'를 해냈다. 그들은 거짓으로 기소하고, 허위사실을 조작하며, 허위로 인용했다. 언론은 파룬궁에 대한 날조된 선전을 파룬궁에 대한 인권 탄압 증거와 동일한 수준에 놓고, 양자 간에 잘못된 대칭성을 만들어 진실을 무시하도록 할 뿐만 아니라, 동시에 우리 앞에 놓여있는 끔찍한 상황에 대하여 눈감게 하는 것이다.

12. 무관심

무관심은 우리가 대중을 대상으로 인권 탄압 반대 캠페인을 벌일 때 보편적으로 부딪히는 현상이다. 무관심이 보편적이긴 하지만 늘 그런 것은 결코 아니다. 어떤 인권 박해는 비교적 대중의 반응을 불러일으키기도 한다.

파룬궁 수련인이 장기를 약탈당해 살해된 증거에 대해 무관심한 반응이 특별히 심각한데, 여러 방면으로 원인을 분석할 수 있다. 첫째, 파룬궁에 대한 민중의 익숙하지 못함과 생소함, 중국공산당의 경제력과 그 존재의 무게, 대량의 증거를 정리하고 분류해야만 비로소 확실한 결론에 도달할 수 있다. 둘째, 중국공산당은 철저한 은폐, 새로운 박해 형태, 선전이 맹공격을 하는 것에 비해, 파룬궁 단체는 조직력이 부족하다. 셋째, 중국 공산주의에 대한 좌파세력의 걸맞지 않은 동조와 마땅히 중국 정부가 져야 할 증거 입증 책임을 부당하게 전가한 점이다. 넷째, 구체적인 개인 정보가 결여된 대량의 개별 사건, 많은 언론 보도의 잘못으로 피해자와 가해자를 동등한 위치로 나열하는 점이 있다.

사람들이 자연적으로 관심을 가지지 않을 때, 사람들이 자신의 생존과 요구되는 일들로 바쁠 때, 너무나 많은 구실을 들어 이번 박해가 자신과 상관없는 일이라고 피하려 한다. **관심은 아는 데서부터 시작된다. 이 사건에 대해서 너무나 많은 사람이 관심을 가지지 않는 것은 너무 많은 사람이 제대로 알지 못하고 있기 때문이다.**

비록 이는 똑똑히 말하기가 아주 어려운 이야기지만, 이상에서 열거한 이유로 인해 반드시 말해야 할 사실이다. 오직 이를 통해서 우리는 비로소 탄압으로 고통받는 사람들에 대한 무관심을 극복할 수 있다는 희망을 품을 수 있을 것이다.

1. Jan Wong, '중국의 힘을 느끼며', Globe and Mail, August 6, 2005.
2. 다음 사례를 보라.
   http://www.facts.org.cn/Reports/World/201407/09/t20140709_1753443.htm
3. '장기 적출을 위해 파룬궁 살해; 개인 사례들'
   http://endorganpillaging.org/2013/03/28/the-killing-of-falun-gong/

장쩌민, 인류의 인성을 절멸시키다

주완치朱婉琪

'중국공산당 생체 장기 적출 수용소'의 존재에 관하여

2013년 12월 9일 오전, 세계 6개국의 법률전문가와 의학전문가들이 한자리에 모였다. 즉, 캐나다 인권변호사 데이비드 메이터스David Matas, '강제 장기 적출에 반대하는 의사들DAFOH' 대표 독일 출신 톨스턴 트레이Torsten Trey 박사, 스페인 인권변호사 카를로스 히메네스 이글레시아스Carlos Jimenez Iglesias, 영국 신장이식 전문의 애드난 샤리프Adnan Sharif, 프랑스 장기 이식 전문의 프란츠 나바로Francis Navarro와 대만 출신인 필자는 제네바에서 나비 필레이Navi Pillay 유엔인권고등판무관UNHCHR을 대신해 우리를 맞이한 변호사 및 중국 사무 담당관을 만났다. 5개월 동안 다포에서 진행한 결과물인, 전 세계 5대

주 53개 국가 및 지역에서 150만 명이 서명한 청원서[1]를 건네주었다. 파룬궁 수련인에 대한 중국공산당의 강제 장기 적출에 반대하는 서명이었다. 전 세계적으로 진행된 서명 운동에서 아시아 지역의 서명 인원이 60만 명에 달해 가장 많은 비중을 차지했다. 특히 대만에서는 5,000명에 가까운 의사들이 청원서에 서명하고 연락처를 남겼으며 유엔인권고등판무관에게 아래와 같은 요구 사항을 제기했다.

1. 중국의 장기 이식 남용 행위를 공개 규탄하고, 중국 정부에 파룬궁 수련인에 대한 생체 장기 적출 행위를 즉각 중단할 것을 요구해야 한다.
2. 중국공산당이 벌인 생체 장기 적출 악행을 진일보로 조사해서 생체 장기 적출에 참여한 원흉을 반인류범죄로 고소해야 한다.
3. 중국 정부에 파룬궁 수련인에 대한 잔혹한 박해를 즉각 중단할 것을 요구해야 한다. 이는 파룬궁 수련인이 생체 장기 적출을 당하는 근본 원인이기 때문이다.

우리는 당시 우리를 면접한 유엔 담당자에게, 중국공산당의 파룬궁 수련인에 대한 생체 장기 적출 관련 조사내용과 전문 분석 결과를 설명하고, 전 세계 150만의 여론을 반드시 중시해야 한다고 촉구했다. 나는 그 자리에서 단도직입적으로 두 대표에게 말했다. "믿을 수 있는 소식통에 의하면 중국에는 파룬궁 수련인을 비밀리에 감금하고 장기를 강제 적출하는 수용소death camp가 존재합니다. 뿐만 아니라,

'파룬궁 수련인 생체 장기 적출 수용소'는 중국 거의 모든 도시에 설립되어 있습니다. 유엔은 이런 수용소를 조사할 책임이 있습니다. 역사상 전례 없는 이 인권 만행을 반드시 저지해야 합니다."

두 대표는 전무후무한 사악한 박해와 인류의 선량한 본성을 파괴하는 '생체 장기 적출 수용소'에 대한 이야기를 들으면서 정보 출처에 대해 질문하지 않았고, 무거운 표정으로 조용히 기록했을 뿐 특별한 반응을 보이지 않았다. 중국공산당이 장기 매매를 목적으로 파룬궁 수련인에게 범한 생체 장기 적출 학살행위에 대한 전 세계 150만 민중의 조사 요구 앞에서, 그리고 '생체 장기 적출 수용소'에 대한 고발 앞에서, 유엔 관료들이 보인 침묵은 국제인권을 위반한 중국공산당에 대한 그동안의 태도를 드러냈다. 하지만 우리는 국제 사회 정의의 힘을 모으려는 노력을 포기하지 않을 것이다. **서양 속담에 '악에 대한 침묵은 선을 짓밟는 것.'이라는 말이 있다.**

그 이듬해인 2014년 3월과 5월, 우리는 또 EU기구, 유럽의회, 미 국무부과 미 의회에서 연이어 정부 관리와 국회의원들에게 파룬궁 탄압이 시작되면서부터 줄곧 중국공산당의 파룬궁 생체 장기 적출 만행이 멈추지 않고 있다고 폭로했다. 매번 유럽과 미국 정부 관료 및 의원들과 만날 때마다 나는 중국공산당의 '생체 장기 적출 수용소'의 존재를 고발하고 신속한 진상 조사와 반인류범죄의 저지를 촉구했다. 안타깝게도 지금까지 이런 국제기구들은 어떠한 진일보한 구체적인 조사 혹은 행동에 나서지 않았다. 국제 사회가 이 문제를 처리하기는 확실히 쉽지 않지만, 인류는 반드시 용감하게 이를 직면해야 하며, 이 순간에도 일어나고 있는 국제적 인권 재앙을 외면하지 말아야 한다.

만프레드 노왁Manfred Nowak 교수는 유엔 고문 문제 특별조사관 재직 기간이었던 2007년과 2008년, 유엔인권이사회에 제출한 보고서에서 파룬궁 수련인 생체 장기 적출에 관한 조사 내용을 자세하게 진술했다. 뿐만 아니라 2011년 11월 8일, 대만대 공개 연설에서 중국 파룬궁 수련인 생체 장기 적출에 관한 조사 보고는 "믿을 수 있다.credible"[2]고 분명히 밝혔다. 그는 조사를 통해 얻은 논증 및 데이터 분석을 근거로 중국의 장기 출처가 불분명하며, 파룬궁 수련인이 박해를 받은 후부터 중국의 장기 이식 건수가 눈에 띄게 폭증했다고 밝혔다. 노왁 교수는 고문 문제 특별조사관 신분으로 중국 정부에 편지를 보내 이와 같은 혐의에 대한 조사를 요구하고, 장기 이식 시스템 공개와 형사책임 강화, 주범 처벌도 함께 요구한 바 있다. 그러나 중국 정부의 답변을 받지 못했다.[3]

오늘날까지도 중국공산당은 여전히 살아 있는 파룬궁 수련인의 장기를 적출한 것에 대한 고발을 직면하려 하지 않고 있다. 중국공산당은 2013년 유럽의회 결의안 및 2014년 미 의회 하원 외교위원회 결의안의 파룬궁 수련인에 대한 생체 장기 적출 비난과 국제조사 및 주범에 대한 사법처리 요구를 무시했다. 2015년에 들어서서도 중국에서는 군부가 공안, 검찰, 법원과 공모해 장기 적출과 살인을 하고 있다는 군의관들의 증언이 잇따랐으며, 생체 장기 적출 만행이 잦아들고 있다는 조짐은 보이지 않고 있다. 그동안 파룬궁 인권 변호인단, 다포, 대만 국제기관이식관리협회TAICOT, 파룬궁 박해 추적 국제 조직은 인내심을 갖고 중국공산당 관료, 사법 공무원, 의료진을 상대로 전면적으로 증거를 수집하고 국제 조직에 생체 장기 적출 내막을 폭로해, 살인 만행을 저지하려는 노력을 지속해 왔다.

한편 사람들은 중국공산당이 무엇 때문에 '파룬궁 수련인 생체 장기 적출', '생체 장기 적출 수용소'와 같은 잔인한 만행을 확대해 나갈 수 있었는지 의문을 가진다. 거슬러 올라가 보면 주요한 원인은 지난 1999년, 전 공산당 총서기인 장쩌민이 '파룬궁 소멸'을 탄압의 근본 목적 및 지도 원칙으로 삼았기 때문이다. 박해에 참여한 사람들은 수단과 방법을 가리지 않고 파룬궁을 '소멸'할 것을 선동 받았으며 생체 장기 적출, 수용소 등의 비인간적인 '소멸' 수단을 격려하는 장쩌민의 노선 하에, 거리낌 없이 악행을 확대할 수 있었다. 역사적 경험에서 사람들은 인종 학살 혹은 집단학살의 비극에는 반드시 국가핵심 권력을 장악한 야심가가 있고, 그의 무지함과 완고함이 모든 것을 불사하고 국가기구를 이용해, 자신이 증오하는 인종과 집단에 대한 대학살을 자행한다는 것을 알고 있다. 20세기 가장 침통한 사례가 독일 히틀러의 유대인 학살이라고 한다면, 21세기 가장 엄중한 대학살은 중국의 1억 명이 넘는 파룬궁 수련인에 대한 장쩌민의 피비린내 나는 탄압이라고 할 수 있다.

장쩌민은 파룬궁 탄압 초기에 '3개월 안에 파룬궁을 소멸하겠다.'[4]라고 공언하고 '엄하게 타격하고 투쟁'하는 운동에서 '명예를 실추시키고, 경제적으로 파탄시키며, 육체적으로 소멸하라.'[5]고 요구했다. 또 파룬궁의 '진眞·선善·인忍'을 따르는 중국인은 남녀노소, 사회 계층을 불문하고 모두 '소멸' 운동의 목표로 삼았다. 이 '소멸' 정책은 장쩌민 한 사람이 결정한 것이다. 그는 이 목표를 위해 당과 정부의 모든 기구를 이용해 '소멸' 집행 시스템을 구축했다.(자세한 설명은 뒷부분에서 함)

유엔 총회가 1948년 12월 9일, 제260A(Ⅲ)호에서 결의한 '인권 유린 방지 및 처벌 협약'(집단학살 범죄 방지 및 처벌 협약Convention on the Prevent and Punishment of the Crime of Genocide) 제2조 '집단학살죄' 혹은 '종족학살죄' 규정[6]에 의하면, '본 협약 내 종족 말살은, 계획적으로 한 민족·인종·종족 혹은 종교단체를 전부 혹은 국부적으로 없애려고, 다음과 같은 행위를 저지른 자를 가리킨다.'

ⓐ 한 집단 구성원을 살해한 행위.

ⓑ 한 집단 구성원의 신체 혹은 정신에 엄중한 위해를 입히는 행위.

ⓒ 한 집단의 전체 또는 일부의 육체적 소멸을 위하여 그 집단의 생활 상태에 의도적으로 영향을 미치는 행위.

ⓓ 한 집단의 생육을 강제적으로 저지하는 행위.

ⓔ 한 집단의 아동을 강제적으로 다른 집단으로 이동시키는 행위.

장쩌민은 중국과 국제 사회에 '3개월 이내에 파룬궁을 소멸하고, 명예를 실추시키고, 경제적으로 파탄시키며, 육체적으로 소멸할 것.'이라고 공언했다. 이런 '의도적인 말살' 선언에 이어 시행된 전국적인 '말살 행동'이 시작돼 살아 있는 상태에서 장기를 강제로 적출하는 결과를 초래했다. 장쩌민의 언행은 국제 사회에 자신이 바로 집단학살죄, 반인류죄 및 고문죄를 저지른, 의심할 바 없는 원흉이라는 사실을 스스로 드러냈다.

장쩌민은 국제형사법상 가장 엄중한 세 가지 범죄를 저질렀을 뿐만 아니라 인류의 인성을 말살시키는데 있어서 가장 극단적인 악을 저지른 것이다.

앞에서 서술한 바와 같이, 장쩌민의 탄압 목적은 3개월 안에 1억 명에 이르는, '진眞, 선善, 인忍' 신념을 원칙으로 하는 파룬궁 수련인들을 말살하는 것이었다. 그는 우선 대중 사이에서 파룬궁에 대한 '보편적인 증오'를 만들어 전 국민이 수련인을 증오하게 하고 '공공의 적' 파룬궁과 맞서는 말살 운동이 전국 곳곳에서 일어나게 했다. 그러나 중국은 전통적으로 하늘을 공경하고 신을 믿는 문화가 있어, 일반 사람들에게도 파룬궁의 '진眞, 선善, 인忍' 수련 원칙은 낯설지 않다. 특히 1억 명에 가까운 중국인이 파룬따파 수련 원칙을 실천해 이로움을 얻는 과정이 있었고, 중국공산당과 정부 고위층 관료들 중에도 파룬궁을 수련하는 사람이 적지 않았으며, 공개적으로 포상한 사례도 있었다. 게다가 중국공산당은 파룬궁 수련인들이 절대로 권력을 넘보지 않는다는 점을 매우 잘 알고 있었다. 이런 상황에서 장쩌민은 파룬궁을 소멸하기 위해, 공산당 정권을 수립한 이래 쌓아 온 온갖 수법으로 더욱 큰 거짓말과 증오를 만들어야 한다고 생각했을 것이다. 더욱 극심한 폭력으로 파룬궁에 대한 긍정적인 사회 분위기를 뒤집어야, 비로소 중국에서 '집단학살' 의도를 관철할 수 있음을 알고 있었다.

여기서 잘 살펴보아야 할 것은 역대 정치 운동에서 공산당이 잔인한 수단으로 반체제 인사들을 제거했다는 것을 중국 국민 대다수가 알고 있다 해도, "장쩌민의 '파룬궁 소멸'의 전제 조건이, '사람들 마음속의 악한 본성을 최대한 불러일으키고 선한 본성을 최대한 소멸하는 것'임"을 깨닫지 못했다는 점이다.

장쩌민은 국가 법률까지 파괴하는 잔인한 수단으로 중국 국민의 파룬궁 수련과 전파를 철저히 금지해 1억 명 파룬궁 수련인들의 언론·표현·종교와 사상의 자유를 침해했다. 이는 근본적으로 중국 문화의 도덕적 가치관을 철저히 말살한 것으로, 중국인들이 공산당의 거짓말에 속고 협박과 이익에 회유당해, 선량한 수련인들에 대한 탄압에 동조하고 박해에 참여하게 했다. 생각해 보면 이 세상 어떤 사람이라도 양심이 남아 있다면 선량하고 무고한 수련인을 고문하지 않을 것이며, 생체 장기 적출은 더욱 불가능할 것이다. 때문에 시비가 완전히 뒤바뀌고, 선악을 완전히 구분하지 못하며, 악한 마음이 최대치로 올라온 상황에서만, 집단학살이 지속될 수 있고 전국을 휩쓸 수 있다. 이성적으로 생각해 보면, 중국인들은 파룬궁 수련인들을 심각한 증오, 오해, 차별, 폭력 등으로 대했는데, 장쩌민이 파괴한 것은 파룬궁뿐만이 아니라, 사람으로서 가장 소중한 중국인들의 선량한 본성과 양심까지 파괴했음을 알 수 있다.

장쩌민, 중국 곳곳에 법률을 초월한 탄압 시스템 구축

지난 1999년, 장쩌민은 공산당 당수로 있을 때 '3개월 이내에 파룬궁을 소멸하겠다.'고 공언했다. 목적을 이루기 위해 그는 모든 당과 정부 기구를 동원해 총력을 기울였다. 그러나 소멸eradication은 동·서방의 모든 법률 원칙이 허용하지 않는다. 그리하여 장쩌민은 모든 헌법 및 법률을 넘어선, 집단학살을 위한 불법 중앙 집행 시스템을 구축해 '소멸'의 야심이 중앙에서부터 지방에 이르기까지 일관적으로 관철되게 했다. 파룬궁에 대한 전국적인 탄압이 시작되기 한 달 전인 6월 10일, 장쩌민은 직접 중국공산당 중앙 조직에 나치의 '게슈타포Gestapo' 및 '중국공산당 문화 혁명 소조'와 유사한 파룬궁 박해 전문기구를 설립했는데 공식 명칭은 '중국공산당 중앙 파룬궁 문제 처리 소조'였다. 상설 사무처리 기구는 '파룬궁 문제 처리 영도 소조 사무실'이라 불렀는데 6월 10일 설립됐으므로 '610 사무실'이라는 별칭도 있다. 파룬궁 박해 추적 국제 조직은 보고서에서 '파룬궁 문제 처리 영도 소조' 및 상설기구 '610 사무실'의 설립과 가동은 기밀에 부쳐져 지금까지 공표한 적이 없다고 밝혔다.[7]

비록 장쩌민은 소원대로 3개월 이내에 파룬궁을 소멸하지는 못했지만, 직접 '집단학살' 시스템을 구축하고 중앙에서 지방에 이르기까지 전국 각지에 뿌리내리게 했다. 중앙 이하의 성, 시, 현, 구, 향(가도) 등에 각급 '영도 소조'가 언제 설립됐는지에 대해 밝힌 공개 문서는 없었다. 탄압이 시작된 후 '610 사무실'은 어떠한 법적 권한도 부여받지 않은 상황에서 행정과 공안, 검찰, 법원, 사법행정, 안전 등 사법기구와 각 기관의 파룬궁에 대한 수사, 체포, 기소, 재판 처리를 지도하고 행정을 관리했다. 비공식 통계에 따르면 중국 각급 '610 사무실'은 수만 개에 달하며, 전직과 겸직 요원 100만 명이 동원됐으며, 경비가 풍족하고, 오직 당위원회에만 복종하며, 한 단계 위의 상급 '610 사무실'의 지휘를 받는 방식으로 운영된다.

장쩌민은 문화대혁명 이후 처음으로 자신의 지도자 신분을 최대한 이용해, 당과 정부의 자원을 총동원한 결과, 전국 규모의 밀도 높고, 게다가 어떠한 법률적 제약도 받지 않는 민중 박해 시스템을 구축했다. 중국공산당이 파룬궁을 박해한 지난 16년 동안 이 610 시스템은 도시에서 농촌에 이르기까지 파룬궁 수련인의 정신적 전향과 육체를 박해하기 위해 밤낮없이 가동됐다.

장쩌민은 중국에서 '영도 소조', '610 사무실'을 이용해 파룬궁 수련인을 박해했을 뿐만 아니라 그 마수를 해외까지 뻗쳤다. 해외 중국 대사관은 610 요원의 지시를 받아 해외 파룬궁 수련인들의 활동 정보를 수집하고 파괴 활동을 했다. 지난 2005년, 호주 시드니 주재 중국 영사관 영사이자 일등 사무관인 천융린陳用林은 ABC TV 방송과 인터뷰에서 파룬궁 전문 박해 기관인 610 시스템이 존재할 뿐만 아니라, 중앙 610 사무실 고위관료가 시드니로 찾아와 업무 보고를 받고 자신에게 파룬궁 박해를 강화할 것을 요구했다고 폭로했다.[8] 같은 해, 호주 정부에 정치적 보호를 요구한 톈진 공안국 전 610 사무실 요원 하오펑쥔郝鳳軍은 대만을 방문했을 때, 중국공산당이 파룬궁을 모함하는 공문을 하달한 내막을 언론에 폭로했다.[9]

파룬궁을 질투하고 증오했던 장쩌민, 그리고 그가 직접 키운 일당인 전 정법위원회 서기 뤄간羅幹, '공안 황제' 저우융캉周永康, 보시라이薄熙來, 쉬차이허우徐才厚 등은 중국 사회에 공포 분위기를 만들어 중국을 하나의 큰 감옥으로 만들었다. 사람들은 서로 적으로 대하고, 선량한 수련인을 원수로 여기면서, 많은 파룬궁 수련인은 가족이 뿔뿔이 흩어졌고 집과 가족을 모두 잃었다.

허베이성 바오딩保定 딩저우시定州 베이먼가北門街 주민인 양리룽楊麗榮(여, 34세)은 파룬궁을 수련했다는 이유로 늘 경찰의 협박 속에 살아야만 했다. 2002년 2월 8일 저녁, 경찰들이 집에 다녀간 후, 계량국 운전기사인 남편은 일자리를 잃는 것이 두렵고, 중국공산당의 압력을 이기지 못해, 집안 어르신들이 없는 틈을 타 새벽에 아내의 목을 졸랐다. 양리룽은 그렇게 10살짜리 아들을 두고 처참히 세상을 떠났다. 그녀의 남편은 그 후 즉시 경찰에 자수했는데 경찰은 사건 현장에 도착한 후 아직 체온이 남아 있는 양리룽의 시신을 부검하고 많은 장기를 가져갔다. 장기를 적출할 때 김이 났고 피가 흘렀다. 현장을 목격한 한 공안은 "시신 부검이 아니라 산 사람을 해부하는 것 같았습니다."라고 말했다.(밍후이왕 2004년 9월 22일자 보도) 헤이룽장성 완자萬家 노동교양소에서는 임신 6~7개월째인 임신부를 두 손을 천정에 묶은 다음, 발밑에 딛고 있던 걸상을 치워 신체를 허공에 매달았다. 천장 가름대는 바닥에서 3m 높이에 있었는데, 밧줄 한쪽은 가름대 도르래에 걸쳐 있었고, 다른 한쪽은 경찰이 잡고 있었다. 그리하여 밧줄을 당기면 사람이 허공으로 떠올랐고 밧줄을 놓으면 빠른 속도로 추락했다. 그 임신부는 극심한 고통에 시달려 결국 유산했다. 더욱 잔인한 것은 그 고문 장면을 그녀 남편이 지켜보게 했다는 것이다.[10]

'파룬궁 소멸'이라는 장쩌민의 히스테리적인 목표의 피해자는 육체적 정신적으로 기본 인권을 유린당한 파룬궁 수련인들 뿐만 아니라, 그들의 친척, 친구 그리고 파룬궁 수련인을 위해 과감히 변호에 나섰다가 박해당한 변호사들도 포함된다. 예를 들면 '중국의 양심' 가오즈성高智晟, 탕지톈唐吉田, 왕융항王永航 등의 정의로운 변호사들과 청원서에 손도장을 손수 찍어 무고한 파룬궁 수련인 석방을 법원에 요구한 이웃들이 있다. 1억 명의 파룬궁 수련인들에 대한 장쩌민의 탄압으로 최소 그 수배에 이르는 중국 민중이 지난 16년 동안 심신의 고통을 당했다.

심지어 박해에 참여했던 공산당 간부들은 장쩌민이 권좌에서 물러난 후에도, 박해가 중단될 경우 자신이 법의 심판과 처벌을 받을까봐 두려워 했다. 그래서 온 힘을 다해 박해를 유지하려 했고, 더욱 많은 사람이 박해에 동참하게 해 파룬궁 탄압의 공범이 되게 했다. 많은 사람이 손에 피를 묻히게 되자, 더욱 커진 두려움 때문에 진상을 은폐함으로써 침묵과 공포 속에서 죄악이 계속 확대되었다. 장쩌민 본인도 권좌에서 물러난 후 숙청이 두려워 군부, 중앙정치국(예를 들면, 저우융캉은 중앙정치국 상무위원과 중앙 정법위원회 서기직을 겸임하면서 공안, 검찰, 법원을 장악하고 지휘했음) 등 공산당 주요 권력 체계에 남아 있는 일당을 전력으로 통제해 잔혹한 파룬궁 박해를 계속 유지했다.

장쩌민의 파룬궁 박해는 '21세기 최대 인권 재난'

1. 박해 범위

전 중국 외에도 대만, 홍콩 및 파룬궁 수련인이 있고, 중국 영사관이 있는 모든 해외 국가와 지역까지 확대됐다.

2. 박해 시스템 및 수단

중국공산당은 외교, 군부, 국가 안전, 교육, 선전, 당무黨務, 사법 및 재무 등의 체계를 전면적으로 동원했다. 중국에서 주요 박해 수단은 세뇌 전향, 장시간 폭행, 전기충격, 집단 성폭행, 정신약물 주사, 강제 노동, 수면 박탈, 모욕적인 언어, 신념 포기 강요, 강제 자백, 다른 파룬궁 수련인 전향공작에 협조하도록 강요, 심리 없는 판결, 사법 구제 금지, 음식물 강제 주입 등이다. 특히 마싼자馬三家 노동교양소의 만행은 가장 악명 높아 고문 형식이 20종이나 된다.[11] 랴오닝성 톄링시鐵嶺 파룬궁 수련인 인리핑尹麗萍은 세 차례에 거쳐 마싼자 여자 노동교양소에 18개월 동안 감금됐다. 2001년 4월 19일, 그녀와 다른 여성 파룬궁 수련인 8명은 랴오닝성 장스張士 남자 노동교양소 감방으로 옮겨졌다. 이 9명의 여성은 그 후 박해로 사망했거나, 정신병에 걸렸으며, 탄압을 견디지 못하고 침묵을 선택한 사람도 있었다. 현재 베이징에 거주하는 마싼자 피해자인 류화劉華는 "랴오닝 번시시本溪 주민 신수화新淑華는 나와 같은 감방에 있었는데, 지난 2000년에 파룬궁 여자 수련인 18명이 남자 감방에서 강간 혹은 윤간을 당했다고 말했어요."라고 증언했다.[12] 해외에서 중국공산당은 대사관을 이용해 파룬궁 수련인과 친지들의 개인정보와 해외활동 정보를 수집하는 일 외에도, 해외 친공산당 언론들과 공모해 파룬궁을 모함했다. 해외 폭력조직을 매수해 파룬궁 수련인들을 공격하고 파룬궁 수련인들의 박해에 반대하는 활동을 파괴했다. 특히 미국, 캐나다, 남미, 호주, 대만, 홍콩 등지의 유명 관광지에서, 중국공산당은 그들의 하수인 조직을 이용해 파룬궁에 대한 증오를 선동하거나, 폭력을 행사하고, 물품을 훼손하는 식의 방식으로, 중국 관광객에게 공산당의 박해를 폭로하고 진실을 알리는 파룬궁 수련인들과 맞서게 했다.

중국공산당의 모든 박해 수단 중에서 가장 잔인한 것은 살아 있는 파룬궁 수련인의 장기를 적출해 매매한 만행이다. 2006년, 증인 애니와 피터가 워싱턴에서 중국공산당의 생체 장기 적출 만행을 폭로한데 이어, 캐나다 인권변호사 데이비드 메이터스와 캐나다 전 아태담당 국무장관 데이비드 킬고어도 이 같은 혐의에 대해 독립적인 조사를 벌였다. 52가지 증거에 대한 정반 논증을 거친 후 혐의가 확실하다는 결론을 냈으며, 중국공산당의 생체 장기 적출을 '이 지구상에 유례없는 사악'[13]이라고 지적해 충격을 줬다.

3. 피해자 규모

장쩌민이 정식으로 파룬궁 탄압을 시작한 것은 지난 1999년 7월 20일이다. 1억 명에 이르는 중국 파룬궁 수련인들이 언론, 종교 및 집회·결사에 관한 기본권을 박탈당했다. 지난 16년 동안의 고문치사 피해자와 생체 장기 적출의 피해자 규모 및 중국공산당 정부와 그 하수인 조직에 의해 박해당한 해외 피해자 규모는 집계하기 어렵다. 함께 손해를 입은 수련생 가족들도 부지기수다.

4. 박해에 동원된 자원

'파룬궁 박해 추적조사 국제 조직'은 지난 2003년 캐나다 국회의원의 요청으로 캐나다 국회에서 '중국 장쩌민 정부가 국가재정으로 파룬궁을 박해하다'라는 주제로 기자 회견을 열고 다음과 같이 밝혔다.

> 2001년 12월, 장쩌민은 42억 위안을 투입해 파룬궁 수련인 세뇌센터를 세웠다. 2001년 7월 4일, 미국의 소리Voice of America 방송은 노동교양소 수감자 중 절반가량이 파룬궁 수련인으로 추정된다고 보도했다. 갈수록 늘어나는 수련인들을 수용하기 위해 많은 지역 노동교양소는 증축 공사를 벌였고, 대량의 자금을 사용했다. 산시성山西의 한 노동교양소는 이전 공사에 총 1,937만 위안을 사용했다. 게다가 금전적보상으로 더욱 많은 사람이 파룬궁 박해에 참여했다. 마싼자 노동교양소 소장 쑤蘇 모씨는 포상금으로 5만 위안을 받았고, 부소장 소우邵 모씨는 3만 위안을 받았다. 많은 지역에서는 파룬궁 수련인을 적발하면 매번 수천 위안에서 1만 위안에 이르는 포상금을 그 사람에게 지급했다. 2001년, 중국공산당 공안부 내부 소식에 따르면 톈안먼 한 곳에서만 파룬궁 수련인을 색출하는데 하루 170만 위안에서 250만 위안

이 투입되고 있다. 즉 한해 6억2천만 위안에서 9억1천만 위안이 투입되는 셈이다. 번화한 도시에서 국경 지역 농촌에 이르기까지, 지방 경찰, 공안과 610 사무실 요원들은 곳곳에서 파룬궁 수련인들을 체포했는데, 장쩌민은 파룬궁 박해에 적어도 수백만 명을 고용했다. 이들에게 지급되는 월급, 포상금, 추가 업무 비용 및 보조금 등을 합치면 매년 수천억 위안에 이른다.

대만 중앙사의 2003년 보도에 따르면 2001년 2월 27일, 장쩌민은 파룬궁 수련인 등을 감시하기 위해 40억 위안을 들여 감시카메라 CCTV를 전국 각지에 대량으로 설치했다. 파룬궁을 모함하고 증오심을 선동하기 위해 책과 소책자, VCD와 포스터 등 선전물도 대량으로 출판·제작됐다. 또 파룬궁을 비방하고 중상모략하는 영화 최소 두 편이 전국 각지에서 상영됐으며, 마찬가지로 같은 내용의 TV 드라마가 20회 분량으로 현재 제작 중이다. 이처럼 중국 경제 자원의 ¼이 동원된 것은 파룬궁 박해가 지속될 수 있는 주요 원인 중 하나이다. 이런 자금은 국내외 투자자들의 자금과 국민의 혈세에서 나왔으며, 여기에는 파룬궁 수련인 및 그들의 가족과 관련된 회사나 조직에서 받은 불법 벌금도 포함되었다. 거대한 자금이 공안, 국가보안부, 전국의 610 범죄조직과 외교 등에 사용되었다.[14]

5. 박해 기간

장쩌민이 정식 탄압을 선포한 1999년 7월 20일부터 오늘까지 하루도 중단된 적이 없었다.

이번 인권재난은 전무후무할 정도로 잔인했지만, 장쩌민의 '파룬궁 소멸' 시도는 실패로 돌아갔다. '소멸', '투쟁' 및 '엄중한 타격'은 중국공산당의 과거 정치 탄압 운동에서는 모두 효과를 봤지만, 파룬궁을 확고히 믿는 수련인들은 '진眞·선善·인忍'을 정신과 사상적 지주로 삼고 있으므로 성폭행, 전기충격 등의 육체적 고문을 가해도 그들의 신념을 박탈하지 못했다. 강요 때문에 '회개서'나 '보증서'를 쓴 파룬궁 수련인들도 결국 파룬궁 수련으로 되돌아갔는데 이런 사건은 헤아릴 수 없이 많다.[15]

21세기 최대 국제 인권 소송

장쩌민과 중국공산당이 서로를 이용하며 전면적인 탄압을 하는 정황에서, 파룬궁 수련인들과 그 변호사들은 사법 체계의 박해를 받았기 때문에, 중국에서는 법률적인 도움을 받을 수 없었다. 탄압 시작 이듬해인 2000년 8월 25일, 파룬궁 수련인 두 명이 중국 최고인민검찰원과 중국최고법원에 장쩌민, 중앙서기처 서기 쩡칭훙과 정법위 서기 뤄간의 파룬궁 박해가 헌법에 어긋난다며 고소장을 제출한 바 있다. 하지만 곧 비밀리에 체포되어 한 사람은 사망하고 다른 한 사람은 크게 상해를 입었다.[16]

국내외 파룬궁 수련인들이 장쩌민에게 수차례 박해를 중지할 것을 요구했지만, 소용이 없는 상황에서 장쩌민과 그 일당의 피비린내 나는 잔인한 죄악을 제지하고 폭로하기 위해, 해외 파룬궁 수련인들은 2002년부터 전 세계 5대주 30개국 법원에 장쩌민 등의 원흉을 상대로 형사소송 및 민사소송을 제기했다. 파룬궁 인권변호사 단체는 파룬궁 수련인들이 전 세계적으로 벌인 장쩌민 등 박해 원흉에 대한 사법소송을 '전 세계 장쩌민 소송안'이라 통칭했다. 파룬궁 수련인들은 해외 법원에 장쩌민 등 박해 원흉을 국제형사법 중 가장 엄중한 범죄인 '집단학살죄, 고문죄, 반인류죄'로 고소하고 피고에 대한 사법관할 실시와 체포 및 심판을 요구했다. '전 세계 장쩌민 소송안'은 파룬궁 수련인들이 중국의 사법체계와 국제형사법원에서 법률적 도움을 얻기 어려운 상황에서 중국공산당의 박해 사실을 폭로하기 위해 민주국가의 사법 정의를 찾은 장거이다.

파룬궁 수련인들이 고소장을 제출한 각 국가의 법원 수, 고소당한 당 지도자와 관리들의 당내 위치 정도, 대리 소송을 한 국제 인권변호사들의 규모 등을 보면 '전 세계 장쩌민 소송안'은 '21세기 최대 국제인권 소송'이라 할 수 있으며, 역사상 이러한 전례가 없다. '전 세계 장쩌민 소송안'의 피고인 장쩌민, 뤄간, 류징, 저우융캉, 쩡칭훙, 보시라이는 파룬궁 박해에 깊이 관여한 관리들이다. 중국에서 박해를 받은, 홍콩과 대만 파룬궁 수련인들도 각각 홍콩과 대만 법원에 장쩌민, 리란칭, 뤄간을 집단학살죄와 고문죄로 고소했고 형사고발과 민사권리침해 소송을 제기했다.

2009년 11월, 스페인 국가법원은 파룬궁을 박해한 장쩌민, 뤄간, 보시라이, 자칭린 및 우관정을 집단학살죄 및 고문죄 혐의로 기소했다. 같은 해 12월, 아르헨티나 연방법원도 장쩌민과 뤄간에게 반인류죄 혐의를 적용해 국제 수배령을 내렸다. 당시 홍콩, 대만 언론과 워싱턴포스트, 뉴욕타임스, 미국의 소리, 프랑스 공영 라디오 방송RFI 등 국제 언론들은 경쟁적으로 관련 뉴스를 보도했다. 하지만 오히려 중국공산당 외교부 대변인은 관련 수배령이 중국과 아르헨티나의 관계에 영향을 줄 것이라고 협박했다.[17] 장쩌민은 중국공산당 총서기이자 전직 국가 지도자로서는 최초로 해외 법원의 지명 수배를 당한 사례가 되었다.

'파룬궁 인권변호사 단체'에 따르면 '전 세계 장쩌민 소송안'[18]의 대략적인 상황은 다음과 같다.

1. 파룬궁 수련인이 전 중국공산당 국가주석 장쩌민을 '집단학살죄, 반인류죄, 고문죄'로 형사 고소 혹은 민사 소송한 국가와 지역.

* 유럽: 벨기에, 스페인, 독일, 그리스, 네덜란드, 스웨덴.
* 아메리카: 미국, 캐나다, 볼리비아, 칠레, 아르헨티나, 페루.
* 아시아: 대만, 홍콩, 일본, 한국.

- 오세아니아: 호주, 뉴질랜드.

2. 앞서 밝힌 국가 및 지역에서 형사소송 혹은 민사소송을 당한 당시 현직 중국공산당 관리.

- 뤄간羅幹 정법위원회 서기
- 저우융캉周永康 공안부장 겸 정법위원회 서기
- 쩡칭훙曾慶紅 국가부주석
- 보시라이薄熙來 상무부 부장
- 리란칭李嵐淸 국무원 부총리
- 류징劉京 공안부 부부장
- 자오즈페이趙志飛 후베이성 공안청장
- 류치劉淇 베이징 시장
- 리창춘李長春 중국공산당 중앙정치국 상무위원
- 샤더런夏德仁 랴오닝성 부서기
- 우관정吳官正 산둥성 서기
- 왕마오린王茂林 중앙 610 사무실 주임
- 왕쉬둥王旭東 중국정보산업부 부장, 허베이성 서기
- 자오즈전趙致 우한시 라디오TV국 국장
- 천즈리陳至立 교육부장
- 자칭린賈慶林 베이징 서기, 정협 주석
- 쑤룽蘇榮 간쑤성 서기

- 쉬광춘徐光春 허난성 서기

- 황화화黃華華 산둥성 성장

- 왕싼윈王三運 안후이성 성장

- 지린吉林 베이징시 부시장

- 자오정융趙正永 산시성 성장

- 천정가오陳政高 랴오닝성 성장

- 왕쬒안王作安 국가종교국 사무국장

- 예샤오원葉小文 국가종교국 사무국장

- 양쑹楊松 후베이성 서기, 610 사무실 책임자

- 황쥐黃菊 국무원 부총리

- 궈촨제郭傳傑 중국과학원 당조직위 부서기, 610 사무실 부팀장

- 리위안웨이李元偉 랴오닝 링위안감옥 관리분국 국장, 610 사무실 책임자

- 자춘왕賈春旺 전 공안부 부장

- 린옌즈林炎志 지린성 부서기, 610 사무실 팀장

- 쑨자정孫家正 정협 부주석, 전 문화부장

- 왕위성王渝生 반反사교협회 부이사장

- 왕타이화王太華 안후이싱 서기

- 장더장張德江 산둥성 서기

- 천사오지陳紹基 산둥성 정법위 서기

- 스훙후이施紅輝 산둥성 노동교양국 국장 겸 서기

- 궈진룽郭金龍 베이징 시장

• 장웨이強衛 장시성 서기

캐나다 중국 영사관 부총영사 판신춘潘新春, 주한 중국대사 리빈李濱, 주한 중국총영사 장신張欣 및 5명의 대사관 참사관, 말레이시아 중국 대사관 대변인 쑨샹양孫向陽 등.

3. 파룬궁 수련인이 '집단학살죄, 반인류죄, 고문죄'로 중국공산당 관리에 대해 형사고소 또는 민사소송을 제기한 국가와 지역.

• 유럽: 프랑스, 독일, 벨기에, 네덜란드, 스웨덴, 핀란드, 아르메니아, 몰도바, 아이슬란드, 스페인, 스웨덴, 아일랜드, 덴마크, 사이프러스, 러시아, 오스트레일리아, 스위스.
• 아메리카: 미국, 캐나다, 볼리비아, 칠레, 아르헨티나, 페루.
• 아시아: 대만, 홍콩, 일본, 한국.
• 오세아니아: 호주, 뉴질랜드.
• 아프리카: 탄자니아.

4. 파룬궁 수련인이 '인신 공격, 재산 훼손, 소란, 비방'으로 형사소송 혹은 민사소송을 제기한 중국 영사 관리 및 중국공산당 해외 하수인 조직.

미국, 인도네시아, 캐나다, 독일, 한국, 러시아, 말레이시아, 일본, 필리

핀의 중국 영사관 혹은 대사관 관리.

5. 파룬궁 수련인들은 또한 국제형사법정, 유엔고문위원회, 유엔인권위원회(인권이사회의 전신) 및 유럽 인권법정 및 국제형사법정에 장쩌민, 쩡칭훙 및 610 사무실의 불법 탄압과 박해 범죄를 고발했다.

결론: '베이징 대심판'은 역사적 요구

천인공노할 범죄를 저지른 악인들은 반드시 역사의 평가와 법률의 심판을 받아야 한다. 인류는 중국과 해외를 가리지 않고 모두 인과응보를 알고 있으며, 정의를 갈망해 왔다. 역사의 경험에서 지혜와 교훈을 얻는 것은 행복한 삶을 위한 필수적인 수업이다.

제2차 세계대전 후 '뉘른베르크 대심판'은 인류에게 천인공노할 국제적 죄악을 더욱 엄격하게 다스리게 했고, 국제인권법 발전에 큰 영향을 주었다. 대심판 후 국제인권협약은 집단학살죄, 반인류죄, 고문죄 등을 방지하기 위해 범죄인 추적기소에 대한 국제적 책임을 강화했는데, 국제형사법원은 바로 이렇게 생겨난 것이다. 이런 국제 사법 시스템의 발전은 인류가 참혹한 폭행을 용인하지 않음을 충분히 증명했다. 악을 징벌하고 선을 선양하는 것은 아무리 시대가 바뀌어도 인류의 필수 생존 조건이다.

장쩌민 외 현재 중국의 각 정부 부처, 감옥과 노동교양소를 통제하고 있는 각급 관료 중 파룬궁 박해를 계획하고 집행했던 사람들이 얼마나 되는가? 중국의 이 슬프고 가슴 아픈 현대사에 유감이 없으려면, 중국인들을 심각하게 박해한 공산당에 대해 엄중한 역사적 대심판을 펼쳐야 할 것이다.

장쩌민과 박해에 참여한 그 일당은 마땅히 중국 대지 위에서 법적 처벌을 받게 해야 하고, 천추만대로 중국인들이 영원히 기억하고 역사의 교훈으로 삼게 해야 한다. 인성을 말살하는 하늘에 사무치는 죄악이 더 이상 발생하지 말아야 한다. 중국공산당의 파룬궁 박해는 현재 인류의 양심을 고험하고 있다. '베이징 대심판'은 중국의 피해 갈 수 없는 역사적 요구다.

1. 주완치 변호사, 유엔에 중국공산당 '생체 장기 적출 수용소'조사 촉구
   http://www.epochtimes.com/b5/14/7/23/n4207441.htm
2. 전 유엔 조사관 "중국공산당 생체 장기 적출 혐의 확실"
   http://big5.minghui.org/mh/articles/2011/11/11/249086.html
   중국공산당의 파룬궁 수련인 생체 장기 적출에 관한 보고서(5)
   http://big5.minghui.org/mh/ articles/2012/11/7/265162.html
3. 중국공산당의 파룬궁 수련인 생체 장기 적출에 관한 보고서(1)
   http://www.xinsheng.net/xs/ articles/big5/2012/11/19/49074p.html

4. 장쩌민, 파룬궁 창시자 리훙쯔 대사를 병적으로 질투하다

http://www.epochweekly.com/b5/394/14023p5.html

중국공산당의 파룬궁과의 전쟁, 초반 실패로 지구전 벌이다 최근엔 결전(사진모음)

http://ww.epochweekly.com/2014/0813/429444.tml#sthash.x02JE2IQ.dpbs

5. 내부 투쟁, 피의 빚으로 격화

http://www.epochweekly.com/b5/257/10244.html

6. 자세한 협약 내용

http://www.un.org/chinese/hr/issue/docs/85.PDF

7. 추적국제조사조직의 보고서(9): '610 사무실'에 관한 조사 보고–당 중앙

http://www.epochtimes.com/b5/4/10/26/n700451.html

[역사의 오늘] 이름만 바뀐 중국공산당의 게슈타포 조직 '610 사무실'

http://www.epochtimes.com/b5/14/10/14/n4271937.html

8. 천융린 "610 사무실 관리, 영사관에서 업무 보고 받아"

http://www.epochtimes.com/b5/5/6/21/n960607.html

9. 하오펑쥔, 대만 중앙라디오방송과 인터뷰

http://www.epochtimes.com/b5/5/12/27/n1168126.html

전 610 사무실 관리 하오펑쥔, 중국공산당의 파룬궁 모함 증언

http://big5.minghui.org/mh/articles/2005/6/12/103923.html

10. '9평 공산당'9평 중 제5평) 장쩌민과 중국공산당이 상호 이용해 파룬궁 박해

http://www.epochtimes.com/b5/4/11/27/n730058.html

11. 마싼자 노동교양소의 고문 방식 일람표

http://huiyuan.minghui.org/big5/html/articles/2006/3/6302.html

12. NYT 사진 기자 두빈, 홍콩서 마싼자 성고문 폭로한 신간 발표

http://www.epochtimes.com/b5/14/7/23/n4207573.html

13. 박대출판사의 『혈성적활적기관血腥的活摘器官』(원저: 『Bloody Harvest』)참고

http://www.books.com.tw/products/0010508143

14. 대만 중앙사 '중국 정부, 파룬궁 박해에 대규모 국가 재정 동원'

http://big5.minghui.org/mh/articles/2003/3/23/46962.html,

http://www. zhuichaguoji.org/sites/default/files/record/2004/05/132–jiang_
ze_min_ji_tuan_2.pdf

15. 수련포기 선언 혹은 강요에 의해 회개서를 작성했던 수련인들의 수련 재개 엄정성명 모음

http://big5.minghui.org/mh/fenlei/85/

16. 홍콩 억만장자, 파룬궁 박해 원흉 고소

http://weekend.minghui.org/big5/343/343_05.html

17. 대숙청 시작: 장쩌민, 국제 수배령 내려진 첫 총서기

http://www.epochtimes.com/b5/14/2/11/n4080335.html

18. '파룬궁 인권변호사단'은 변호사 자격을 갖춘 전 세계 파룬궁 수련인 및 세계 각지에서 파룬궁 수련인의 장쩌민 등 박해 원흉 고소에 위임장을 받은 변호사들로 구성되었다. 본문의 '전 세계 장쩌민 고소안'은 이 변호사단 구성원들이 제공한 각국 자료를 모아 정리한 것이다.

지구상에서 가장 극단적인 악: 집단학살의 진실을 알고 행동에 나서다

카를로스 이글레시아스Carlos Iglesias

1948년 12월 9일, 체결한 '집단학살죄의 방지와 처벌에 관한 협약 Convention on the Prevention and Punishment of the Crime of Genocide' 중의 집단학살(집단살해 혹은 종족학살)의 개념을 분석하면서 우리는 인간이 얼마나 사악할 수 있는지 깊이 깨닫게 됐다. 만약 한 독재자가 민족, 종족 혹은 종교를 이유로 한 집단을 말살한다면 인성이 바닥으로 추락했다는 것을 나타낸다.

역사를 되돌아보면 집단학살은 늘 독재 정권 최고층의 공모와 참여로 발생한다. 그들은 한 무고한 집단의 구성원들을 학살하기 위해 국가조직이 장악한 일체 수단을 동원하고 경제와 전략 자원의 소진을 마다치 않는다.

하지만 역사적으로 보면 수많은 사람을 도탄 속에 빠뜨리는 죄악이 발생한 후 집단학살죄는 반드시 폭로되고 정의의 심판을 받는 형태를 보이고 있다.

지난 1999년, 중국 정부는 중국공산당의 책동으로 파룬궁 박해를 시작했다. 전 세계적인 범위에서 수련인들의 신념을 뿌리 뽑고 물리적으로 수련인들을 소멸하기 위해서 세뇌, 고문, 고문치사, 강제 장기적출 등의 탄압 수단을 사용했다는 사실이 확인됐다. 이런 형태의 의도와 행위는 집단학살죄 판단 기준에 모두 부합된다. 1994년에는 최소 50만 명이 사망한 '르완다 학살', 1995년에는 8천여 명이 희생된 '보스니아 학살' 등 참극이 발생한 바 있다. 1999년 이후, 중국과 전 세계에서 1억 명을 초과하는 파룬궁 수련인들이 국가가 자행한 잔인한 박해를 받았다.

인류 역사상 집단학살 범죄가 일어난 초기에 비난을 받은 사례는 거의 없었다고 할 정도로 극히 드물었다. 중국의 심신수련법인 파룬궁을 수련하는 수련인에 대한 중국공산당의 박해가 바로 그 살아 있는 사례이다.

1948년 유엔에 의해 '집단학살죄의 방지와 처벌에 관한 협약'이 통과될 때 상당수의 사람이 양심을 갖고 생명과 인성의 존엄과 신념을 보호하는 인류 가치를 더욱 높은 단계로 끌어올렸다.

그러나 2차 세계대전 후의 동양, 더 명확히 말해서 중국에서 인류 역사상 가장 파괴적이고, 잔인하며, 냉혹한 중국공산당 독재 정권은 눈에 띄지 않고 남아서 진화하여 21세기까지 왔다. 독재 정권은 자국민들 가운데서 중요한 일부분 사람들을 없애려 했는데, 도덕성을 승화시키고 윤리적인 표준을 높이려 한 수백만 무고한 민중에게 고문을 가하고 심지어 그들의 장기를 적출하고 밀매시장에 팔아넘기기 위해 대학살을 감행하여 피비린내 나는 사업을 벌였다. 그런 지울 수 없는 핏자국들을 생각하면 중국공산당의 행위는 집단학살 혹은 집단살해이며 이런 강한 어휘로 형용해도 절대 과장된 것이 아니다.

이것이 바로 이 범죄의 다양한 피해자들이 나에게 전달한 실제 상황이며 나로 하여금 하나의 바람을 갖게 했다. 즉, 스페인 사법권력조직법 제23조 중의 '보편적 관할권universal jurisdiction'을 활용할 생각을 떠올리게 한 것이다. 이 법률은 제정 당시 전 세계에서 가장 선진적인 법률로, 이 법으로 보편적인 정의를 수호하고 범죄자와 피해자의 국적에 상관없이 집단학살죄 혹은 고문죄를 저지른 책임자를 고소할 가능성을 인정하고 있었다. 정확히 말해서 이런 엄중한 범죄는 전체 국제 사회에 영향을 주며 인류 모두에게 모욕적인 범법행위이기 때문이다.

집단학살 폭행과 맞서 싸운 나의 여정

피해자들과 면담하면서 내 마음은 매우 격동됐다. 그들이 심신으로 감당한 고난을 고스란히 느낄 수 있었기 때문이다. 그러나 내가 가장 감동받은 것은 그들의 영혼이었다. 인류의 가장 본질적인 부분은 영혼인데 그들의 영혼은 확고하고 온전했다. 그들은 한마음으로 정의를 바랐고, 중국공산당이 1억 명 이상의 무고한 중국 민중을 박해했다는 비극과 만행을 전 세계에 알려 주고자 했다.

나는 즉각 행동에 나서는 것을 지체할 수 없었다. 왜냐하면 역사적으로 처음 있는 일이며, 많은 일련의 상황이 중국공산당을 견고한 위치에 놓이게 했고, 집단학살을 방치하게 하는 장벽이면서 범죄자들을 처벌에서 벗어나게 하고 있었기 때문이다.

중국공산당의 보호벽을 떠받치고 있는 세 가지 기둥들

1. 정확히 말해서 중국 내부에서 발생한 집단학살죄를 통제할 권력을 갖고 있고, 통제해야 하는 당사자가 중국공산당이기 때문에(이른바 영토원칙) 중국 사법체계에 수사를 맡기기 불가능하다는 점이다.

2. 중국공산당은 국제형사재판소 설치에 관한 로마협약Rome Statute of the International Criminal Court에 서명하지 않았고 국제형사재판소의 관할을 인정하지 않기 때문에 중국공산당의 범죄를 국제형사재판소에서 다룰 방법이 없다.

3. 중국공산당이 유엔안전보장이사회 거부권을 갖고 있어 유엔은 중국에 대항하여 특정한 행동을 취할 수 없다. 이런 중국공산당의 보호벽은 스페인과 같은 국가들이 규정한 보편적 관할권과 같은 법률에 의해 무너져야 하며, 중국공산당 독재 정권의 반인륜적인 대학살의 참혹한 죄행을 만천하에 드러나게 해야 한다.

이제 남은 것은 우리가 최선을 다해 움직이면 되는 것들이다.

동료 변호사인 테리 마쉬Terri Marsh의 협조와 분담에 힘입어, 중국에서 살해되고 고문받은 몇몇 파룬궁 수련인 및 수련인들의 가족과도 면담을 진행한 뒤에 2003년 10월 15일, 나는 스페인에서 집단학살죄 및 고문죄로 주요 책임자 장쩌민을 고소했다.

장쩌민은 파룬궁 박해를 명령한 주범이며 그가 중국을 통치하는 기간 파룬궁 수련인에 대해 '명예 실추, 경제 파탄, 육체 소멸'이라는 세 가지 구체적인 행동 방침을 지시했다. 장쩌민의 공모자 뤄간은 파룬궁을 겨냥하는 탄압 기구인 이른바 610 사무실(파룬궁 박해 전담 기구)

책임자이며 역시 고소됐다. 나는 610 사무실을 '중국의 게슈타포'라고 부른다. 국가의 지휘 하에 법률과 감독 기관을 초월해서 파룬궁 수련인을 불법 체포 감금한다는 점에서 게슈타포와 다를 바가 없기 때문이다. 610 사무실은 파룬궁 수련인들이 고문당하고 죽음에까지 이르게 한 장소인 강제 노동교양소를 지휘하기도 했다.

이번 비극에서 한 가지 중요한 사실은 바로 중국공산당의 허위선전과 박해에 중국의 국민들이 부담하는 거액의 국가 예산이 사용됐다는 점이다. 그런 막대한 자금이 오로지 국민 중의 고무적인 집단(파룬궁 수련인)을 소멸하는 목적에 사용됐다. 자국민을 학살하는 지도자가 어떤 사람이겠는가? 무고한 국민들을 괴롭히고 무시하며 그들의 선혈이 묻은 깃발을 꽂은 중국공산당이 5천 년 역사와 전통을 갖고 있는 국가를 대표할 수 있는가?

중국의 선전기구는 중국공산당의 지령에 복종하는 모든 언론 매체를 동원해 국민 내부에서 파룬궁에 대한 증오를 부추기는 전략적 선동을 했다. 당시 파룬궁은 1억 명 이상의 중국인의 마음을 감동시켰고, 이미 1억 명의 중국인이 수련하고 있었으며 날로 환영 받는 상황이었다. 중국공산당은 이를 바꿔 놓으려 했다. 이 계획된 집단학살은 무수한 거짓말, 비방, 유언비어를 총동원하여 시작되었으며 모든 언론의 힘이 동원됐는데 주로 국영TV, 라디오방송, 신문과 통신사들로 파룬궁에 대한 무수한 거짓말을 거대한 산처럼 날조했다.

그들의 목적은 중국인들의 양심을 제거해 국가 전체가 파룬궁 금지령으로 마비되게 하는 것이었다. 이 조치는 또한 중국 국민에게 신념과 신앙이 중국공산당 독재 정권이 그어 놓은 선을 넘어서면 얼마나 위험한 일인지 경고하는 것이기도 했다.

유엔인권위원회와 국제앰네스티, 국제인권감시기구Human Rights Watch 같은 NGO 단체들의 자료에 따르면, 임의적인 불법 감금은 매일 곳곳에서 발생했고, 수천수만의 파룬궁 수련인들이 법률의 보호 없이 감옥과 노동교양소에서 비통한 공포 속에서 사람들이 겪어 보기 전에는 알 수 없고 상상할 수 없는 고문을 받으며 감금돼 있다.

지금도 나는 이 글을 써 내려가기 매우 힘들다. 수많은 무고한 중국 국민이 노동교양소의 어둠 속에서 감당한 끔찍한 고통을 그대로 표현한다 해도 나의 글로 지금 이렇게 소통하기는 아직도 매우 어렵다. 희생자들의 증언을 들으며 나는 무력하게 애도할 수밖에 없었다. 예를 들면, 다이즈전戴志珍이 어린 딸 파두法度를 안고 남편이 참혹한 학살을 당한 이야기를 할 때, 또 화가 장추이잉章翠英에게서 파룬궁 수련을 이유로 심신이 고문받은 이야기를 직접 들을 때 나는 단지 슬퍼할 수밖에 없었다. 당시 10살밖에 안 된 학생이었던 자오밍趙明이 강제로 발꿈치를 들고 매일 10시간 이상 쭈그려 앉는 체벌을 당하고, 전기충격과 수면 금지 고문을 받으면서 졸린 눈을 붙이기만 하면 의자에 묶여 구타당했다는 사실을 자세히 진술했다. 파룬궁 수련인 천잉陳英이 옷이 벗겨진 채 일반 죄수들에게 여성으로서 최대 치욕인 성폭행을 당하고, 또 하루 종일 얼음물 세례를 받았다는 등등의 이야기를 들으며 나는 애도밖에 할 수 없었다.

장쩌민과 뤄간에 대한 소송에 들어간 후, 스페인 법원은 또 파룬궁을 박해한 중국공산당 고위층인 자칭린賈慶林, 우관정吳官正, 전 상무부장 보시라이薄熙來를 잇따라 기소했다. 보시라이는 전임 랴오닝 성장과 다롄 시장이었다. 그는 랴오닝성 노동교양소의 파룬궁 수련인 대규모 학살의 직접적인 책임자이자 파룬궁 수련인에 대한 생체 장기 적출 주범의 한 사람이기도 하다.

소송에서 스페인의 보편적 관할 사법 절차에 근거한 많은 조사가 이뤄졌는데, 수집된 증거에서 국민에게 범한 중국공산당의 사악한 행위가 드러났다.

이런 참혹한 폭행은 들어 본 적 없었고, 양심 있는 인간이라면 상상조차 할 수 없는 것들이라 나는 나도 모르게 온몸이 부르르 떨렸고 깊이 충격을 받았다. 살아 있는 사람의 몸에서 장기를 적출한다는 것은 정말 인류 역사상 최악의 범죄다. 처음에는 나도 믿을 수 없었다. 어떠한 인종도 그 정도로 사악할 수 없기 때문이다. 하지만 그것은 실제로 벌어졌다. 수만 명의 건강한 파룬궁 수련인이 무고하게 생체 장기 적출을 당했고, 중국공산당은 가장 부패하고 피비린내 나는 방식으로 폭리를 취했다.

나는 변호사가 아닌 한 인간으로서 가슴에 손을 얹고 나에게 물었다.

중국공산당은 도대체 어떤 악마이기에 살아 있는 중국인들에게서 대량의 장기를 적출해 이익을 챙기는 일을 적극적으로 부추기고 지휘했을까?

간이나 좌우 신장의 가격은 최대 15만 달러에 이르기도 한다. 중국공산당은 어떤 사교邪教 조직이기에 이런 폭리를 얻으려고 장기를 적출하고 시체를 태워 증거를 없애는 만행을 저지를까?

또 어떤 범죄 심리이기에 절대적으로 악랄하면서 부패한 조직을 만들어 발전시키는가? 또한 폭리를 얻기 위해 수만 명 국민의 장기를 강제 적출하며 그런 잔혹한 만행을 일상생활 일부로 여기는가? 그들이 어떻게 중국을 이끌고, 국민을 고문하고, 살해하며 신체를 잘라서 파는 것을 허가하면서 중국 민중을 대표할 수 있다고 할 수 있겠는가?

나는 점차 이 비극의 정도와 중국공산당의 진실한 모습이 얼마나 무서운 것인지 알게 됐다. 그러나 그들은 서방 세계에 경제 번영과 경제성장의 이미지만 홍보하고, 그들의 수출 상품은 노동교양소의 고문 아래 그곳에 수감된 수십만의 무고한 국민과 양심수들이 매일

16~18시간 강제 노동에 시달리며 생산해서 수출한 무상 노동 상품이라는 사실은 은폐한다.

더욱 심각한 것은 그 엄청난 부가 인류 역사상 가장 혐오스럽고 소름끼치는 생체 장기 적출을 통해 창출됐다는 점이다. 나는 음울한 감옥과 노동교양소에 숨겨진 중국공산당의 진정한 정신과 의도를 캐냈는데, 그들의 목적은 인류의 가치와 신념을 파괴해 21세기 심각한 인도주의적 재난을 조성하는 것 이외에는 아무것도 없었다.

2006년부터 그 이후에 데이비드 킬고어와 데이비드 메이터스가 이끄는 캐나다 팀이 작성한 중국 파룬궁 수련인 장기 적출에 관한 조사 보고서는 1억 명 중국 민중에 대한 대규모 집단학살 범죄를 폭로했다.

그 후 나는 수감됐다 풀려난 파룬궁 수련인들과의 면담을 통해 그들이 수용소 안에서 강제로 신체검사와 혈액검사를 받은 사실도 확인할 수 있었다. 신체검사와 혈액검사의 목적은 바로 그들을 살해해 장기 적출을 하려는 것이다.

2013년 12월 12일, 유럽 시민을 대표하는 유럽의회에서 중국공산당의 강제 장기 적출을 규탄하는 결의안이 통과됐는데 중국공산당이 중국에서 저지른 만행을 강조했다. 이 결의안은 중국에서 발생하는 강제 장기 적출 만행에 대한 유럽 각국의 관심과 비난을 요구했다.

또 유럽연합에 이런 반인류범죄를 면밀하게 조사하고 저지하며 파룬궁 수련인을 포함한 중국의 모든 양심수 석방을 중국공산당에 촉구할 것을 요구했다.

우리는 이런 범죄를 한 국가의 내정으로 간주하거나 한 국가의 정치적 내부사건으로 국한시키는 상황에서 반드시 벗어나야 한다. 이것은 집단학살죄를 저지른 자들이 우리에게 던져준 게임이다. 그들은 국가 권력이 인성의 존엄보다 높고 보편적인 생존권, 시민 개개인과 혹은 국제법보다 높다는 것을 세상이 믿게 하려고 시도하고 있다.

제2차 세계대전 후인 1948년 12월 10일, 유엔총회에서 세계인권선언이 통과됐는데, 66년이 지난 오늘도 우리는 그 전문을 기억하고 있다.

"인권을 무시하고 경멸했던 것이 과연 어떤 결과를 가져왔던가를 기억해 보라. 인류의 양심을 분노케 했던 야만적인 일들이 일어나지 않았던가? 그러므로 오늘날 보통 사람들이 바라는 지고지순의 염원이 있다면 그것은 다름 아니라 '이제 제발 모든 인간이 언론의 자유, 신념의 자유, 공포와 결핍으로부터의 자유를 누릴 수 있는 세상이 왔으면 좋겠다.'라고 모두가 한목소리로 바라고 또 바라는 것이리라……."

이 선언에 서명한 것으로 알려진 어느 한 국가가 유엔의 일원이며,

유엔 안전보장이사회에서 거부권을 행사할 수 있는 막중한 책임을 갖고 있다면 믿을 수 있는가? 이 전문을 보면서 피에 목마른 독재 정권에 의해 다스려지고, 정권 수립 이후 발생한 8천만 명 이상의 희생자들에 대해 책임을 져야 하는 나라가 중국이라니 가슴이 찢어진다.

전문을 읽으면서 나는 중국공산당 독재의 폭행에 의한 희생자 및 무고한 민중, 남성과 여성, 노인과 어린이들이 떠올랐다. 그들은 신념 때문에 고문과 학대를 받았고 살해됐다. 중국의 수백만 파룬궁 수련인들은 원래 행복하고 평화로운 생활을 누릴 수 있었으나 공산당이라는 사교조직에 의해 파괴됐다. 그들의 목적은 인성과 인류를 소멸하고 이 세상을 생지옥으로 만드는 것이다.

세계인권선언이 중국공산당 통치하의 중국에서 한 가지도 실천되지 않았다는 점을 나는 여기서 지금 단정할 수 있다. 선언의 30개 조항은 중국에서 아무런 보호막 역할도 하지 못했다. 집단학살죄와 고문죄로 악명 높은 중국공산당 지도자 장쩌민을 법원에 고소하기 위해 수집한 증거에서 나는 중국 국민이 여전히 인류 역사상 가장 악랄한 독재 정권하에서 수난을 당하고 있다는 사실을 확인할 수 있었다.

중국공산당은 국제 사회에서 인권에 대한 문제가 나올 때마다 공통분모를 가진 국제관계 내에서 빈말, 선전, 거짓말, 조작, 기만 책략을 사용했다. 그때마다 중국의 내정과 기타 정치적 문제로 간주하여 주권 국가의 분석과 토론을 용납하지 않는다는 주장을 펼쳤다.

이는 국민을 살해한 폭군이 비즈니스나 무역협정 같은 경제적 이득에서의 손해를 두려워하는 서방 국가와 거래할 때 만들어낸 구실이다.

오직 열정, 도덕 가치, 윤리, 인간 정신에 의해서만 승리를 거둘 수 있고 진상을 폭로할 수 있다. 이제 대답은 명확해졌다.

우리가 경제 협정에 눈이 어두워 죄악을 묵묵히 받아들이고 집단 학살죄 피고인과 공범이 될 수 있단 말인가? 그렇게 되면 우리도 집단학살죄, 고문죄와 대규모 장기 적출 만행에 책임이 있게 되지 않겠는가?

우리는 정말 집단학살을 중국공산당 통치하의 주권 사무로 생각할 수 있단 말인가? 이것을 중국 국민을 짓밟는 권위자가 주권자의 신분으로 실시하는 국가 사무로 생각할 수 있단 말인가?

우리는 세계인권선언의 맹세를 벌써 잊었는가? 인류는 독재 통치자의 결정에 굴복하는 객체가 됐는가?

1998년 11월 25일, 영국 상원 5인 재판부의 니콜스 판사는 칠레 전 독재자 아우구스토 피노체트를 영국에서 스페인으로 인도하는 사건에서 '국제법에서 고문은 일국 원수의 직권 범위에 속하지 않는다.'고 명확히 지적했다.

우리는 중국공산당의 사악한 게임에 속지 말아야 한다. 그들은 21세기의 오늘날에도 진실을 조작해 집단학살 실상을 은폐하려 시도하고 있다.

1억 중국 국민이 학살 프로젝트에 처해 있는 상황에서, 아주 명확한 사실은 15년 넘게 지속된 대규모 고문, 생체 장기 적출을 포함한 집단학살은 어떠한 상황에서도 단순한 정치 문제, 국가 주권 문제 내지는 내정으로 간주할 수 없다는 것이다. 이러한 반인륜적이고 천인공노할 만행에 대해 이야기하고 이런 만행을 직면할 때 양보와 타협은 안 된다. 우리는 오직 용기와 존엄을 잃지 않고 중국공산당 독재 정권에 인류는 상품이 아니며 그들은 한 덩이씩 잘라서 높은 가격을 매긴 후 매매할 수 있는 고깃덩어리가 아님을 알려 주어야 한다.

국제 조직과 기관, 민주정권과 국회는 모두 인간으로 구성됐다. 그들은 결정권이 있고, 감정이 있으며, 견해와 가치관이 있고, 현 상태를 변화시킬 마음이 있다. 사람들의 생명을 구할 수 있는 방법은 매우 간단하다. 침묵을 깨뜨리면 된다.

내가 많은 공을 들여 이 글을 쓰는 것은 어떠한 조직, 사회 지위,

계급, 기관에 상관없이 사람들의 마음에 호소하기 위해서다. 자신의 국가와 국제 사회에서 공공의 책임감을 느끼는 한 사람, 한 사람의 따뜻한 가슴에 호소하는 것이다. 그들의 양심과 따뜻한 가슴으로 이 끔찍한 만행을 제지할 수 있고, 중국공산당 독재 통치하에서 벌어지고 있는 이 실상을 전달할 수 있다. 그런 수난자들의 거대한 고통은 단지 심신이 받은 고문으로부터 비롯된 것만이 아니며 진실과 침묵 속에 은폐된 이런 만행을 알고자 하는 의지가 있는 사람이 없음을 알게 된, 이 망각의 무력감 때문이기도 하다. 그러므로 진실을 전달하는 것, 우리가 알고 있는 것을 공유하고 우리 주변의 모든 이가 이 끔찍한 행위들이 반인륜적이라는 것을 자각하고 확신할 수 있도록 하는 것은 아주 중요하다.

이것은 가장 심각한 반인류범죄다. 만약 우리가 침묵과 무관심으로 계속 이를 허용한다면 집단학살과 고문죄를 저지른 범죄자들은 국제 사회의 순응과 체념으로 범죄를 멈추지 않게 된다. 그것은 우리가 그들의 지속적인 폭행을 격려하는 셈이 되지 않겠는가? 우리가 천인공노할 죄를 범해도 응보가 없다는 신호를 보내는 것이 아닌가? 이런 범죄가 처벌받지 않음으로써, 새로운 집단학살과 고문 범죄가 다시 생겨나도록 부추기는 셈이 되지 않겠는가? 침묵은 집단학살과 고문 범죄를 저지른 자들과 공범이 되게 한다.

모든 사람, 특히 사회적 책임이 있는 사람들은 마땅히 사람의 생명은 끝이 있고 그 누구도 영원히 살 수 없으며 모든 것이 일시적임을 알아야 한다. 그러므로 우리는 언젠가는 반드시 마지막 평가를 받는 시각에 이를 것이며, 그때가 되면 사람의 사회적, 경제적 지위는 중요치 않다. 그 평가의 시간은 우리의 양심과 자신이 어떤 사람이었고, 일생을 무엇을 하며 살아왔는지가 반영되는 순간일 것이다. 역사는 우리가 했던 일을 심판할 것이고, 했던 일뿐만 아니라 마땅히 해야 했음에도 하지 않은 일체에 대해서도 평가할 것임을 잊지 말아야 한다.

결론

인류의 가장 찬란한 문화와 문명에서 유래한 고귀한 중국인들이, 포악하고 비열한 중국공산당의 역사를 뒤로하고 다시 전성기를 맞이하는 날이 올 것이다.

중국공산당의 사악함도 파괴할 수 없었던 파룬궁의 그 확고한 원칙으로 정의를 얻을 것이다.

전 중국인이 다시 화합하여 파괴된 5천 년 문명을 되찾으며 정의와 진리가 선량한 사람들의 마음속으로 돌아오는 그날이 곧 다가올 것이다.

5장
문화

리웨이나李維娜

나는 60년대 초 중국에서 태어났다. 막 사물을 구별하고 기억할 수 있게 됐을 때 문화대혁명을 겪었다. 우연히 어른들이 하는 말을 듣곤 했는데 어디서 누가 목을 매 죽었다든지, 어디서 사람을 때렸다든지, 어디서 또 무슨 일이 발생했다든지 하는 등이었다. 어린 나는 어른들이 무엇을 얘기하는지 전혀 알아들을 수 없었고 오직 문을 나서면 꼭 조심해야겠다는 것만 기억했다.

그 시절에 전 중국에서 유일한 문화예술 프로그램이라고 하면 바로 마오쩌둥과 공산당의 공덕을 칭송하는 8개의 경극京劇과 무용극舞劇이었다. 이것은 당시 '8개 혁명 모범극'이라고 불렸다. 그중 나는 독학으로 무용극 '백모녀白毛女'의 '북풍이 불다'라는 춤으로 무용에 입문했다. 나는 '백모녀' 영화와 공연을 찾아다니며 수없이 보았다.

당시 전국적으로 전문 문예공연단(현재는 '가무단'이라 칭함)이든 아마추어 선전대든, 남녀노소를 불문하고 어디서나 8개 모범극만 하고 있었다. 생활 속에서도 시시각각 이 8개 모범극을 보고 들을 수 있었는데, 누구나 그것을 다 알고 있을뿐더러 더욱이 사람마다 다 할 줄 알았다. 엄밀히 말하면 그것은 자발적이 아니라 강요에 의한 것이었다.

문화대혁명이 끝나기 전, 나는 가무단 시험에 합격해 전문적으로 무용을 배웠다. 예술계에 종사했으나 환경의 핍박으로 업종을 바꿔야 했던 아버지는 그 시대에 자기 딸이 무용수가 되는 것을 결코 원치 않으셨다. 아버지는 예술이란 바로 내심에서 우러나오는 진실한 체험과 승화로서 진실한 내면의 세계가 없다면 진정한 예술이 아님을 잘 알고 계셨다. 그 시기에 문화예술 사업에 종사하는 '예술가'란 있을 수 없었다. 왜냐하면 만약 내심으로부터 우러나오는 인생의 진실한 감정을 표현한다면 '타도'되거나 감옥에 들어갔을 것이고, 반대로 양심을 어기고 당을 위해 '공덕을 칭송'한다면 또 예술가라고 불릴 자격도 없기 때문이다.

'전 세계 인민은 모두 모진 고난 속에 생활하고 있다. 우리 중국인은 세계에서 가장 행복하다.', '미 제국주의는 우리의 적이다.' 등 나는 이러한 공산당의 세뇌교육 하에 자라났다. 공산당이 없으면 우리도 큰일 나는 줄 알았다. 한번은 어머니께 여쭈었다. "어머니, 왜 다른 아이들 엄마는 당원인데 엄마는 당원이 아닌가요?" 어머니는 말씀하셨다. "당원이 아닌 사람이라고 해서 꼭 좋은 사람이 아니라는 것은 아니란다." 그러나 내 이 한마디 질문 때문에 어머니는 내 체면을 위해 할 수 없이 당원에 가입하셨다. 세월이 흐른 후 어머니는 매번 이 일을 떠올릴 때마다 "네가 그렇게 묻지 않았더라면 엄마는 당에 가입하지 않았을 거야."라고 말씀하셨다. 세계에서 오직 모성애만이 어머니에게 자식을 위해 자신을 희생하거나 억울함도 기쁘게 받아들이게 할 수 있을 것이다. 다행스러운 것은 '대기원시보大紀元時報'의 시리즈 사설 '9평공산당'이 발표된 후 얼마 되지 않아 어머니는 공산당 탈퇴 성명을 발표하셨다.

70년대 중국의 무용 훈련은 중국 고전무용과 쿠바식 발레의 결합을 기초로 한 것이다. 이것은 당시 전 중국의 유일한 표준 교수법이었다. 중국에서의 일체는 당을 위해 복무하고 당성黨性이 인성人性보다 높다. 문화예술은 사람의 정신적 승화를 표현하는 것이 아니라 당을 미화하기 위해 존재했다. 체육은 사람들의 오락과 건강을 위한 것이 아니라, 전 세계에서 공산당의 체면을 높이기 위해 존재했다.

70년대 초중반에 구소련 전문가들이 핍박에 때문에 물러나고 문화대혁명까지 전개됨에 따라 무용 선배들의 노력은 거의 백지화되고 말았다. 비판받는 사람(당이 당신이 죽기를 원한다면 당신은 살길이 없다), 농촌에 보내지는 사람(문화대혁명 당시 당원, 간부, 지식인을 농촌 노동현장에 보내 노동시킴), 업종을 바꾸는 사람 등 각양각색이었다. 일부분 사람들은 자기도 모르는 사이 당의 선전 도구(앞서 언급한 8개 모범극 공연)가 됐다.

'외국의 것을 중국에 적용하고, 옛것을 현실에 맞게 이용하는' 공산당의 이념으로 만들어진 쿠바식 교수법으로는 중국무용의 운치와 풍부한 표현력 및 고난도 기술을 체현하지 못했을 뿐만 아니라 발레의 선을 강조한 미, 신神의 세계를 표현하는 유유자적함도 체현해내지 못 했다. 무용작품 훈련에서부터 모든 일체가 모두 공산당을 미화하고 공산당의 공덕을 칭송하는 내용으로 가득 찼기에 배우들 느낌에도 연극은 가짜 같았고, 무용수들도 점차 가식적으로 변했다. 하지만 그런 환경 속에서 길들다 보니 사물을 똑똑히 식별할 능력도 없었거니와 다른 선택의 여지도 없었다.

사실 중화 5천 년 신전神傳문화의 오묘한 비밀은 많은 방면에서 체현된다. 중국 고전무용 역시 수천 년의 역사가 있다. 중국어의 '무용舞踊'이라는 '무舞'와 '무술武術'이라는 '무武'를 보면, 이 '무舞'와 '무武'는 음은 같으나 글자는 다르다. 이 자체가 바로 신전문화의 표현형식이다. 무술은 호신과 격타를 위한 것으로 동작과 기술은 변할 수 없으며, 변했다면 곧 그 실제 작용을 잃기에 수천 년 전해 내려오면서 기본적으로 원래 모습을 유지하고 있다. 무장武將이라 할지라도 궁중에서 연기할 때는 무술 활극처럼 싸우는 장면이 없이 동작과 표정을 위주로 표현하는데, 즉 무용에 가까웠다. 거기에 중국인들의 일거수

일투족이 가진 특수한 느낌이 바로 중국인 특유의 운치인데, 그것은 중국 고전무용의 운치이기도 하다. 신전문화는 이러한 오묘한 방식을 사용해 중국무용을 원래 모습 그대로 보존시켰다.

근대 체조와 서커스에 나타난 많은 고난도 기교는 전부 중국무용에서 기원한 것이다. 중국무용은 어휘가 풍부하고 기계적이지 않으며 임의로 다양한 이야기를 표현할 수 있고 각종 인물을 형상화할 수 있다. 강건함, 부드럽고 섬세함, 유창함, 조형, 폭, 선 등 그야말로 없는 것 없이 모두 갖춰져 있다.

1976년 문화대혁명이 끝난 후, 중국은 이른바 '개혁 개방' 시대에 들어섰다. 무용학교의 본분으로 돌아가 고전무용 교사는 중국무용 고유의 특색을 모색하는 길을 찾으려 했다. 비록 기본기 교수법에서 쿠바식 교수법을 완전히 벗어나지 못했지만, 신운身韻 교수법 방면에서는 서서히 비교적 완벽한 한 세트의 교수법 형식을 만들었다. 비록 그들 스스로는 무술, 희곡戲曲 등 전통문화 중에서 '정리·학습·발전'시킨 것이라 여기겠지만, 앞서 말한 것처럼 이것이야말로 본래 신전문화의 오묘한 소재다.

당시 몇 년간 베이징 무용대학은 처음으로 중국무용, 발레 및 안무 지도 대학생을 배출했는데 나도 그중 한 명이었다.

대외문호 개방으로 인해 무용계는 해외와의 교류가 갈수록 빈번해졌지만, 대부분 교류는 발레와 현대무용에 치중됐다. 소수의 중국무용 교사도 해외로 나가긴 했지만, 중국에 가져온 것은 거의 다 현대파 것들에 대한 추앙이었다. 전반 무용계의 외래 무용에 대한 호감은 중국무용에 쓰는 마음을 훨씬 초과했다. 많은 무용수가 현대무용으로 전향했고, 중국 발레리나들은 세계 발레 대회에서 빈번히 수상했으나, 인재 유출 현상이 매우 보편적이었다. 많은 우수한 중국 고전무용수들은 오히려 중국에서는 거의 활동할 무대가 없었으며 졸업 후 얼마 되지 않아 업종을 바꾸거나 핍박 때문에 일찌감치 무대를 떠나야 했다.

한편 '개혁 개방'과 동시에 공산당도 서방 이념이 들어오는 것을 아주 두려워했다. 공산당의 신조가 서방 세계의 가치관에 맞지 않기 때문에 공산당은 일부러 국민에게 개방으로 충분히 물질적 만족을 느끼게 했지만, 실질적으로는 정신과 연관된 것은 접촉하지 못하게 했다.

당시 무용계가 서방의 기술을 아주 빨리 배우기는 했지만, 예술의 내포 및 인성의 진실성은 체현해 낼 방법이 없었다. 형식적인 개방과 의식 형태에서의 속박은 무용 창작자에게 알게 모르게 자아의식을 방종하고, 현실에서 도피하게 만들었고, 각종 무용 어휘가 혼재되어 중국무용을 잡동사니로 만들어 버렸다. 작품 중에서 부분적으로 공산당을 미화하는 것 외에 나머지 표현들은 거의 모두 초현실적, 초현대파 작품들이었다. 관객들은 보고 이해할 수 없으면 수준 높은 것으로, 배우가 봐도 분명히 알 수 없으면 기이한 것으로 여겼다. 나는 일찍이 중국의 한 저명한 연출가와 90년대 후 중국무용 상황에 대해 대화를 나눈 적이 있다. 그는 이렇게 말했다. "현재 중국의 일부 무용은 무용을 하는 나조차도 보고 이해할 수 없으며 도대체 무엇을 표현하는지 모르겠다." 중국인의 이야기를 표현한 것도 비록 입은 것은 전통복장이지만, 현대의 변이된 사상의 주도로 생성된, 맛이 변질된 '중국풍'이었다.

중국 것을 정말로 좋아하는 사람은 없을까? 아니면 공산당이 고의로 신전문화를 파괴하고 있는 것일까?

무신론을 제창하는 공산당은 독재통치 방식으로 무신론을 '신앙'으로 삼아 중국인에게 강요했으며, 사람들에게 더 이상 '인과응보'를 믿지 않게 했다. '당이 무엇을 하라고 하면 무엇을 하고' 일체는 당에게 결정권이 있었다. 폐쇄된 상황에서, '당'의 사악한 이념 하에 성장한 중국인은 자신도 모르게 성실하지 않고, 이기적이며, 탐욕스럽고, 신용을 잃어버린 사람으로 변했다. 경계심으로 가득 찬 중국인은 공포 속에서 생활하고 있으나 오히려 그것이 비정상임을 모르고 있다. 5천년 문명에서 실물뿐만이 아니라 가장 근본적인 도덕 이념까지 파괴된 것이다.

다행히 호주로 이민 온 나는 1998년 그곳에서 파룬궁이라는 중국 불가의 전통이념 '진眞·선善·인忍'을 원칙으로 삼는 수련법을 접하게 됐다. 이 전통이념은 아주 빠른 시간 내에 나에게 다른 한 각도에서 새롭게 자신과 주위의 일체를 바라보게 했다. 나를 깜짝 놀라게 한 것은 이전에 내가 좋아하지 않는다고 여겨 왔던 중국의 것들, 예를 들어 중국 산수화 등이 지금에 와서는 전혀 다른 모습으로 내 눈앞에 나타난 것이었다. 옛사람의 고요한 생활이 간단해 보이는 화면에서 '천인합일天人合一'의 경지를 남김없이 표현해내고 있었다. 나는 잃어버린 과거의 것이 너무나 많음에 탄식하고 말았다.

2003년, 나는 뉴욕에 본부를 둔 NTD TV의 요청으로 미국에 와서 방송국의 2004년 신년 갈라 준비에 참여하게 됐다. 미국에 온 후 나는 해외에서 예술 분야에 종사하는 일부 화교를 만났는데 우리는 아주 비슷한 경험을 갖고 있었다. 즉 중국에서 태어나 자라고 공산당 문화 아래에서 전문기술을 배웠으며 해외에 와서 몇 년간 생활한 후 비로소 비뚤어진 우리 과거에 대해 인식할 수 있었고 따라서 우리 선조의 문화유산에 대해 소중히 여길 줄 알게 됐다. 우리에게는 모두 한 가지 공통된 염원이 있었는데, 바로 예술 형식을 통해 전통적이고, 훌륭한 중국 전통문화를 무대에 펼칠 수 있기를 바란다는 점이었다.

이후에 나는 운 좋게도 중화 5천 년 신전문화 부흥을 모토로 하고 중국무용을 주요 표현 방식으로 삼는 수준 높은 예술단인 '션윈神韻 예술단'에 가입하게 됐다.

션윈예술단은 2006년 설립 후 매년 완전히 새로운 작품을 선보이며 세계 100여 개 도시에서 순회공연을 펼친다. 션윈예술단은 순정한 중국 고전무용을 공연 기반으로 삼아 짧지만 세련된 무용극을 통해 역사 인물과 신화전설들을 체현해낸다. 부드럽고 섬세하며 우아한 여성 무용은 선녀가 세상에 내려온 듯 아름다우며, 다양한 고난도 기술을 갖춘 남성 무용은 남성의 강건한 기개를 표현할 뿐만 아니라 관객에게 중국무용에 대해 남김없이 펼쳐 보인다. 션윈 음악은 중국 특유의 악기를 위주로 하는 중국 전통음악과 서양 클래식을 하나로 결합했다. 현장 무대 위 배우들의 연기와 완벽한 조화를 이루면서 동서양 음악의 절묘하고 완벽한 하모니를 펼쳐 보임과 동시에 무용과 음악의 갈라놓을 수 없는 상호 관계를 완벽히 표현한다. 우아하고 아름다운 의상은 색채, 양식, 옷감 등 모든 면에서 관객들의 감탄을 자아낸다. 또한 디지털 무대 영상을 뒷받침하는 현대 과학기술은 전통 무대 표현을 위해 완전히 그 속에 녹아 있다.

보는 이의 눈과 마음을 즐겁게 하는 션윈 공연은 매년 수백 회 공연을 통해 관객에게 진취적이고 향상된 정신세계를 전달한다. 관객은 또 박수 소리와 감격의 눈물로써 션윈예술단 단원들의 거대하고 헌신적인 노력에 보답한다.

선원예술단 단원들은 기술 방면에서의 요구가 아주 높을 뿐더러, 더욱이 품행과 도덕적인 면에서 모두 신전문화의 '진眞·선善·인忍' 표준에 따라 행한다. 배우의 자연적인 일거수일투족과 순진하고 선량한 내면세계가 춤사위, 자태, 음색에 녹아들어 연기를 통해 체현된다. 이 또한 '천인합일', '강유剛柔와 내외內外가 서로 조화를 이루는' 신전문화를 체현한 것이다. 아름다움은 꾸며낸 것이 아니며 도덕은 추가할 수 있는 것이 아니다. 내면에서부터 외면까지 모두 아름다운 사람이 어찌 다른 사람을 감동시키지 않을 수 있겠는가?

선원 공연에 참가하면서 나 또한 신전문화神傳文化 (신이 전해 준 문화_역주)를 더욱 많이 이해할 수 있는 계기가 됐고 선원이 요구하는 순정한 중국 고전무용에 대해 새롭게 인식하고 학습하는 기회를 갖게 됐다. 중화 5천 년 문명은 너무나 풍부해서 아무리 취해도 끝이 없고 아무리 써도 고갈되지 않는다. 여기에는 소재뿐만 아니라 또 많은 인생의 이치와 수많은 보편적인 가치관도 포함한다. 이는 중국의 재산임과 동시에 세계의 진귀한 보물이기도 하다.

사邪는 정正을 이기지 못하며 선善은 최종적으로 악惡에게 승리한다. 이것은 신이 인간에게 남겨준 이념이다. 중국 고전무용은 단지 일종의 예술형식이 아니라, 그 내재된 정신은 신전문화의 가치를 체현했다. 마찬가지로 훌륭한 중국무용수는 이러한 수양이 있어야만 비로소 인재가 될 수 있다.

나는 이처럼 순정한 중국무용을 체현할 수 있는 선원예술단이 미국에 있다는 것에 대해 더없는 기쁨과 위안을 느낀다. 나는 또 믿고 있다. 선원은 전 세계 관객들에게 화려한 볼거리를 선사하는 데 그치는 것이 아니라 향상하는 정신을 담아 그들을 유익하게 한다는 사실을.

양셴홍楊憲宏

　'소실된 문명이 부활했구나.' 이것은 션윈 공연을 처음 보러 갔을 때
내 마음속을 스쳐 지나간 생각이다. 이후 션윈 사이트에서도 이런 내
용을 보았다. '도덕이 타락한 이 오랜 제국에도 일찍이 선량함과 아름
다움이 있었음을 누군가가 증명하기 위해 노력한 것'이었다. '션윈神
韻'이라는 이름에는 경천외지敬天畏地와 신神의 존재를 믿는 자연적
천성이 아주 똑똑하고 아름답게 표현되었다. 즉, 일종의 감사와 경건
한 마음으로 그러한 미덕을 널리 전함으로써 사람에게 고요함과 편
안함, 자유로움과 넉넉함 그리고 따스함을 준다. 이 일체는 모두 중국
공산당에게는 없는 것으로 이 한 무리 무신론자들은 이미 자신을 지
옥의 사악한 영혼으로 만들었다. 그들의 비열한 인격 중에는 진실함
이 없고 또 선善에 대한 믿음도 없으며, 게다가 인내하는 마음은 더

더욱 없다. 수천 년 중국문화는 소양과 우수함이 있는 문화유산이었지만, 지금은 공산당의 반세기 혁명과정에서 전부 말라 버린 고목이 됐거나, 타고 남은 재가 돼 버렸다. 오늘날 '문화 중국'은 두보의 시에서 읊은 것처럼 '나라는 망했어도 산하는 그대로요國破山河在, 성안은 봄 되어 초목이 무성하네城春草木生.'라고 언급한 그 옛날의 '문화 중국'이 아니다. 만약 몇 년간에 걸친 선원예술단의 전 세계 순회공연이 아니었다면, 21세기 세계인의 기억에는 '문화 중국'에 대한 어떠한 인상도 없었을 것이다. 1949년부터 '공산 중국'이 세계에 가져다 준 것은 재난, 검은 그림자, 위협, 전쟁과 야만뿐이었다.

어떤 사람은 오늘날 대만은 '문화 중국'을 보존했다고 말하는데 이는 맞는 말이기도 하고, 틀린 말이기도 하다. 맞는 말이라는 것은 대만 고궁박물관을 예로 들 수 있다. 당시 사려 깊은 사람이 이러한 진귀한 문화유산을 모두 대만으로 옮겨 왔기에 비로소 큰 재난을 면하게 했다는 점이다. 그리고 중국문화의 기본 신념이 대만에서 이미 사람들 생활의 일부가 됐다는 점이다. 틀린 말이라는 것은, 대만은 일찌감치 19세기 후반에 세계사의 직접적인 영향을 받았다는 점이다.

1세기라는 긴 시간 동안 섬의 원주민 문화를 바탕으로 네덜란드, 스페인, 일본 문화의 교류까지 생기면서 대만인의 문화 상황은 중국문화와 완전히 다른 형태를 갖추게 됐다. 문화인류학 각도에서 고찰하면, 엄격히 말해 대만은 중국의 일부분이 아니다. 그러나 대만에 있어서 중국은 확실히 아주 중요한 부분이다. 하지만 여기서 이야기하는 '중국'은 공산당이 여태껏 개입하거나 참여하지 않은 '중국'이다. 대만의 운명과 선원의 발전 사이에는 아주 유사한 각성과 인연이 있다. 대만은 끊임없이 중국공산당에 압박을 당하는 과정에서도 '중화 문화'의 기본요소를 포기하지 않았다. 예를 들어, 대만은 자고로 중국이 간직해 온 '정자체正字體 문화'를 보존하고 있는데, 이는 중화 옛 문명을 스스로 배척한 '공산당 간자체簡字體'와는 상반된 것이다. 하지만 대만은 또 끊임없는 혁신과 국제화 과정에서 세계문명과 부단히 공존·공영하며 대만에서 창조·발명한 문명과 문화가 있다. 많은 중국 사람이 대만에 오면 대만을 좋아하며 모두들 전해 들었던 '문화 중국'의 고대문명을 마침내 보았다고 여기는데 사실 이것은 아주 큰 오해다. 그들이 본 것은 '문화 중국'이 내포된 '대만 창조 문명'이다.

선원의 발전도 '대만 창조 문명'과 아주 유사한 길을 걷고 있다. 가히 일종의 '자유 중국의 창조 문명'이라 말할 수 있다. 어느 것이든 간에 모두 '공산 중국' 외부에서만 비로소 그 뿌리가 장대해질 수 있다. 선원은 미국에서 발전했고, 많은 단원들도 모두 미국에서 출생한 중국인들이다. 그들은 모두 중국에 돌아갈 기회가 없었으며, 중국에 가서 순회공연을 펼친다는 것은 상상할 수도 없는 일이다. 한편으로는 바로 이러한 특수한 이유로, 선원 공연은 음악이든, 무용이든, 성악과 연주든 모두 당대 세계 예술의 정화精華를 내포하고 있는데, 간단히 말해서 동서양이 완벽한 조화를 이루었다. 사실 이러한 것에 그치지 않고 선원의 예술은 '문화 중국'에 서방 미학의 날개를 달고 비상하는 것과 같다. 서방 미학은 신에 대한 인간의 추앙으로부터 비롯된 창작으로, 르네상스 이후 더욱이 인성의 밝고 긍정적인 면을 더해 넣었다. 이러한 발전 역시 '공산 중국'이 아무리 모방한다 해도 만들어낼 수 없다. 왜냐하면 그들 마음속에는 신앙이 없기에 예술에서 성취를 얻기란 불가능하기 때문이다.

선원 사이트에 이런 한 단락의 글이 있는데, 동방과 서방 문명 결합의 미묘함을 아주 똑똑히 전달했다. "둔황 석굴의 비천飛天 신녀神女부터 시스티나 성당 천장 벽화에 이르기까지 이렇게 천추에 불멸하는 작품은 뛰어난 기교를 체현한다. 뿐만 아니라 더욱이 신에 대한 찬미로 사람에게는 존경심이 저절로 들게 한다. 오늘날 선원 예술가들은 파룬궁 수련을 통해, 그들의 작품에 신성神性을 불어넣었고 아울러 작품으로 체현하고 있다."

이것이야말로 선원의 성공 비결이다. 하지만 중국공산당의 기치 하에 존재하는 서커스식 예술단이라면, 어느 한 가지라도 선원을 도둑질해서 배울 수 없다. 그러므로 이린 당대의 '중화 문화예술 부활'은 일찍부터 중국공산당과는 무관한 것으로, 진정한 법맥法脈은 선원에 있다. 최근 몇 년간 중국공산당은 거액을 들여 외국 대학에 가서 '공자학원'을 광범위하게 설립해서 문화의 해석권을 빼앗으려 시도했으나, 최후에는 모두 운영이 중단됐다. 원인은 문화교류라는 이름으로 공산당 스파이를 침투하는 행위를 벌였기 때문이다. 다시 말해 '지성선사至聖先師'로 불리는 공자마저도 중국공산당에 끌려가 스파이 노릇을 했다는 것인데, 이러한 문명과 문화를 소멸하는 정권은 당연히 전 세계로부터 존중받을 수 없다.

선윈 오케스트라는 서양 오케스트라를 기본으로 삼고, 여기에 이호, 비파, 피리 등 중국 전통악기를 더함으로써 서양 음악의 잠재력을 충분히 발휘하는 한편 중국민족의 특색도 풍부하게 지니고 있다. 중국무용에는 중국고전무中國古典舞와 민족무용, 민간무용이 포함된다. 선윈예술단의 무용 풍격風格은 중국 고전무용을 기본기 훈련으로 하며, 공연에는 여러 민족의 심미적 특징과 심성을 체현하는 중국민족무용과 민간무용 작품들도 있다. 중국 고전무용에는 수천 년 역사가 내재되어 있고, 역대 왕조의 지혜가 응집되어 있으며, 대대로 전해 내려오면서 그 미학 의식을 형성했다. 중국 고전무용은 초기에는 주로 궁중 및 고대 희극 희곡에서 전해 내려왔으며, 고난도 회전 동작과 다양한 테크닉이 있어 가장 풍부한 표현력을 갖추고 있다.

중국민족의 민간무용은 여러 지역과 민족에서 전해져 온 무용으로서 다양한 민족의 전통적 특징과 풍격을 잘 지니고 있다. 선윈 공연에서 펼쳐 보이는 것은, 단지 뛰어난 무용 테크닉, 동서양 음악의 완벽한 하모니, 화려하고 아름다운 의상, 생생하게 살아 움직이는 디지털 무대배경 뿐만이 아니라 더욱이는 천인합일, 경천지명敬天知命,

인과응보 및 '인의예지신仁義禮智信' 등 전통적 가치관이다. 이러한 조합의 가장 핵심적 이념은 중국공산당과는 모두 상반된다. 심지어 수년간 공산당으로서는 빨리 제거해 버리지 못해 한스럽기만 했던 미덕들이다.

중국공산당은 수년간 선원을 자신들의 가장 큰 적으로 여겨 왔다. 중국공산당은 초창기 선원예술단에 공연단이 하나만 있을 때 선원의 관객을 빼앗기 위해 60여 개 예술단을 해외로 파견해 공연하게 함으로써 선원의 생존을 막아 보려 했다. 하지만 크게 실패해 인력과 재물을 낭비했을 뿐이다. 방해 목적으로 왔던 장이머우張藝謀 감독의 가극 '진시황'은 미국 평론계의 호된 비판을 받았다. 그 후 몇 년 동안 중국공산당은 국내 모든 예술단을 총동원해 파괴에 참여하게 했으며, 해외 공연을 할 수 있는 사람이라면 전부 파견했다. 주요 목적은 여전히 '다른 이의 장사를 가로채는 식'으로 선원의 순회공연을 파괴하기 위함이었다. 중국공산당은 대량의 예술단을 파견하는 동시에, 또 각 나라의 중국 영사관이 직접 나서서 선원 공연이 예정된 현지 공연장에 연락해 선원예술단을 비방하고 모독함으로써 각 공연장에 선원과의 계약을 취소하도록 압력을 행사했다. 심지어 양국의 정치, 경제 관계로 위협했다. 그러나 중국공산당은 오히려 서방 민주국가가 자신들과는 전혀 가치관이 다름을 망각하고 있었다. 중국공산당은 습관적인 강도, 깡패식 사유와 논리로 서방사회 공연장에 압박을 가했지만 결국 곳곳에서 실패했으며, 게다가 서양인의 웃음거리로 전락하고 말았다. 각지 공연장 관계자들은 선원예술단과 수년간 합작하는 과정에서 선원예술단과 파룬궁에 대해 충분히 알고 있었기에 중국공산당의 이러한 방해 행위에 대해 상당히 역겨워했다. 쥐꼬리만한 재주마저 바닥난 중국공산당은 가장 비열하고 저질스러운 방식을 이용했다. 선원예술단이 이용하는 교통수단까지 파괴해, 교통사고를 일으켜 순회공연을 저지하려 시도했다.

중국공산당의 사악한 행동은 오로지 선원이 존재하는 역사적 필연성을 다시 한 번 증명했을 뿐이다. 중국공산당은 한창 해가 중천에 떠 있듯 전성기에 있는 태양과 같은 '선원의 하늘' 아래에서 곤궁에 처했다. 사람들에게 그들이 중국을 통치하는 정당성에 강한 의구심이 생기게 했을 뿐만 아니라, 문화의 핵심마저 파괴됨으로써 세인들에게 '공산 중국'은 '문화 중국'의 중심이 아니며 오히려 '문화 중국'의 '실낙원'이자, 파괴되고 멸망한 변두리의 쓰레기장에 불과하다는 것을 똑똑히 인식하게 했다. 중국공산당은 더 이상 자신의 형체를 감출 곳이 없게 됐으며, 입만 열면 거짓말이고, 막다른 길에 다다른, 겨우 쓰레기나 줍고 있는 '문화 문맹'에 불과하다.

저자 소개

우바오장吳葆璋

베테랑 언론인. 신화사 파리 주재 특파원으로 재직하다 1989년 6·4 톈안먼 사건을 계기로 '프랑스국제라디오방송국RFI'에서 중국어 방송을 개국하고 초대 주임이 됐다.

클라이브 앤슬리Clive Ansley

캐나다 인권변호사. 중국어에 능해, 중국에서 14년간 변호사로 활동하며 300여 건의 소송을 대리했다. 북미, 유럽, 호주, 뉴질랜드, 홍콩 등지에서 중국 법률 문제 전문가로서 수차례 강연했고, 캐나다 대학 두 곳에서 중국 연구 및 중국 법률을 강의했다.

장진화張錦華

미국 아이오와대 커뮤니케이션학 박사로 현재 대만대 뉴스연구소 교수이며, '탁월뉴스상 재단' 이사와 '위성TV공회뉴스' 자문위원회 주임 등을 맡고 있다. 대만대 '인구·성별연구센터' 주임, '중화전파학회' 이사장을 역임했으며, 2009년 대만 교육부로부터 20년 베테랑 우수 교사상을 받았다.

데이비드 킬고어David Kilgour

검사와 변호사 출신의 캐나다 전 아태 담당 국무장관. 8선 국회위원으로 2010년 노벨평화상 후보에 오른 바 있다. 『피의 생체 장기 적출Bloody Harvest』, 『르완다 사명』 등 책의 편저에 참여했고 중국공산당의 파룬궁 수련인 생체 장기 적출 문제 및 아프리카 인권 문제에 관심을 갖고 활발한 활동을 펼치고 있다.

위안훙빙袁紅冰

호주에 거주하고 있는 망명 작가. 중국의 저명한 자유주의 법학자, 시인, 철학가, 정치 운동가, '중국자유문화운동' 발기인, '중국자유문화운동' 수석위원, '자유의 성화' 사이트 운영자, 중국과도정부 주석, 중국연방혁명당 초대 주석.

장톈량章天亮

본명은 궁수자龔脩嘉. 조지메이슨대 박사와 객원교수를 거쳐 현재 미국 페이톈대飛天大에서 인문과학부 주임을 맡고 있다. 대기원시보 주필을 담당하고 있으며, 'NTDTV'와 미국의 '소리방송VOA'에서 평론가로 활약 중이다. 정치토론 프로그램 '당문화 자유토론'과 역사 해설 프로그램 '담소풍운'의 진행자이며, 『중국의 평화 변혁의 길』을 출간한 바 있다.

에드워드 맥밀란 스콧Edward McMillan Scott

유럽의회 원로 의원, 전 유럽의회 부의장. '민주화와 인권을 위한 유럽연합 이니셔티브European initiative for democracy and human rights' 설립자. 이 조직은 전 세계 민주화와 인권 개혁 촉진을 사명으로 하며, '인권과 민주화를 위한 유럽대학 간 센터EIUC'로부터 상장을 받기도 했다. 중국의 민주화와 인권 발전, 특히 파룬궁 인권 문제와 인권변호사 가오즈성高智晟에 지속적인 관심을 보인다.

샤이양夏一陽

필명은 헝허橫河. 중국 상하이에서 태어나 문화대혁명 시기에 지식청년, 노동자, 군인 생활을 두루 겪었다. 문화대혁명이 종식된 후 대학에 입학해 병리생리학과 면역학을 공부했으며 미국에서 유학하며 관련 학과를 연구했다. 최근에는 중국 문제 전문가로 이름을 알리고 있다. 그가 인터넷에 발표한 중국의 정치, 경제, 사회와 역사 등에 관한 글은 100여 편에 이른다. 미국, 캐나다, 말레이시아, 싱가포르, 인도네시아 등 여러 국가에서 개최된 연구토론회에서 초청 강연을 20여 차례 했다.

카트리나 랜토스 스웨트Katrina Lantos Swett

법학 박사로 미국 정부에 정책 제안을 하는 독립기관 '국제종교자유위원회CIRF' 회장, '인권과 정의를 위한 랜토스 재단' 회장, 미국 터프츠대 정치학부 강사로 활동하고 있다.

텅뱌오滕彪

인권변호사, 중국정법대 강사. 현재 하버드대 법학대학에서 방문학자로 있다. 중국에 있을 당시 공맹公盟 및 '신공민운동'을 발기했고, 베이징 홍선興善연구소 소장이었다. 장기간 중국의 시민운동을 이끌면서 쑨즈강孫志剛 사건, 후자胡佳 사건, 천광청陳光誠 사건, 가오즈성高智晟 사건, 차오순리曹順利 사건 및 파룬궁 박해 사건 등에 관심을 갖고 참여했다.

우후이린吳惠林

대만대 경제학 박사로 미국 시카고대 경제학부에서 방문학자로 재직한바 있다. 현재는 대만 중화경제연구원의 특별 초청 연구원, 세신대世新大의 겸직 교수, 타이베이 과학기술대 기술 및 직업교육연구소의 겸임 교수. 주요 연구 분야는 경제학, 노동경제학, 경제 발전 등이다. 『중국 경제 개혁의 표상과 진상』 등의 책을 출간했고 학술논문 100여 편을 발표했으며 각 유명 신문에 시사 논평을 발표했다.

톨스턴 트레이Torsten Trey, MD, PhD

의사, 의학박사. 국제 NGO '강제 장기 적출에 반대하는 의사들 DAFOH: Doctors Against Forced Organ Harvesting' 회장, 노벨평화상 후보인 데이비드 메이터스David Matas와 함께 『국가가 장기를 약탈하다State Organs』라는 책을 펴냈고, 의학 전문지에 주기적으로 중국의 장기 이식 남용에 관한 기고문을 발표하고 있다.

커크 C. 앨리슨Kirk C. Allison

미국 미네소타대 '대학살 및 종족학살연구센터the Center for Holocaust and Genocide Studies' 교수, 미네소타대 공공위생센터 '인권과 건강 프로젝트' 담당자. 미국 공공위생협회 '윤리 특별 관심 그룹Ethics Special Primary Interest Group'의 회장직을 맡은 바 있다.

황스웨이黃土維

대만대 의학학사MBBS, 대만대 부속병원 윈린雲林 분원 비뇨기과 의사, 대만 '국제장기이식협회' 부이사장 및 대변인. 중국의 장기 출처 문제에 관심을 갖고 장기간 다수의 환자, 브로커 및 장기 이식 의사들을 만났으며, 불법 장기 적출 행위 중단을 위해 힘쓰고 있다.

데이비드 메이터스David Matas

캐나다 인권변호사. 영국 옥스퍼드대 졸업. 2008년 캐나다 훈장 수상, 2009년 국제인권협회 인권상을 받았다. 캐나다 정부로부터 '국제인권 및 민주발전센터' 이사로 임명됐으며, 2010년에는 노벨평화상 후보에 올랐다. 장기간 파룬궁 수련인을 대상으로 한 중국공산당의 장기 적출 내막에 관심이 있었다. 전 캐나다 아태담당 국무장관 데이비드 킬고어와 함께 『피의 생체 장기 적출Bloody Harvest』을 출간하고, '강제 장기 적출에 반대하는 의사들DAFOH: Doctors Against Forced Organ Harvesting' 회장 톨스턴 트레이Torsten Trey와 『국가가 장기를 약탈하다State Organs』라는 책을 공동 집필했다.

주완치朱婉琪

미국 뉴욕주 변호사. 미국 펜실베이니아 주립대 석사. 대만 파룬궁 인권변호사단 대변인. 다포 아시아 지역 법률고문. 아시아, 호주, 뉴질랜드 등 지역 파룬궁 수련인들이 전 중국공산당 당수 장쩌민과 뤄간 등 고위 간부들을 고소하는 일을 도왔다. 파룬궁 단체가 대만을 방문한 중국공산당 고위간부 10여 명을 집단학살죄로 형사 고소한 사건의 대표 변호사. 『중국생사서中國生死書』의 공동 저자.

카를로스 이글레시아스Carlos Iglesias

스페인 인권변호사. 스페인 정부의 교육, 과학 및 조세 기관에서 공무원으로 근무한 바 있다. 파룬궁 수련인들이 장쩌민江澤民, 보시라이薄熙來, 뤄간羅幹, 자칭린賈慶林, 우관정吳官正 등 5명의 중국공산당 고위 간부들을 집단학살죄, 고문죄로 고소할 때 사건을 대리했다. 이 사건 피고인들은 스페인 국가법원에 의해 형사 기소됐다. 유엔인권이 사회에서 중국공산당의 파룬궁 박해를 폭로하는 발언을 했다.

리웨이나李維娜

중국에서 문화대혁명 이전에 출생해 베이징무용대Beijing Dancing Academy를 졸업한 후 광둥 가무극단 주요 무용수로 활약. 호주로 이민 간 후 다시 뉴욕으로 건너가 현재 '션윈세계예술단' 단장을 맡고 있다.

양셴홍楊憲宏

대만의 베테랑 언론인이자 인권활동가. 대만 중앙라디오방송국 프로그램 '인민을 위해 복무—양셴홍의 시간' 사회자. 대만 글로벌TV 사장, 'Taiwan News 재경문화주간' 잡지 사장 및 'Taiwan News' 총편집장. 그가 설립해 이사장을 맡은 '중국인권관심연맹'은 중국의 진보를 추진한 공로를 인정받아, 티베트 망명정부가 호주에서 설립한 재단 'The Qi's Cultural Foundation of Australia Scholarship'으로부터 특별상을 받았다.